# DENKEN ALS LEONARDO DA VINCI

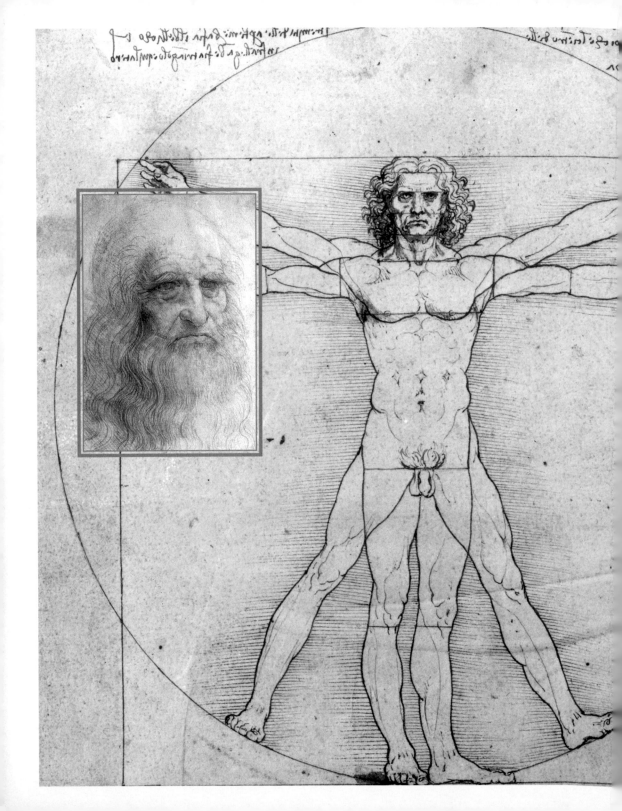

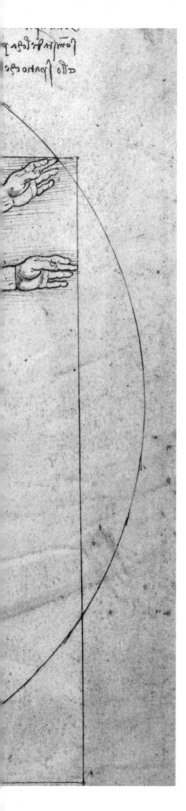

# Denken als Leonardo da Vinci

*Dagelijkse genialiteit in zeven stappen*

Michael J. Gelb

Van Michael J. Gelb verscheen tevens bij Uitgeverij De Kern:

DENKEN ALS EEN GENIE

Zevende druk (vijfde druk in paperback), oktober 2005

Oorspronkelijke titel: *How to think like Leonardo da Vinci*
Copyright © 1998 by Michael J. Gelb
Published by arrangement with Delacorte Press, an imprint of Dell Publishing, a division of Bantam Doubleday Dell Publishing Group Inc., New York, U.S.A. All rights reserved
Copyright © 1999, 2004 voor deze uitgave:
Uitgeverij De Kern, De Fontein bv, Postbus 1, 3740 AA Baarn
Vertaling: Pauline Kröger
Omslagontwerp: Jorge Martínez
Omslagbelettering: Teo van Gerwen Design
Foto auteur: Ed Pierce
Zetwerk: Hans Gordijn, Baarn
ISBN 90 325 0985 3
NUR 770

Niets uit deze uitgave mag worden verveelvoudigd en/of openbaar gemaakt door middel van druk, fotokopie, microfilm, elektronisch, door geluidsopname- of weergaveapparatuur, of op enige andere wijze, zonder voorafgaande schriftelijke toestemming van de uitgever.

*Dit boek is opgedragen aan de DaVinciaanse geest*

*die tot uiting komt in leven en werk van*

*Charles Dent.*

# DANKWOORD

*Grazie* aan allen die hebben meegeholpen aan de ontwikkeling van de DaVinciaanse oefeningen, en aan de lezeressen en lezers die waardevol commentaar leverden op het manuscript in wording: Ann-Marie Botton, Jolie Barbiere, Dr. Rudy Bauer, Stacy Forsythe, Michael Frederick, Ruth Kissane, Cathy Raines, John Ramo, dr. Dale Schusterman en Sylvia Tognetti
Grazie aan de 'cognoscenti' in muziekbeleving: Audrey Elizabeth Ellzey, dr. Roy S. Ellzey, Joshua Habermann, Murray Horwitz, dr. Elain Jerdine en Stacy Forsythe.
*Grazie* aan professor Roger Paden, die herhaaldelijk voor mij de bibliotheek van zijn faculteit heeft geplunderd.
*Grazie* aan mijn cliënten en vrienden die de DaVinciaanse geest hoog houden in hun organisaties, met name Ed Bassett, Charlie Bacon, Bob Ginsberg, Dave Chu, Peter Cocoziello, Jim D'Agostino, Marv Damsma, Doug Durand, Gerry Kirk, Delano Lewis, Nina Le Savoy, Joseph Rende, Harvey Sanders, dr. Raj Sisodia en het team Lucent IdeaVerse.
*Grazie molto* aan mijn ouders, Joan en Sandy Gelb, die de inspiratie vormden voor mijn DaVinciaanse benadering van het leven. Aan Joan Arnold voor doortastend redactiewerk en constructieve kritiek. Aan Sir Brian Tovey voor de inzichten over Florence en de Renaissance die hij met mij deelde. Aan mijn fantastische literair agent, Muriel Nellis, en haar medewerkers, in het bijzonder Jane Roberts. En aan Tom Spain voor zijn DaVinciaanse visie en uitstekende redactie, en zijn team bij Delacorte, met name Mitch Hoffman en Ellen Cipriano.
*Grazie mille* aan Lorraine Gill voor haar opmerkelijke betrokkenheid bij 'saper vedre'.
*Grazie mille* aan vier mensen die in buitengewone mate aan dit boek hebben bijgedragen:
Nusa Maal voor haar aandeel in de Tekencursus, haar prachtige illustraties en de wijze waarop zij de principes van veelzintuiglijke intelligentie uitdraagt;

De *moderne uomo* universale Tony Buzan voor de creatie van mind maps, het DaVinciaanse denkhulpmiddel;

Grootmeester Raymond Keene, O.B.E., voor het delen van zijn diepgaande kennis van de geschiedenis en het genie;

Audrey Elizabeth Ellzey voor haar onschatbare steun bij onderzoek en administratie en voor haar DaVinciaanse trouw aan de waarheid.

# INHOUD

Voorwoord: 'Geboren uit zon'  XI

## DEEL EEN

Inleiding: Je brein is beter dan je denkt  2
    Leren van Leonardo  6
    Een praktische benadering van genialiteit  7
De Renaissance, toen en nu  12
Het leven van Leonardo da Vinci  20
    Voornaamste prestaties
Leonardo-tijdschaal  40

## DEEL TWEE

De zeven DaVinciaanse principes  47
    Curiosità  48
    Dimostrazione  76
    Sensazione  94
    Sfumato  142
    Arte/Scienza  164
    Corporalità  192
    Connessione  220
Besluit: Leonardo's nalatenschap  258

## DEEL DRIE

| | |
|---|---:|
| De Da Vinci tekencursus voor beginners | 262 |
| Il Cavallo: Wedergeboorte van een droom | 306 |
| | |
| Leonardo da Vinci-Chronologie: | |
|     Leven en tijdsgewricht | 309 |
| | |
| Aanbevolen literatuur | 310 |
| Bronnen | 316 |
| Lijst van illustraties | 319 |
| Over de auteur | 322 |

## VOORWOORD: 'GEBOREN UIT ZON'

Denk aan helden en heldinnen in je leven, mensen aan wie je een voorbeeld zou willen nemen. Misschien, en dan heb je geboft, horen je moeder of vader daarbij. Misschien laat je je vooral inspireren door grote figuren uit de geschiedenis. Je verdiepen in leven en werk van grote kunstenaars, leiders, geleerden en geestelijken is goed voor geest en ziel. Alle kans dat je dit boek in de hand nam omdat je in Leonardo een archetype van menselijk kunnen herkent, en je benieuwd bent naar de mogelijkheid hem beter te leren kennen.

Mijn helden als kind waren Superman en Leonardo da Vinci. De 'Man van staal' heeft intussen afgedaan, maar mijn fascinatie voor Da Vinci bleef toenemen. Voorjaar 1994 kreeg ik een uitnodiging om in Florence een toespraak te houden tot een prestigieuze en veeleisende club van bedrijfsdirecteuren. De voorzitter van de groep vroeg: 'Zou u voor onze leden iets kunnen voorbereiden over creatiever en evenwichtiger functioneren, privé en op het werk? Iets in de richting van hoe je een renaissancemens zou kunnen worden?' Zonder nadenken reageerde ik met mijn droom: 'Denken zoals Leonardo da Vinci, zou dat iets zijn?'

Het was geen opdracht die ik lichtvaardig kon opvatten. Mijn cursisten hadden vermoedelijk al aanzienlijke bedragen betaald om de zesdaagse 'universiteit' te bezoeken, een van de verschillende gelegenheden die dit genootschap zijn leden jaarlijks biedt om zich in grote wereldsteden te oriënteren op geschiedenis, cultuur en zakenleven en tevens te werken aan hun ontwikkeling op persoonlijk en professioneel gebied. De leden konden kiezen tussen verscheidene voordrachten – de mijne was tegelijk met vijf andere, waaronder een van de vroegere Fiat-directeur Giovanni Agnelli – en werden uitgenodigd elke spreker een cijfer te geven van een tot tien, en aangemoedigd weg te lopen als een voordracht hun niet beviel. Met andere woorden, als ze je niet moesten, konden ze je kraken.

Hoewel ik al mijn hele leven gefascineerd was geweest door mijn onderwerp, wist ik dat er gewerkt moest worden. Naast intensief lezen hield mijn voorbereiding een Da Vinci-pelgrimstocht in, die begon met een bezoek aan Leonardo's *Portret van Ginevra de' Benci* in de National Gallery in Washington, D.C. In New York trof ik de reizende tentoonstelling 'Codex Leicester', gesponsord door Bill Gates en Microsoft. Vervolgens reisde ik naar Londen om de manuscripten in het British Museum te bekijken en *Anna te Drieën met Johannes de Doper* in de National Gallery, en naar het Louvre in Parijs om een paar dagen bij de *Mona Lisa* en *Johannes de Doper* te zijn. Het hoogtepunt van deze pelgrimage was evenwel het bezoek aan het kasteel Clos-Lucé bij Amboise, waar Da Vinci de laatste jaren van zijn leven doorbracht. Dit kasteel is nu een Da Vinci-museum, met verbluffende replica's van een aantal van Leonardo's uitvindingen, in elkaar gezet door ingenieurs van IBM. Ik liep door de tuinen waar hij ook had gelopen, zat in zijn werkkamer en stond in zijn slaapkamer, ik keek uit zijn raam en zag het uitzicht dat hij elke dag zag, en voelde mij hart overstromen van ontzag, eerbied, verwondering, droefheid en dankbaarheid.

Natuurlijk ging ik daarna ook naar Florence, waar ik uiteindelijk mijn praatje voor de directeuren hield. Het werd nog erg grappig toen de dame die mij zou inleiden, haar aantekeningen over mijn achtergrond verwarde met het papier dat ik haar over Da Vinci had gegeven. Ze zei, en dit verzin ik niet: 'Dames en heren, het is een groot voorrecht dat ik u vandaag iemand mag voorstellen wiens achtergrond alles overtreft wat ik ooit ben tegengekomen: anatoom, architect, botanicus, filosoof, geograaf en geoloog, humorist, ingenieur, kok, kostuum- en decorontwerper, militair ingenieur, musicus, natuurkundige, ruiter, schilder, stadsplanner, uitvinder, verteller en wiskundige... Dames en heren, mag ik u voorstellen... de heer Michael J. Gelb!'

Was het maar waar...

Maar goed, het praatje was een succes (er liep niemand weg), en het was het begin van het boek dat je nu in je hand hebt.

Voor die onvergetelijke inleiding kwam een van de leden naar me toe en zei: 'Ik geloof niet dat iemand kan leren om zo te zijn als Leonardo da Vinci, maar ik kom toch naar uw lezing.' Jij denkt misschien ook zoiets: gaat dit boek er soms van uit dat ieder kind geboren wordt met de capaciteiten en talenten van Leonardo da Vinci? Gelooft de schrijver werkelijk dat wij allemaal genieën kunnen zijn van het formaat van Da Vinci? Nou nee, dat dus niet. Hoewel ik me al tientallen jaren heb beziggehouden met het ontdekken van de volledige omvang van het menselijk potentieel en de manier om dat op te wekken, ben ik het eens met Da Vinci's leerling Francesco Melzi, die na het overlijden van de maestro schreef: 'Het verlies van zulk een man wordt door iedereen betreurd, want het ligt niet in het vermogen van de Natuur om een tweede te creëren.' Naarmate ik meer over Da Vinci te weten kom, wordt mijn ontzag voor zijn mysterie dieper. Alle grote genieën zijn uniek, en Leonardo was misschien het grootste genie van allemaal.

Toch blijft de vraag waarom het gaat: kunnen de grondslagen van Leonardo's benadering van leren en het aankweken van intelligentie worden afgeleid en toegepast om ons te inspireren en te leiden, zodat we onze eigen mogelijkheden ten volle kunnen realiseren?

Op déze vraag is mijn antwoord natuurlijk: ja! De fundamentele elementen van Leonardo da Vinci's benadering van het leren en het werken aan intelligentie zijn heel duidelijk en kunnen bestudeerd, nagevolgd en toegepast worden.

Is het overmoedig ons te verbeelden dat we kunnen leren net zo te zijn als de grootste van alle genieën? Misschien. Het is beter om te denken dat zijn voorbeeld ons de weg wijst hoe we meer kunnen zijn wat we werkelijk zijn.

De prachtige woorden van de dichter Sir Stephen Spender vormen een goede inleiding voor we aan onze vlucht door de grootste geest uit de geschiedenis beginnen:

### 1. IK DENK VOORTDUREND AAN DE WAARLIJK GROTEN

*Ik denk voortdurend aan de waarlijk groten,*
*Die zich uit de moederschoot herinnerden de gang van de ziel*
*Door galerijen van licht waar de uren zonnen zijn,*
*Eindeloos en zingend. Wier lieflijke ambitie*
*Was dat hun lippen, nog door vuur beroerd,*
*Zouden verhalen van de geest, van top tot teen gekleed in zang.*
*En die van de lentetakken verzamelden*
*De verlangens, als bloesem over hun lichaam gedwarreld.*

*Kostbaar is dit: nooit te vergeten*
*De vreugde van het bloed, geweld uit oude bronnen*

*Door steen gebroken in werelden voor onze aarde;*
*Nooit zijn genot te weigeren in het simpel ochtendlicht*
*Of zijn ernstige vraag om liefde's avonds;*
*Nooit toe te laten dat verkeer van lieverlee*
*Het bloeien van de geest verstikt in stank en herrie.*

*Zie hoe dicht bij de sneeuw, de zon, in het hoogste veld*
*Die namen worden toegejuicht door 't wuivend gras*
*En door de witte wolkenslingers*
*En windgefluister in de luisterende hemel;*
*De namen van hen die in hun leven vochten om leven,*
*Die aan hun hart de vuurkern droegen.*
*Uit zon geboren reisden zij een wijle naar de zon,*
*En zetten in de levende lucht hun signatuur van eer.*

Wij leven in een wereld vol herrie, stank en verkeer. Maar ook jij bent uit zon geboren, en op weg naar de zon. Dit is een gids voor die reis, geïnspireerd door een van de grote zielen uit de geschiedenis. Een uitnodiging om de levende lucht in te ademen, de vuurkern in je hart te voelen, en de volle bloei van je eigen geest.

Michael J. Gelb
Januari 1998

# Deel een

# Inleiding

*Je brein is veel beter dan je denkt*

Hoewel het genie van Leonardo da Vinci niet gauw overschat kan worden, blijkt uit wetenschappelijk onderzoek dat je je eigen capaciteiten vermoedelijk onderschat. Je bent begiftigd met een nagenoeg onbeperkt potentieel tot leren en creatief zijn. Vijfennegentig procent van wat we over de vermogens van de menselijke hersenen weten, is pas de laatste twintig jaar ontdekt. Op scholen, universiteiten en in bedrijven beginnen we nu pas met het toepassen van de nieuwe inzichten in de menselijke mogelijkheden. Voor we beginnen met leren denken zoals Leonardo, zullen we eerst eens kijken naar de nieuwste ideeën over intelligentie en naar de uitkomsten van het onderzoek naar de aard en de uitgebreidheid van de mogelijkheden van je hersenen.

De meesten van ons zijn opgegroeid met een begrip van intelligentie dat gebaseerd is op de traditionele intelligentietest. De intelligentietest die het IQ bepaalt is oorspronkelijk ontworpen door Alfred Binet (1857-1911) om op objectieve wijze het begripsvermogen, redeneervermogen en oordeelvermogen te meten. Binet werd gedreven door een groot enthousiasme voor de nog jonge discipline psychologie en een verlangen om bij het bepalen van het leervermogen van kinderen te ontkomen aan de culturele en klassevooroordelen die eind negentiende eeuw in Frankrijk heersten. Hoewel het traditionele begrip IQ ten tijde van zijn formulering een doorbraak betekende, blijkt uit hedendaags onderzoek dat het aan twee belangrijke gebreken lijdt.

Het eerste gebrek is de gedachte dat intelligentie bij de geboorte vaststaat en onveranderlijk is. Hoewel individuen op een bepaald gebied genetisch meer of minder begaafdheid meekrijgen, hebben onderzoekers zoals Buzan, Machado, Wenger en tal van anderen aangetoond dat IQ-scores door middel van de juiste training aanmerkelijk kunnen worden verhoogd. In een recent statistisch overzicht van meer dan tweehonderd in het tijdschrift Nature gepubliceerde artikelen over het IQ, kwam Bernard Devlin tot de conclusie dat de genen slechts 48 procent van het IQ verklaren. Tweeënvijftig procent is een functie van prenatale zorg, omgeving en opvoeding.

Het tweede zwakke punt in het algemeen gangbare begrip van intelligentie is de gedachte dat de verbale en mathematische redeneervaardigheden die intelligentietests meten de absolute voorwaarden zijn voor intelligentie. Recent psychologisch onderzoek heeft korte metten gemaakt met dit beperkte idee van intelligentie. In zijn reeds klassiek geworden werk *Frames of Mind* (1983) heeft de psycholoog Howard Gardner de theorie van de veelvoudige intelligenties geïntroduceerd, die poneert dat elk van ons over tenminste zeven meetbare intelligenties beschikt (in later werk kwamen Gardner en zijn collega's tot een indeling in vijfentwintig verschillende subintelligenties). De zeven intelligenties, met voorbeelden van genieën in elk ervan (buiten Leonardo da Vinci, die op elk van deze gebieden een genie was) zijn:

- *Logico-mathematisch* – Stephen Hawking, Isaac Newton, Marie Curie
- *Verbaal-linguïstisch* – William Shakespeare, Emily Dickinson, Jorge Luis Borges
- *Ruimtelijk-mechanisch* – Michelangelo, Georgia O'Keeffe, Buckminster Fuller
- *Muzikaal* – Mozart, George Gershwin, Ella Fitzgerald
- *Lichamelijk-kinesthetisch* – Morihei Ueshiba, Muhammad Ali, F. M. Alexander
- *Interpersoonlijk-sociaal* – Nelson Mandela, Mahatma Gandhi, koningin Elizabeth I
- *Intrapersoonlijk (zelfkennis)* – Viktor Frankl, Thich Nhat Hanh, Moeder Teresa

De theorie van de veelvoudige intelligenties is inmiddels in wijde kring geaccepteerd en biedt, in combinatie met het besef dat intelligentie levenslang ontwikkeld kan worden, een krachtige inspiratiebron voor diegenen die ernaar streven moderne renaissance-mannen en -vrouwen te worden.

Behalve dat het inzicht in aard en reikwijdte van intelligentie is uitgebreid, heeft het moderne psychologisch onderzoek opzienbarende feiten geopenbaard over de grootte van je mogelijkheden. Het resultaat kan worden samengevat met de woorden: Je hersenen zijn tot veel meer in staat dan je denkt. Stilstaan bij je fenomenale corticale gaven is een prachtig startpunt voor een praktische studie van DaVinciaans denken. Denk eens na over het volgende: je brein

- is flexibeler en multidimensionaler dan welke supercomputer ook
- kan je leven lang elke seconde zeven feiten leren, en heeft dan nog meer dan genoeg ruimte over om meer te leren.
- zal met de jaren beter functioneren als je het goed gebruikt
- zit niet alleen in je hoofd. Volgens de bekende neurowetenschapper dr. Candace Pert '... bevindt intelligentie zich niet alleen in de hersenen maar in cellen die door het hele lichaam verspreid liggen... De traditionele scheiding van geestelijke processen, met inbegrip van de emoties, van het lichaam is niet langer houdbaar.'
- is uniek. Van de zes miljard mensen die op dit moment leven en de meer dan negentig miljard mensen die ooit geleefd hebben is er nooit iemand geweest die precies was zoals jij, tenzij je de helft van een identieke tweeling bent. Je creatieve talenten, je vingerafdrukken, je gelaatsuitdrukkingen, je dna, je dromen: ze zijn er nooit eerder geweest, ze zijn uniek.
- is in staat een praktisch onbeperkt aantal synaptische verbindingen of potentiële gedachtenpatronen te vormen.

Dit laatste punt werd vastgesteld door Pjotr Anochin van de universiteit van Moskou, een leerling van Ivan Pavlov, de legendarische pionier in de psychologie. Anochin verbaasde de wetenschappelijke wereld toen hij in 1968 het artikel publiceerde waarin hij aantoonde dat het aantal mogelijke gedachtepatronen die het gemiddelde brein kan vormen minimaal het cijfer 1 is gevolgd door 10,5 miljoen kilometer getypte nullen.

> Wat gebeurt er met je brein als je ouder wordt? De meeste mensen denken dat geestelijke en lichamelijke vermogens onvermijdelijk achteruitgaan naarmate je leeftijd toeneemt; dat we na ons vijfentwintigste levensjaar dagelijks hersencapaciteit verliezen. In werkelijkheid kan het gemiddelde brein er met de jaren op vooruitgaan. Onze neuronen zijn ons leven lang in staat steeds ingewikkelder nieuwe verbindingen te vormen. En onze voorraad neuronen is zo groot dat zelfs als we de rest van ons leven dagelijks duizend hersencellen zouden verliezen, dat nog minder dan 1 procent van het totaal zou zijn (het is natuurlijk wel belangrijk dat je niet juist de 1 procent verliest die je gebruikt!)

Anochin vergeleek de menselijke hersenen met een 'multidimensionaal muziekinstrument dat gelijktijdig een oneindig aantal muziekstukken kon spelen.' Hij benadrukte dat ieder van ons begiftigd is met een geboorterecht van nagenoeg onbeperkt potentieel. En hij stelde dat geen mens in heden of verleden de vermogens van het brein nog volledig heeft onderzocht. Toch zou Anochin vermoedelijk ook vinden dat Leonardo da Vinci een zeer inspirerend voorbeeld zou kunnen vormen voor diegenen van ons die onze volledige capaciteit willen onderzoeken.

## LEREN VAN LEONARDO

Jonge eendjes leren hoe ze in leven moeten blijven door hun moeder te imiteren. Leren door imitatie is voor veel diersoorten een basisprincipe, en ook voor mensen. Wanneer we volwassen worden, hebben wij een uniek voordeel: wij kunnen kiezen wie en wat we zullen imiteren. We kunnen ook bewust nieuwe voorbeelden kiezen om de oude, waaraan we ontgroeid zijn, te vervangen. Het is daarom verstandig om de beste voorbeelden te kiezen om ons te leiden en ons te inspireren bij het realiseren van ons potentieel.

Wil je dus een betere golfspeler worden, verdiep je dan in Ben Hogan, Jack Nicklaus en Tiger Woods. Wil je een leider worden, bestudeer dan Winston Churchill, Abraham Lincoln en koningin Elizabeth I. Wil je een renaissancemens worden, bestudeer dan Leon Battista Alberti, Thomas Jefferson, Hildegard von Bingen en bovenal Leonardo da Vinci.

> Leon Battista Alberti (1404-1472) was de oorspronkelijke *uomo universale* en een van Leonardo's voorbeelden. Alberti was architect, ingenieur, wiskundige, kunstschilder en filosoof, en bovendien een getalenteerd atleet en musicus.

*In The Book of Genius* doen Tony Buzan en Raymond Keene voor het eerst een objectieve poging de grootste genieën uit de geschiedenis op een rij te zetten. Ze geven hun een plaats volgens categorieën als 'Oorspronkelijkheid', 'Veelzijdigheid', 'Dominantie in vakgebied', 'Universaliteit van visie' en 'Kracht en energie' en komen aldus tot de volgende 'top-tien':

10. Albert Einstein
9. Phidias (architect van Athene)
8. Alexander de Grote
7. Thomas Jefferson
6. Sir Isaac Newton
5. Michelangelo
4. Johann Wolfgang von Goethe
3. De bouwers van de grote piramiden
2. William Shakespeare

En het grootste genie aller tijden, volgens het uitvoerige onderzoek van Buzan en Keene? Leonardo da Vinci.
Zoals Giorgio Vasari over Leonardo schreef in de oorspronkelijke versie van zijn *De levens van de kunstenaars*: 'De hemel stuurt ons soms schepselen die niet alleen de mensheid vertegenwoordigen maar tevens het goddelijke zelve, zodat als wij hen tot voorbeeld nemen en hen navolgen, onze geest en het beste van onze intelligentie de hoogste hemelse sferen kunnen benaderen. De ervaring leert dat zij die zich erop toeleggen de sporen van deze prachtige genieën te bestuderen en te volgen, zelfs als de natuur hun weinig of geen hulp geeft, tenminste de bovennatuurlijke werken die in zijn goddelijkheid een aandeel hebben kunnen benaderen.'
Ons groeiende begrip van de veelvoudigheid van intelligentie en van de vermogens van het brein lijkt erop te wijzen dat de natuur meer hulp biedt dan we misschien hadden kunnen dromen. In dit boek zullen wij de sporen van dit wonderbaarlijkste van alle genieën bestuderen en volgen, om jouw leven te verrijken met zijn wijsheid en inspiratie, van dag tot dag.

## EEN PRAKTISCHE BENADERING VAN GENIALITEIT

In dit boek zul je een aan ervaring getoetste, praktische benadering leren om de fundamentele elementen van Leonardo's genie toe te passen ter verrijking van je leven. Je zult een bevrijdende, oorspronkelijke manier ontdekken om je wereld te zien en ervan te genieten terwijl je werkzame strategieën voor creatief denken ontwikkelt en nieuwe vormen van zelfexpressie vindt. Je zult beproefde technieken leren om je zintuigen te scherpen, je unieke intelligentie ruim baan te geven en harmonie te brengen tussen lichaam en geest. Met Leonardo als inspiratiebron zul je van je leven een kunstwerk maken.

Hoewel je misschien al bekend bent met het leven en het werk van Da Vinci, zul je na lezing van dit boek een nieuwe kijk op deze zo raadselachtige figuur hebben en een diepere waardering voor hem voelen. Wanneer je de wereld vanuit zijn gezichtspunt bekijkt, zul je misschien ook iets proeven van de eenzaamheid die genialiteit meebrengt. Maar ik sta ervoor in dat je je verrijkt zult voelen door zijn geest, geïnspireerd door zijn zoektocht, en ontroerd door je kennismaking met hem.

Het boek begint met een beknopt overzicht van de Renaissance en haar overeenkomsten met onze tijd, gevolgd door een biografische schets van Leonardo en een samenvatting van zijn belangrijkste prestaties. De kern van het boek wordt gevormd door de behandeling van de Zeven DaVinciaanse Principes. Deze principes zijn verkregen uit een diepgaande studie van de man en zijn methoden. Ik heb ze namen gegeven in het Italiaans, Leonardo's moedertaal. Het zal je genoegen doen dat de principes van Leonardo je waarschijnlijk intuïtief duidelijk zullen zijn. Je zult niet hoeven te proberen ze in je leven te bedenken. Het is eerder van belang dat je ze, zoals veel dingen die met gezond verstand samenhangen, onthoudt, ontwikkelt en toepast.

De Zeven DaVinciaanse Principes zijn:

**Curiosità** – Een onverzadigbaar nieuwsgierige benadering van het leven

---

Giorgio Vasari (1511-1574), bouwmeester van het Uffizi in Florence en leerling van Michelangelo, publiceerde zijn De levens van de kunstenaars in 1549. Volgens de geleerden heeft hij met dit boek in feite de kunstgeschiedenis uitgevonden. Levens is nog altijd de belangrijkste bron over de kunst van de Italiaanse Renaissance. Met veel zwier beschrijft Vasari leven en werken van bijna tweehonderd schilders, beeldhouwers en architecten, onder wie Giotto, Masaccio, Brunelleschi, Donatello, Botticelli, Verrocchio, Rafaël, Michelangelo, Titiaan en, natuurlijk, Leonardo.

en een niet aflatend streven naar permanent leren.
**Dimostrazione** – Een voornemen om kennis te toetsen aan ervaring, volharding, en een bereidheid om van fouten te leren.
**Sensazione** – De voortdurende verfijning van de zintuigen, met name het zien, als middel om de ervaring te verlevendigen.
**Sfumato** – (letterlijk 'Rokerigheid') – Een bereidheid om dubbelzinnigheid, paradoxen en onzekerheid te verwelkomen.
**Arte/Scienza** – De ontwikkeling van het evenwicht tussen wetenschap en kunst, logica en verbeelding. Denken met beide hersenhelften.
**Corporalità** – Het aankweken van gratie, handigheid, conditie en houding.
**Connessione** – De erkenning en waardering van het onderlinge verband tussen alle dingen en verschijnselen. Systeemdenken.

Als je tot hier hebt doorgelezen pas je het eerste DaVinciaanse principe al toe. Curiosità – het streven naar permanent leren – komt op de eerste plaats omdat het verlangen te weten, te leren en te groeien de stuwende kracht is achter kennis, wijsheid en ontdekken.
Als je geïnteresseerd bent in zelfstandig denken en je geest wilt bevrijden van beperkende gewoonten en vooropgezette ideeën, zit je op het spoor van het tweede principe: Dimostrazione. In zijn zoeken naar waarheid vond Da Vinci het noodzakelijk conventionele wijsheid in twijfel te trekken. Hij gebruikte het woord dimostrazione om het belang uit te drukken van zelf leren door middel van praktijkervaring.
Neem even pauze en denk terug aan de momenten in het afgelopen jaar dat je het duidelijkst het gevoel had dat je echt leefde. Alle kans dat je zintuigen toen op volle kracht werkten. Ons derde principe – Sensazione – is gericht op het bewust scherpen van de zintuigen. Leonardo geloofde dat het verfijnen van de zintuiglijke gewaarwording de sleutel was tot een rijkere ervaring.
Wanneer je je zintuigen scherpt, de diepten van de ervaring aftast en je kinderlijke vermogens tot vragen stellen wakker roept, zul je in toenemende mate onzekerheid en onduidelijkheid tegenkomen. Het kunnen verdragen van verwarring is de meest kenmerkende eigenschap van zeer creatieve mensen, en Leonardo bezat vermoedelijk meer van die eigenschap dan enig mens die ooit heeft geleefd. Principe nummer vier - Sfumato - biedt je een handreiking om

*Portret van de Maestro*

je meer op je gemak te voelen bij het onbekende, vriendschap te sluiten met de paradox.

Willen uit onzekerheid evenwicht en creativiteit voortkomen, dan is principe nummer vijf vereist – Arte/Scienza – of de activiteit van beide hersenhelften. Maar Da Vinci geloofde dat evenwicht niet alleen een geestelijke zaak was. Hij was een voorbeeld dat het belang aantoont van principe nummer zes – Corporalità – het evenwicht tussen lichaam en geest. En als je belang stelt in patronen, relaties, verbindingen en systemen – als je wilt begrijpen hoe je dromen, doelen, waarden en hoogste aspiraties in je dagelijks leven kunnen worden opgenomen – dan pas je principe nummer zeven, Connessione, al toe. Connessione verbindt alles met elkaar.

Elk principe wordt toegelicht met fragmenten uit de aantekeningenboeken van de maestro en geïllustreerd met tekeningen of schilderijen van zijn hand. Deze toelichting wordt gevolgd door enkele vragen ter bezinning en zelfbeoordeling. Deze vragen hebben tot doel je denken te stimuleren en je aan te zetten tot het toepassen van de principes.

> 'We eren hem door van hem te leren.'
> FREUD OVER DA VINCI

De vragen worden gevolgd door een reeks praktische oefeningen om tot een persoonlijke en professionele renaissance te komen. Je zult het meeste profijt van dit boek hebben als je eerst het hele boek doorleest zonder de oefeningen te doen. Denk alleen na over de vragen ter bezinning en zelfbeoordeling. Na deze eerste lezing kun je de uitleg van elk principe opnieuw lezen en vervolgens de oefeningen doen. Sommige oefeningen zijn gemakkelijk en leuk om te doen, maar voor andere is het nodig dat je innerlijke arbeid verzet. Ze zijn allemaal ontworpen om de geest van de maestro in jouw dagelijks leven te brengen. Behalve de oefeningen zul je een lijst met literatuur en hulpmiddelen vinden om je een richtlijn te geven bij het onderzoeken en toepassen van elk principe. De literatuurlijst bevat aanbevolen werken over de Renaissance, de geschiedenis van ideeën, het wezen van genialiteit en natuurlijk leven en werk van Leonardo.

In het laatste deel van het boek zul je 'De Da Vinci Tekencursus voor beginners' aantreffen, en je zult ook te weten komen hoe je kunt deelnemen aan een opzienbarend project dat het wezen van de DaVinciaanse geest belichaamt.

# De Renaissance, toen en nu

Aan de overkant van de Arno, ietwat terzijde van de platgetreden toeristische paden in Florence, zul je de Santa Maria del Carmine aantreffen. Ga hier binnen, ga linksaf en dan nogmaals naar links, en je bevindt je in de Brancacci-kapel en bent omringd door fresco's van Masolino en Masaccio. Het eerste fresco aan de linkerkant is Masaccio's interpretatie van de verdrijving van Adam en Eva uit de hof van Eden. En hier begint de Renaissance, want Adam en Eva hebben niet het tweedimensionale onwerkelijke van middeleeuwse schilderijen, maar zien eruit als echte mensen. Hun terneergeslagen houding en ongelukkige gezicht drukken echte emoties uit. Masaccio's figuren zijn in drie dimensies afgebeeld, met hun voeten stevig op de grond, en kondigen een nieuw tijdperk van menselijke beloften en mogelijkheden aan.

Om dit nieuwe tijdperk naar waarde te schatten en zoveel mogelijk profijt te hebben van onze bestudering van Leonardo da Vinci, moeten we eerst enig inzicht verwerven in de voorafgaande periode. In *A World Lit Only by Fire: The Medieval Mind and the Renaissance* stelt William Manchester dat het pre-renaissancistische Europa gekenmerkt werd door 'een mengelmoes van onophoudelijke oorlogvoering, corruptie, wetteloosheid, geobsedeerdheid met vreemde mythen en een bijna ondoordringbare geestloosheid'. Manchester beschrijft een periode vanaf de val van het westelijke Romeinse rijk tot de dageraad van de Renaissance en schrijft: 'In al die tijd was er in feite geen belangrijke verbetering of verslechtering opgetreden. Afgezien van de invoering van het waterrad in de negende eeuw en van windmolens in de twaalfde eeuw waren er geen uitvindingen van belang gedaan. Er waren geen opzienbarende

---

*Masaccio's 'verdrijving' is een ironisch thema voor wat wellicht het eerste echte renaissanceschilderij is. Zowel Michelangelo als Leonardo hebben dit schilderij aandachtig bestudeerd. Leonardo schreef: 'Masaccio heeft door de volmaaktheid van dit werk aangetoond dat zij die zich laten inspireren door een ander voorbeeld dan de natuur, de meesters die alle meesters overtreft, vruchteloos zwoegen.'*

nieuwe ideeën geweest, er waren geen nieuwe gebieden buiten Europa ontdekt. Alles was zoals het sinds mensenheugenis geweest was. Het middelpunt van het Ptolemeïsche universum was de wereld die men kende – Europa, begrensd door het Heilige Land en Noord-Afrika. De zon bewoog hier elke dag omheen. De Hemel lag boven de onbeweeglijke Aarde, ergens achter het hemelgewelf; de hel ziedde ver onder hun voeten. Koningen regeerden bij de gratie van de Almachtige; alle anderen deden wat hun gezegd werd... De kerk was ondeelbaar, het leven na de dood een zekerheid; alle kennis was reeds bekend. En niets zou ooit veranderen.'

Het woord *renaissance* is Frans voor 'wedergeboorte'. De Italianen noemen het Rinascimento. Na eeuwen van knechtschap en bijgeloof werd het ideaal van menselijk kunnen en van menselijke mogelijkheden opnieuw geboren. De herleving van het klassieke ideaal werd al aangekondigd door Giotto. Er werd een begin mee gemaakt door Brunelleschi, Alberti en Masaccio, en het bereikte zijn volle zeggingskracht door Leonardo, Michelangelo en Raphael. Deze dramatische transformatie van het wereldbeeld ten opzichte van de middeleeuwen ging hand in hand met een aantal ontdekkingen, vernieuwingen en uitvindingen, zoals:

- *De drukpers* – Maakte kennis bereikbaar voor grote aantallen mensen buiten de geestelijkheid en de heersende elite. In 1456 bestonden er nog geen zestig exemplaren van de bijbel van Gutenberg, het eerste boek dat in Europa gedrukt werd. Tegen de eeuwwisseling waren er meer dan vijftien miljoen gedrukte boeken in omloop.
- *Het potlood en goedkoop papier* – Hierdoor kreeg de gewone man de mogelijkheid te schrijven, aantekeningen te maken en zo het geleerde vast te leggen.
- *Het astrolabium, het magnetisch kompas en het grote zeilschip* – Leidden tot een enorme uitbreiding van de zeevaart, de internationale handel en uitwisseling van informatie. Toen Columbus en Magalhães hadden bewezen dat de wereld niet plat was, was het fundament onder de traditionele wijsheid weggeslagen.
- *Het kanon met groot bereik* – Hoewel er al vele jaren katapulten, blijden en kleine kanonnen in gebruik waren, konden die de muren van een vesting niet vernielen. Het krachtige kanon met groot bereik

werd halverwege de vijftiende eeuw ontworpen door een Hongaarse ingenieur, Urban geheten. Toen de nieuwe technologie zich verspreidde, was de feodale burcht, en daarmee het feodale systeem, niet langer onaantastbaar. De tijd was rijp voor de geboorte van de moderne natie-staat.

- *Het mechanische uurwerk* – Stimuleerde de handel doordat mensen tijd nu als een beheersbaar goed konden beleven. In de Middeleeuwen hadden de mensen geen begrip van tijd zoals wij haar kennen. De overgrote meerderheid van de mensen wist niet welk jaar het was, of zelfs in welke eeuw ze leefden.

Veel van deze vernieuwingen en de meeste grote meesterwerken van de schilderkunst in deze tijd werden gevoed door de ondernemersgeest, de toenemende vraag naar consumptiegoederen en een run op kapitaal. In *Worldly Goods: A New History of the Renaissance* toont Lisa Jardine met schitterende illustraties en een scherpzinnige, gedetailleerde tekst aan dat het toenemende kapitalisme de drijvende kracht was achter de culturele en intellectuele transformaties van de Renaissance. Ze stelt dat 'de impulsen die door ons tegenwoordig denigrerend worden afgedaan als "consumentisme"' al aanwezig waren in de renaissancistische mentaliteit die de werken en de vooruitgang voortbracht die we nu zo hoog waarderen. Zelfs commercialisme speelde een rol: 'De reputatie van een schilder berustte op zijn vermogen de belangstelling van kopers voor zijn werken te trekken, en niet op een of ander intrinsiek criterium van intellectuele waarde.'

Toch blijft het de vraag waarom de Renaissance plaatsvond toen ze plaatsvond. Gedurende de duizend jaar die eraan voorafgingen waren de Europese prestaties op het gebied van wetenschap en onderzoek te verwaarlozen. Tijdens de Middeleeuwen werd vrijwel alle intellectuele energie en arbeid besteed aan dogmatische muggenzifterij en aan 'heilige' oorlogen. In plaats van nieuwe gebieden, vindingen en ideeën te verkennen, hielden de grootste ge-

> Het ontluikende besef van de menselijke mogelijkheden kwam op een charmante manier tot uiting in veranderingen in de regels van het schaakspel. Vóór de Renaissance kon de dame zich per keer slechts één vakje verplaatsen; maar toen het beeld van menselijke horizonten en mogelijkheden zich uitbreidde, kreeg zij de ruime bewegingsvrijheid die ze tot op de huidige dag heeft behouden.

leerden zich bezig met de vraag hoeveel engelen er op de punt van een naald konden, terwijl de kerk meestal niet aarzelde degenen die twijfelden aan haar leer op de pijnbank te leggen. Dit was natuurlijk niet bevorderlijk voor onafhankelijk denken.

De gebeurtenis die de kiem legde voor de Renaissance was naar de mening van mijn collega Raymond Keene en mij, de pestepidemie die in de veertiende eeuw in Europa woedde. Bijna de helft van de bevolking werd op een snelle en gruwelijke manier uitgeroeid. De Zwarte Dood maakte geen onderscheid tussen priesters, bisschoppen, edelen en ridders en boeren, lijfeigenen, hoeren en kooplieden. Vroomheid, toewijding en trouw aan de kerk boden geen bescherming, waardoor het geloof van mensen van velerlei slag werd aangetast. Bovendien werden rijke families plotseling uitgedund zodat de rijkdom geconcentreerd raakte in de handen van de paar gelukkigen die het overleefden. Hoewel ze deze rijkdom voorheen aan de kerk zouden hebben besteed, begonnen de rijken na de pest ook op andere paarden te wedden en in de onafhankelijke wetenschap te investeren. In een aanvankelijk nog bijna onmerkbaar subtiele verschuiving van het bewustzijn werd er ook buiten gebed en dogmatiek naar antwoorden gezocht. Een vloedstroom van intellectuele energie, die duizend jaar was ingedamd in een kerkelijk stuwmeer, begon door het door de pest geslagen gat te vloeien.

Vijfhonderd jaar na de Renaissance, in een tijd waarin naast de kerk staten en bedrijven de loyaliteit van mensen opeisen, maakt de wereld een nog veel dramatischer uitdijen van kennis, kapitalisme en communicatie mee. Luchtvaart – de vervulling van een van Da Vinci's dromen en voorspellingen – telefoons, radio, televisie, film, kopieerapparaten, personal computers en nu het Internet, dit alles vormt een steeds ingewikkelder web van mondiale uitwisseling van informatie. Revolutionaire vernieuwingen in landbouw, automatisering en geneeskunde worden als vanzelfsprekend beschouwd. We hebben mannen op de maan gezet en machines op Mars, de kracht van het atoom ontketend, de genetische code ontcijferd en al veel geheimen van het menselijk brein ontsloten. Deze dramatische ontwikkelingen in communicatie en technologie stimuleren de energieën van kapitalisme en de vrije maatschappij, en ondermijnen het totalitarisme.

Het kan niemand ontgaan dat de veranderingen steeds sneller plaatsvinden. Wat deze veranderingen zullen betekenen voor jou persoonlijk en beroepshalve, weet geen mens. Maar net als de denkers na afloop van de cataclysmische verandering die door de Zwarte Dood was teweeggebracht, zijn wij het aan onszelf verplicht ons af te vragen of we het ons kunnen permitteren de gezagsdragers van onze tijd – of dat nu de kerk, de regering of het bedrijfsleven is – voor ons te laten denken.

We kunnen evenwel veilig zeggen dat de steeds snellere verandering en de toenemende complexiteit de waarde van het intellectuele kapitaal vermenigvuldigen. Het vermogen van het individu om onafhankelijk en creatief te leren, te denken en zich aan te passen wordt hoog aangeslagen. Tijdens de Renaissance raakten personen met een middeleeuwse instelling achterop. Nu, in het Informatietijdperk, worden denkers met een middeleeuwse of een uit het industriële tijdperk stammende mentaliteit met uitsterven bedreigd.

De Renaissance was geïnspireerd op de idealen van de klassieke oudheid – een besef van menselijke kracht en mogelijkheden, en een passie voor ontdekkingen – maar ze paste deze aan de eisen van de tijd aan. Nu kunnen wij inspiratie putten uit de idealen van de Renaissance en die transformeren om te voldoen aan onze eigen eisen.

Misschien heb jij net als veel vrienden van mij het gevoel dat het je grootste uitdaging is onder de toenemende druk uit alle richtingen een evenwichtig en bevredigend leven te leiden. Zoals we al zagen, hadden onze middeleeuwse voorouders geen begrip van tijd; wij daarentegen lopen gevaar beheerst te worden door de klok. In de Middeleeuwen was informatie voor de gemiddelde persoon niet bereikbaar, en de paar boeken die er bestonden waren in het Latijn geschreven, dat alleen aan de elite werd onderwezen. Nu zwemmen we in een ongekende, niet aflatende overvloed van informatie. In vijfhonderd jaar zijn we van een wereld waarin alles zeker was en waar niets veranderde, overgegaan naar een wereld waarin niets zeker is en alles verandert.

De versnelde verandering heeft de aanzet gegeven tot een ongekende opkomst van interesse in persoonlijke groei, bewustwording en geestelijke ervaring. Alleen al de beschikbaarheid van informatie over de esoterische tradities op de wereld heeft een vloedgolf van zoekenden opgeleverd. (Een eeuw geleden had je een berg in India moeten beklimmen om te leren mediteren; tegenwoordig kun je een cursus volgen, informatie van het Internet downloaden of bij de boekhandel om de hoek kiezen uit honderden boeken.) Tegelijkertijd geeft de informatieberg bijgedragen aan veel cynisme, versnippering en een gevoel van machteloosheid. Wij hebben meer mogelijkheden, meer vrijheid en meer keuzen dan alle mensen die voor ons hebben geleefd. Toch is er ook meer rotzooi, meer middelmatigheid en meer afval om uit te zoeken en op te ruimen dan ooit.

Voor zoekers die het kaf van het koren willen scheiden en diepere betekenislagen, schoonheid en kwaliteit in het leven willen vinden: Leonardo da Vinci – de beschermheilige van onafhankelijke denkers – nodigt je uit verder te gaan.

# DE MODERNE RENAISSANCEMENS

Het ideaal van de renaissancemens, of uomo universale, heeft altijd geleken op een veelzijdig ontwikkeld, evenwichtig persoon, die zich thuis voelt bij kunst en wetenschap. Het curriculum van de alfawetenschappen aan de universiteiten was oorspronkelijk een afspiegeling van dit ideaal. In een tijd van voortschrijdende specialisatie vereist een evenwichtige ontwikkeling dat men tegen de stroom ingaat. Behalve goed ingevoerd in de klassieke alfawetenschappen, is de moderne uomo universale ook:

- *Computeralfabeet:* Hoewel zelfs Leonardo er misschien moeite mee zou hebben gehad een videorecorder te programmeren, is de moderne renaissancemens op de hoogte van ontwikkelingen in de informatietechnologie en voelt hij zich in toenemende mate thuis in het World Wide Web.
- *Geestelijk alfabeet:* Zoals we al bespraken is 95 procent van wat we over de menselijke hersenen weten, kennis die in de laatste twintig jaar is verworven. Geestelijk alfabetisme is een door Tony Buzan bedachte term om een praktische vertrouwdheid met het groeiende inzicht in de werking van de menselijke geest aan te duiden. Deze begint met een realistisch besef van het enorme potentieel van het brein en de veelvoudigheid van intelligenties, en omvat onder meer de ontwikkeling van de vermogens tot versneld leren en creatief denken die op de volgende pagina's zal worden behandeld.
- *Mondiaal bewust:* De moderne *uomo universale* heeft niet alleen oog voor mondiale verbanden in communicatie, economieën en ecosystemen, maar voelt zich op zijn gemak met verschillende culturen. Racisme, seksisme, vervolging wegens godsdienst, homofobie en nationalisme worden beschouwd als rudimenten van een primitieve evolutiefase. Moderne renaissancemensen in het Westen leggen een speciale waardering aan de dag voor de oosterse cultuur, en vice versa.

# Het leven van Leonardo da Vinci

Als je ooit een sollicitatieformulier hebt ingevuld of je curriculum vitae hebt geschreven, zul je zeker waardering hebben voor de brief die Leonardo in 1482 richtte aan Ludovico Sforza, de hertog van Milaan. Da Vinci schreef de misschien wel meest opzienbarende sollicitatiebrief aller tijden:

> *Ik wil wonderen verrichten...*
> LEONARDO DA VINCI

Doorluchtige Heer, nu ik voldoende heb gezien en de proefstukken heb beoordeeld van al degenen die zich meester achten, en uitvinders van oorlogstuig, en concludeer dat hun vindingen en gebruik van voornoemd wapentuig in geen enkel opzicht verschillen van de reeds alom in gebruik zijnde werktuigen, verstout ik mij zonder een vooroordeel over een ander uit te spreken, me tot Uwe Doorluchtigheid te richten, ten einde u deelgenoot te maken van mijn geheimen, waarna ik mij ter beschikking stel om naar Uw genoegen op elk moment dat U schikt, al die zaken te demonstreren, waarvan ik hieronder een gedeelte kort weergeef.

1. Ik heb plannen voor bruggen, heel licht en sterk, en geschikt om gemakkelijk lasten te dragen...
2. Wanneer een vesting belegerd is, weet ik hoe je de toevoer van water naar de loopgraven blokkeert, en hoe men een oneindig aantal... uitschuifbare ladders en andere werktuigen vervaardigt...
3. Als het door de hoogte van de wal, en de sterkte van de vesting of haar ligging onmogelijk zou zijn haar door middel van een bombardement tot overgave te dwingen, weet ik methoden om een willekeurig bolwerk of fort te vernietigen, zelfs als het op een rots is gebouwd.

*Zelfportret in rood krijt*

4. Ik heb plannen om kanonnen te maken, zeer handig en gemakkelijk te vervoeren, waarmee kleine stenen kunnen worden weggeslingerd, ongeveer op de wijze van hagel...
5. Mocht het zo gebeuren dat de ontmoeting op zee plaatsvindt, dan heb ik plannen om vele machines te bouwen die buitengewoon geschikt zijn voor aanval of verdediging, en schepen die bestand zijn tegen het vuur van de zwaarste kanonnen, en kruit en rook.
6. Ook heb ik manieren om op een vooraf bepaalde plek te komen door grotten en geheime, slingerende gangen die gemaakt zijn zonder enig geluid, zelfs als het misschien nodig is om onder een rivier... door te gaan.
7. Ook kan ik overdekte wagens maken, veilig en onneembaar, die met artillerie in de gesloten gelederen van de vijand zullen doordringen, en er is geen gezelschap van gewapende mannen zo groot of het zal erdoor worden doorbroken. Achter deze wagens zal de infanterie kunnen volgen, ongedeerd en zonder enige tegenstand te ontmoeten.
8. Ook kan ik, mocht de noodzaak zich voordoen, kanonnen, mortieren en licht geschut maken, fraai en praktisch van vorm, heel anders dan wat gewoonlijk wordt gebruikt.
9. Waar het niet mogelijk is kanonnen te gebruiken, kan ik katapulten, blijden, vallen en andere zeer werkzame mechanieken leveren die niet algemeen verkrijgbaar zijn. Kortom, al naar gelang uiteenlopende omstandigheden het vereisen kan ik een oneindig aantal verschillende aanvals- en verdedigingsmachines leveren.
10. In vredestijd geloof ik dat ik u evenveel voldoening kan geven als wie ook in de architectuur, met het construeren van zowel openbare als particuliere gebouwen, en het leiden van water van de ene plaats naar de andere.
11. Ook kan ik beeldhouwwerken uitvoeren in marmer, brons of klei, en ook schilderwerk, waarin mijn werk de vergelijking met dat van een willekeurige ander, wie dat ook mag zijn, kan doorstaan.
12. Bovendien zou ik aan het werk gaan aan het bronzen paard, dat voor altijd met onsterfelijke roem en eeuwige eer de voorspoedige nagedachtenis van de Vorst uw vader en van het doorluchtige huis Sforza zal doen voortleven.

En als er iemand zou zijn die een van de voornoemde zaken onmogelijk of onbruikbaar acht, verklaar ik mijzelf bereid ze te beproeven in uw park of waar het uwe Doorluchtigheid ook maar zal behagen. Ik noem mij uw meest nederige dienaar.

Hij kreeg de baan. Hoewel zijn gunstige ontvangst volgens Giorgio Vasari vermoedelijk vooral te danken was aan zijn hoofse charmes, en aan zijn talenten als musicus en organisator van feesten. Het is wonderlijk om je voor te stellen dat een genie van het formaat van Da Vinci zijn tijd wijdde aan het ontwerpen van optochten, bals, kostuums en andere vluchtige zaken, maar zoals Kenneth Clark opmerkt: 'Dit werd tussen de Madonna's door van renaissanceschilders verwacht.'

Dertig jaar eerder was volgens een door zijn grootvader opgesteld document, Leonardo geboren om half elf 's avonds, op zaterdag 15 april 1452. Zijn moeder, Caterina, was een boerendochter uit Anchiano, een klein dorp bij het stadje Vinci, op ongeveer zestig kilometer afstand van Florence. Zijn vader, Ser Piero da Vinci, die niet met zijn moeder getrouwd was, was een welgesteld boekhouder en notaris voor de stad Florence. De jonge Leonardo werd op vijfjarige leeftijd bij Caterina weggehaald en opgevoed in het huis van zijn grootvader, die ook notaris was. Omdat buitenechtelijke kinderen niet in aanmerking kwamen voor het lidmaatschap van het notarisgilde, kon Leonardo niet in de voetsporen van zijn vader en grootvader treden. Hij had dus, als het lot het iets anders had beschikt, ook de grootste boekhouder aller tijden geweest kunnen zijn!

Gelukkig werd hij in plaats hiervan als leerling naar het atelier gestuurd van de meesterschilder en -beeldhouwer Andrea del Verrocchio (1435-1488). Verrocchio kan worden vertaald als 'waar oog', een naam die hij gekregen had uit erkenning voor het doordringende waarnemingsvermogen in zijn werk. Het was een uitstekende benaming voor de leermeester van Leonardo. (Verrocchio's meesterwerk is het ruiterstandbeeld voor generaal Colleoni in Venetië, maar hij is het meest bekend om zijn *Putto met dolfijn* op de binnenplaats van het Palazzo Vecchio in

> In het vijftiende-eeuwse Florence was het gebruikelijk dat een meester een of meer van zijn meer begaafde leerlingen toestond enkele details van een schilderij te voltooien. Domenico Ghirlandaio, Pietro Perugino en Lorenzo di Credi waren enkele van Leonardo's medeleerlingen in het atelier van Verrocchio.

*Da Vinci-biograaf Serge Bramly, auteur van het briljante* Discovering the Life of Leonardo da Vinci, *zegt over het verschil tussen het werk van de jonge Leonardo en dat van zijn leermeester: 'Op röntgenfoto's van De doop van Christus is het verschil tussen zijn [Leonardo's] techniek en die van Verrocchio zeer duidelijk te zien. Terwijl de meester nog reliëf suggereert door contouren op te hogen met loodwit (dat röntgenstralen tegenhoudt en dus duidelijk op de foto te zien is) brengt Leonardo zeer dunne lagen verf over elkaar aan, zonder wit erin; hij doet dit zo soepel en vloeiend dat er geen penseelstreken te zien zijn. De röntgenstralen gaan hier ongehinderd doorheen; er is niets te zien van het gezicht van de engel.' Alsof hij werkelijk een engel had geschapen.*

Florence, en zijn beeld van David in het Bargello.) Het eerste schilderwerk waarvan men weet dat het van de hand van Da Vinci is, zijn de engel en een stukje van het landschap in de linkerbenedenhoek van Verrocchio's *Doop van Christus*.

In *De levens van de kunstenaars* schrijft Giorgio Vasari dat Verrocchio, toen hij de tere, verfijnde en lichtende hoedanigheid van het werk van zijn leerling zag, zwoer 'nooit meer een kleur aan te raken'. Hoewel dit misschien doet denken aan eerbiedige nederigheid of wanhoop over zijn eigen beperkingen, is het waarschijnlijker dat Verrocchio een zakelijke beslissing nam om meer schilderopdrachten aan zijn begaafde leerling te delegeren en zijn eigen talenten in plaats daarvan uitsluitend te besteden aan het lucratieve beeldhouwen.

Leonardo's jeugdig talent trok de aandacht van de voornaamste patroon van Verrocchio, Lorenzo de' Medici, Il Magnifico. Leonardo trad toe tot het buitengewone milieu van filosofen, wiskundigen en kunstenaars dat Lorenzo om zich heen had verzameld. Er zijn aanwijzingen dat de jonge Leonardo tijdens zijn leertijd in het paleis van de Medici woonde.

Na een leertijd van zes jaar bij Verrocchio werd Leonardo in 1472 toegelaten

*'Het is mogelijk van alles kennis te hebben.'*
LEONARDO DA VINCI

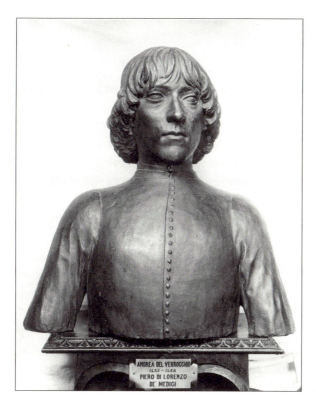

*Verrocchio's borstbeeld van Lorenzo de' Medici, Il Magnifico*

De Annunciatie *van Leonardo da Vinci. De nevelige achtergrond, gedetailleerd geschilderde planten en het lichtende, krullende haar zijn vroege kenmerken van de stijl van de maestro.*

tot het Genootschap van Sint Lucas, een gilde van apothekers, artsen en kunstenaars, dat zijn hoofdkwartier had in het Ospedale Santa Maria Nuova. Het is waarschijnlijk dat hij van de gelegenheid die de lokatie van het gilde hem bood gebruik maakte om zijn kennis van de anatomie te verdiepen. Sommige kunsthistorici plaatsen zijn anatomisch weergaloze weergave van de heilige Hiëronymus in het Vaticaanmuseum en zijn *Annunciatie* in het Uffizi in deze periode.

We kunnen ons de jonge Leonardo voorstellen, zo rond zijn twintigste, in zijn zijden hozen door de straten van Florence wandelend, met zijn lange rossigblonde krullen golvend over de schouders van zijn rooskleurige fluwelen tuniek. Vasari gaf hoog op van 'de pracht van zijn verschijning, die buitengewoon mooi was, en troost gaf aan elke verdrietige ziel'. Leonardo was befaamd om zijn gracieuze gestalte, schoonheid en talenten als verteller, humorist, goochelaar en musicus, en hij heeft vermoedelijk een vrij aanzienlijk deel van zijn jongelingsjaren aan de genietingen des levens besteed. Maar aan deze luchtige periode kwam abrupt een einde toen hij kort voor zijn vierentwintigste verjaardag gearresteerd werd en voor een commissie van de Florentijnse raad moest

De boetvaardige Hiëronymus *van Leonardo da Vinci. Dit schilderij werd in de negentiende eeuw ontdekt. Het was gescheiden in twee stukken, waarvan er een in gebruik was als tafelblad.*

verschijnen om zich te verdedigen tegen een aanklacht wegens sodomie. Men kan zich voorstellen hoe traumatisch het voor een zo gevoelig iemand was om beschuldigd te worden van wat toen een halsmisdrijf was, en in de gevangenis te worden opgesloten. Zoals hij zelf schreef: 'Hoe gevoeliger de natuur, hoe groter het leed... veel leed.'

Hoewel de aanklacht later bij gebrek aan bewijs werd afgewezen, was het zaad van Leonardo's vertrek uit Florence gezaaid. Niettemin kreeg hij in de volgende jaren een aantal opdrachten, onder andere enkele van de Florentijnse overheid. Verreweg het belangrijkste werk uit zijn eerste Florentijnse periode is *De aanbidding* der wijzen voor de monniken van San Donato a Scopeto.

In 1482 verhuisde Leonardo naar Milaan. Onder beschermheerschap van Ludovico Sforza, 'de Moor', schiep Leonardo zijn meesterwerk *Het laatste*

Bernard Berenson, de kunstcriticus die het woord connoisseur introduceerde, noemde Leonardo's Aanbidding der wijzen *'waarlijk een groot meesterwerk'* en voegde hieraan toe: *'Het quattrocento heeft wellicht geen groter werk voortgebracht.'*
Onder:
*Studie voor* De Aanbidding.

Het laatste Avondmaal *van Leonardo da Vinci. Stel je voor dat je dit schilderij ziet met de ogen van de monniken die de schilder de opdracht gaven. 'Nooit eerder,' schrijft kunsthistoricus E. H. Gombrich, 'had deze bijbelse gebeurtenis zo nabij en zo levensecht geleken.'*

*Avondmaal.* Dit werk, in de jaren 1495-1498 geschilderd op de muur van de refter van de Santa Maria delle Grazie, beeldt met verbluffende psychische kracht het moment af waarop Christus zegt: 'Een van u zal mij verraden'. Christus zit alleen in het midden van de tafel, berustend en kalm, terwijl er hevige beroering uitbreekt onder de discipelen om hem heen. Toch weet Leonardo in een geometrisch volmaakte compositie, waarbij de discipelen evenwichtig verdeeld zijn in vier groepen van drie – links en rechts, boven en onder – de uniciteit van elke persoonlijkheid tot leven te brengen. De rust van Christus, uitgebeeld met Leonardo's naadloos gevoel voor orde en perspectief, contrasteert met de menselijke emoties en chaos, zodat een moment van trans-

*Leonardo da Vinci: Studie voor het ruiterstandbeeld voor Sforza*

cendentie ontstaat dat zijn weerga niet heeft in de kunstgeschiedenis. Hoewel het schilderij ondanks, en in sommige gevallen ten gevolge van, pogingen tot restauratie erg achteruit is gegaan, blijft het in de woorden van kunsthistoricus E. H. Gombrich 'een van de grote wonderen van menselijk genie'.

Tussen het amuseren van Ludovico's hof en het creëren van transcendente schilderijen maakte Leonardo studies op het gebied van anatomie, astronomie, plantkunde, geologie, luchtvaart en geografie en maakte hij plannen voor uitvindingen en militaire vernieuwingen. Hij kreeg ook een belangrijke opdracht van de Moor om een ruiterstandbeeld te construeren ter ere van zijn vader, Francesco Sforza, de vorige hertog van Milaan. Na uitvoerige onderzoekingen naar de anatomie en de beweging van paarden ontwierp Da Vinci een plan dat volgens critici het meest schitterende ruiterstandbeeld zou hebben opgeleverd dat ooit gemaakt is. Na ruim tien jaar wer-

*'Ik zal niets over het paard zeggen want ik weet dat het slechte tijden zijn.'*

Uit een brief van Leonardo aan Ludovico nadat hij had vernomen dat het brons voor het standbeeld niet zou komen.

ken maakte Leonardo een gipsmodel van ruim zeven meter hoog. Vasari schreef dat 'er nooit iets mooiers of schitterenders heeft bestaan'. Leonardo berekende dat er voor het gieten van dit meesterstuk meer dan tachtig ton gesmolten brons nodig zou zijn. Maar helaas, dat brons kreeg hij niet, omdat Ludovico het nodig had voor kanonnen om indringers af te weren. Dat mislukte, en in 1499 werd Milaan ingenomen door de Fransen, die Sforza in ballingschap verjoegen. De Franse boogschutters vernietigden het model door het te gebruiken als doelwit bij hun oefeningen, een historische daad van vandalisme en smakeloosheid die past in het rijtje van het Turkse leger dat de neus van de Sphinx afschoot en de Venetiaanse vloot die een mortierkogel in het Parthenon deed belanden.

De nederlaag van Ludovico betekende dat Leonardo geen beschermheer en geen huis meer had. Hij ging in 1500 terug naar Florence en onthulde het jaar daarop zijn ontwerptekening voor *Anna te Drieën met Johannes de Doper als kind*, waarvoor hij een opdracht had gekregen van de fraters servieten. Vasari beschrijft de reactie van het publiek: het schilderij 'vervulde niet alleen elke kunstenaar met verbazing, maar toen het was opgesteld... stroomden er twee dagen achtereen drommen mensen, mannen en vrouwen, jong en oud, toe om het te bekijken, alsof er een feest werd gegeven, en zij bewonderden het enorm.' Hoewel Leonardo het schilderij voor de servieten nooit heeft voltooid, vormden zijn tekeningen de basis voor een later werk, het tedere *Anna te Drieën met het lam*, dat nu in het Louvre hangt.

*Ludovico Sforza 'de Moor', hertog van Milaan en beschermheer van Leonardo*

*Leonardo's tekening van* Anna te Drieën met Johannes de Doper als kind

*Peter Paul Rubens' weergave van Leonardo da Vinci's* De Slag bij Anghiari.

In 1502 stapte Leonardo af van het fijnzinnig uitbeelden van goddelijke vrouwelijkheid om een aanstelling te aanvaarden als hoofdingenieur voor de roemruchte aanvoerder van de pauselijke strijdmacht, Cesare Borgia. Het volgende jaar reisde hij veel en vervaardigde voor zijn nieuwe baas zes opmerkelijk accurate kaarten van midden-Italië. Ondanks Leonardo's kaarten en militaire vernieuwingen had Cesare steeds minder succes op het slagveld. De Signoria van Florence stuurde Niccolò Machiavelli om Borgia als adviseur terzijde te staan, maar de grote strateeg kon de ondergang van Borgia's leger niet voorkomen. Wel sloot Machiavelli in deze periode vriendschap met Leonardo, een vriendschap die ertoe leidde dat de maestro na zijn terugkeer in april 1503 een belangrijke opdracht van de Signoria van Florence ontving.

In dezelfde periode dat hij worstelde met *De Slag bij Anghiari* schilderde Leonardo een portret, zo schrijft Vasari, van de derde echtgenote van een

Florentijns edelman, Francesco del Giocondo. Madonna Elisabetta, bijgenaamd Mona Lisa, zou onsterfelijk worden op het beroemdste en meest geheimzinnige schilderij uit de geschiedenis. Leonardo nam het schilderij mee toen hij terugkeerde naar Milaan, ditmaal in dienst van de onderkoning van Lodewijk XII, Charles d'Amboise. Tijdens zijn tweede verblijf in Milaan concentreerde Leonardo zich op studies over anatomie, geometrie, waterbouwkunde en luchtvaart, terwijl hij paleizen ontwierp en inrichtte, standbeelden ontwierp en kanalen aanlegde voor zijn broodheer. Daarnaast schilderde Leonardo ook nog zijn *Johannes de Doper* en *Leda en de zwaan*.

In 1512 verdreef Ludovico's zoon Maximiliaan de Fransen uit Milaan en regeerde korte tijd totdat hij werd afgezet. Leonardo vluchtte naar Rome, waar hij Leo X, de nieuwe paus uit de familie de' Medici, vroeg zijn beschermheer te worden. De broer van de paus zorgde ervoor dat hij een maandgeld ontving en een onderkomen in het Vaticaan kreeg. Hoewel de paus een kunstminnaar was, was hij te veel in beslag genomen door de opdrachten die hij al aan Michelangelo en Raphael had verstrekt om ook nog aandacht aan de zestigjarige Da Vinci te geven. Leonardo raakte in deze tijd ook zelden meer een penseel aan en hield zich vooral bezig met studies in anatomie, optica en geometrie. Wel ontmoette hij de jonge Rafaël, op wie hij een grote invloed had.

Het beetje steun dat hij van het Vaticaan ontving viel helemaal weg toen zijn broodheer in 1516 overleed. Zoals Leonardo opmerkte, voor hij teleurgesteld uit Rome vertrok: 'De Medici hebben mij gemaakt en gebroken.'

William Manchester zegt over het feit dat de paus Da Vinci niet steunde: '...van alle grote renaissancekunstenaars was Da Vinci de enige die uit de pauselijke gratie raakte. ... In ruimere zin was hij een ernstiger bedreiging voor de middeleeuwse maatschappij dan welke Borgia ook. Cesare vermoordde alleen mensen. Da Vinci was evenals Copernicus een bedreiging voor de zekerheid dat kennis voor altijd door God was vastgelegd, de rigide geesteshouding waarin geen plaats was voor nieuwsgierigheid of vernieuwing. Leonardo's kosmologie... was in feite een stomp voorwerp waarmee een aanslag werd gepleegd op de stompzinnigheid die onder andere had toegestaan dat een maffia van wereldse pausen het christendom had ontheiligd.'

*Niccolò Macchiavelli. Macchiavelli's* De vorst, *een meesterwerk van pragmatisme, is een van de meest invloedrijke boeken in de westerse canon.*

*Cesare Borgia. In vergelijking met handel en wandel van de familie Borgia maakt de meest sensationele soapserie nog een tamme indruk.*

Dames en heren, komt dat zien! Welkom in de Sala del Gran Consiglio van het Palazzo Vecchio bij het duel om het kampioenschap beste schilder aller tijden. Op de muur aan de rechterkant zal de man met de gebroken neus en de voddige kiel, de uitdager Michelangelo Buonarotti, De Slag bij Cascina schilderen, en op de muur ertegenover zal de kampioen, met de karakteristieke roze tuniek en de verzorgde, blonde, krullende baard, Leonardo da Vinci, De Slag bij Anghiari schilderen.

Dit is echt gebeurd, grotendeels dankzij Machiavelli's invloed. De Slag van de Slagen is een typisch Florentijns evenement, dat tekenend is voor de ambitieuze, uitgekookte houding van de bestuurders van die stad, die er duidelijk op uit waren het nageslacht het een en ander na te laten. Helaas kennen we beide werken alleen van tekeningen, kopieën en beschrijvingen.
Leonardo gebruikte een experimentele methode om de verf op de muur te doen hechten, die mislukte; hij liet het werk onvoltooid achter toen het begon los te laten en keerde in 1506 terug naar Milaan.
Michelangelo werd door paus Julius II naar Rome geroepen en liet alleen tekeningen achter. Niettemin hadden deze twee onvoltooide werken een grote invloed op de toekomst van de schilderkunst. Volgens Kenneth Clark 'vormen de getekende veldslagen van Leonardo en Michelangelo het keerpunt van de renaissance... ze maken een begin met de twee stijlen die de schilderkunst in de zestiende eeuw zou ontwikkelen – de barok en het classicisme'.

Wie werd de winnaar van deze wedstrijd? Clark bewondert Leonardo's barokke compositie en bejubelt zijn onovertroffen weergave van paarden en afzonderlijke gezichten, maar benadrukt dat de tijdgenoten waarschijnlijk de voorkeur gaven aan Michelangelo vanwege de onvergelijkelijke schoonheid van zijn classicistische naakten. We weten dat Michelangelo gedeelten van Da Vinci's ontwerp overnam in zijn schetsboek en dat Leonardo van zijn jongere rivaal leerde zijn eigen naakten een meer heroïsche houding te geven. Een gelijk spel, zullen we maar zeggen.

*Frans I, koning van Frankrijk en beschermheer van Leonardo*

Vergezeld door zijn kleine gevolg van leerlingen en assistenten maakte Leonardo de lange reis via Milaan naar Amboise in het Loiredal, in het besef dat hij niet meer zou terugkeren naar het land waar hij geboren was. De laatste jaren van zijn leven bracht hij daar door onder beschermheerschap van Frans I, de koning van Frankrijk. Hoewel Da Vinci in de loop van zijn leven vele beschermheren en bewonderaars had, was de Franse koning misschien de enige die de uitzonderlijke aard van Leonardo's genie enigszins kon herkennen en naar waarde wist te schatten. Frans schonk Leonardo een prachtig kasteel en een ruime toelage en liet de grote meester alle vrijheid om te denken en te werken zoals hij wilde. Hoewel zijn officiële titel luidde: 'schilder, ingenieur en architect des konings' was Da Vinci's belangrijkste verplichting met zijne majesteit te converseren, te denken en te filosoferen. Volgens Benvenuto Cellini bevestigde Frans I 'dat er nooit een mens op de wereld was gekomen die zoveel kon als Leonardo, en niet alleen op het gebied van beeldhouwkunst, schilderen en architectuur, want daarbij was hij ook nog een groot filosoof'.

Onder beschermheerschap van Frans I zette Leonardo zijn studies voort, maar zijn tijd raakte op. Jaren van ballingschap hadden zijn levenskracht aangetast. Vervolgens kostte een hersenbloeding hem het gebruik van zijn rechterhand. Leonardo zag in dat hij zou sterven zonder zijn droom, alle kennis tot een geheel te maken, volledig te realiseren.

Zijn laatste dagen zijn evenals veel van zijn leven in mysteriën gehuld. Hij schreef eens: 'Zoals een welbestede dag een gezegende slaap brengt, zo brengt een goed geleefd leven een gezegende dood.' Maar ergens anders schrijft hij juist: 'Slechts met de grootste tegenzin verlaat de ziel het lichaam, en haar verdriet en gejammer zijn niet ongegrond.' Vasari vertelt ons dat Leonardo, die nooit godsdienstig was maar altijd een diep geestelijk leven had, toen de dood naderde 'met klem verlangde te worden ingelicht over de katholieke praktijk en het goede en heilige christelijke geloof'.

Leonardo da Vinci stierf op 2 mei 1519 op zevenenzestigjarige leeftijd. Vasari schrijft dat Leonardo in zijn laatste dagen vervuld was van wroeging en zich tegenover 'God en mensen verontschuldigde omdat hij zoveel ongedaan had gelaten'. Toch schreef Leonardo tegen het einde ook: 'Ik zal doorgaan' en 'Ik word het nooit moe, nuttig te zijn.' Vasari noteert dat Leonardo met wetenschappelijke nauwkeurigheid de aard van zijn ziekte en zijn symptomen beschreef terwijl hij in de armen van de Franse koning de laatste adem uitblies. Hoewel sommige geleerden zeggen dat documenten bewijzen dat Frans I op het moment van Da Vinci's dood ergens anders was, is het bewijsmateriaal niet sluitend, en het is mogelijk dat Vasari gelijk heeft. Het lijkt in elk geval heel aannemelijk dat de maestro zelfs al stervende zijn gewoonte te leren en te onderzoeken zou voortzetten.

Het leven van Leonardo da Vinci is een geheimzinnig tapijt, geweven in paradox, geverfd in ironie. Niemand heeft ooit zoveel geprobeerd op zoveel terreinen, maar toch is het grootste deel van zijn werk onvoltooid gebleven. *Het laatste Avondmaal*, de *Slag bij Anghiari* en het ruiterstandbeeld voor Sforza bleven onvoltooid. Er bestaan slechts zeventien schilderijen van hem, waarvan er een aantal onvoltooid zijn. Hoewel zijn aantekeningenboeken wonderbaarlijke

*Leonardo's tekening van het Arno-dal, gedateerd 5 augustus 1473, bruist van de natuurkrachten.*

informatie bevatten, heeft hij ze nooit, zoals zijn bedoeling was, geordend en gepubliceerd.

De geleerden zijn met allerlei sociale, politieke, economische en seksuologische verklaringen gekomen voor het feit dat Da Vinci zoveel werken onvoltooid heeft gelaten. Sommigen hebben hem daarom zelfs een mislukking genoemd. Professor Morris Philipson brengt hier overtuigend tegenin dat dat net zoiets is als Columbus kritiseren omdat hij India niet heeft ontdekt.

Philipson en andere geleerden schijnen het er echter wel over eens te zijn dat het voorbeeld van de man zelf belangrijker is dan de afzonderlijke dingen die hij heeft gepresteerd. Leonardo vormt voor iedereen de opperste inspiratie om verder te reiken dan je kunt.

# VOORNAAMSTE PRESTATIES

Er zou een encyclopedie nodig zijn om ook maar enigszins recht te doen aan de veelzijdige prestaties van Leonardo. We kunnen een idee krijgen van een aantal belangrijke dingen die hij heeft verricht in de categorieën kunst, uitvindingen, militaire werken en wetenschap.

De *schilder* Leonardo stuurde de schilderkunst een nieuwe richting in. Hij was de eerste westerse schilder die het landschap tot hoofdonderwerp van een schilderij maakte. Hij was een pionier in het gebruik van olieverven en in de toepassing van perspectief, chiaroscuro, contrapposto, sfumato en vele andere vernieuwende en invloedrijke werkwijzen.

Leonardo's *Mona Lisa* en *Het laatste Avondmaal* zijn algemeen erkend als twee van de grootste schilderijen ooit gemaakt. Het zijn in elk geval de beroemdste. Leonardo schiep ook andere prachtige schilderijen zoals *De madonna in de grot*, *Anna te Drieën*, *De aanbidding der wijzen*, *Johannes de Doper* en zijn *portret van Ginevra de' Benci* dat in Washington in de National Gallery hangt.

Hoewel het aantal schilderijen dat Leonardo maakte niet groot is, heeft hij enorm veel tekeningen gemaakt die even schitterend zijn. Net als de *Mona Lisa* is Leonardo's *Proporties van de mens* een algemeen bekend beeld geworden. Zijn studies voor *Anna te Drieën* en voor de koppen van de apostelen in *Het laatste Avondmaal* zijn ongeëvenaard, evenals zijn tekeningen van bloemen, anatomie, paarden, vliegende vogels en stromend water.

Leonardo was ook vermaard als architect en beeldhouwer. Zijn architecturale werk betrof vooral algemene beginselen in het ontwerpen, hoewel hij ook als adviseur optrad bij een aantal bestaande projecten zoals de kathedralen in Milaan en Pavia en het kasteel van de Franse koning in Blois. Hoewel men gelooft dat hij aan een aantal beeldhouwwerken heeft meegewerkt, zijn de ge-

> De schrijver Dmitri Merezjkovski, auteur van *The Romance of Leonardo da Vinci*, een biografische roman, vergeleek Leonardo met 'iemand die te vroeg wakker wordt, terwijl het nog donker is en iedereen om hem heen nog slaapt', een gedachte die later ook door Freud zou worden verwoord.

---

*De figuur van Plato, koning der filosofen, in Rafaëls meesterwerk* De School van Athene, *is volgens velen gebaseerd op Leonardo.*

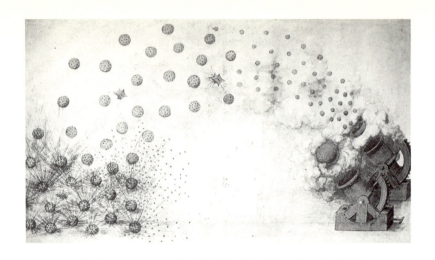

Leonardo's ontwerp voor een mortier; de creativiteit spat eraf.

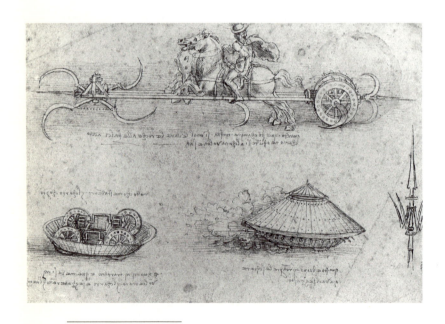

*Wagen met zeisen en 'tank'*

leerden het erover eens dat de enige nog bestaande beeldhouwwerken waarvan zeker is dat de maestro er de hand aan heeft gelegd, drie bronzen zijn boven de noordelijke deur van het Baptisterium in Florence. *Johannes de Doper tussen een leviet en een farizeeër* werd gemaakt in samenwerking met de beeldhouwer Rustici.

De *uitvinder* Leonardo maakte ontwerpen voor een vliegmachine, een helikopter, een parachute en tal van andere ingenieuze zaken zoals de uitschuifbare ladder (die nu nog steeds door de brandweer wordt gebruikt), de versnellingsbak met drie snelheden, een machine om de schroefdraad aan te brengen op schroeven, de fiets, een verstelbare moersleutel, een snorkel, hydraulische hefbomen, het eerste draaitoneel ter wereld, sluizen voor een kanaalsysteem, een horizontaal waterrad, inklapbare meubelen, een olijfpers, een aantal geautomatiseerde muziekinstrumenten, een wekker die op waterkracht werkt, een therapeutische leunstoel en een kraan om greppels uit te baggeren.

Meer dan voor een afzonderlijke vinding komt Leonardo de eer toe als eerste het idee van automatisering te hebben uitgewerkt. Hij ontwierp talloze machines die werk konden besparen en de productiviteit konden verhogen. Hoewel sommige vergezocht en onpraktisch waren, waren andere, zoals zijn geautomatiseerde weefgetouwen, voorboden van de Industriële Revolutie.

Als *militair ingenieur* maakte Da Vinci ontwerpen voor wapens die vierhonderd jaar later in gebruik zouden zijn, zoals de gepantserde tank, het machinegeweer, het mortier, geleide projectielen en onderzeeboten. Maar voorzover we weten werd niets van wat hij ontwierp tijdens zijn leven ooit gebruikt om iemand te verwonden. Hij was een vredelievend mens die oorlog '*pazzia bestialissima* – beestachtige waanzin' noemde en bloedvergieten 'onnoemelijk gruwelijk' vond. Zijn oorlogstuig was ontworpen 'tot het behoud van de grootste gave van de natuur, namelijk vrijheid', schreef hij. Soms liet hij de ontwerpen met tegenzin aan anderen zien. Bij één tekening schreef hij een commentaar waaruit zijn tweeslachtige houding bleek: 'Ik wens dit niet openbaar te maken of te publiceren vanwege de slechte aard van de mens.'

Over Leonardo als *wetenschapper* zijn de geleerden het allerminst eens. Sommigen zeggen dat als Leonardo zijn wetenschappelijke gedachten zou hebben geordend en gepubliceerd, hij een enorme invloed zou hebben gehad op de ontwikkeling van de wetenschap. Anderen voeren aan dat hij zijn tijd zo ver vooruit was dat zijn werk niet gewaardeerd zou zijn, zelfs als het in begrijpelijke, algemene theorieën geformuleerd zou zijn geweest. Hoewel Leonardo's wetenschap het beste gewaardeerd kan worden om de intrinsieke waarde ervan, als uiting van zijn zoektocht naar de waarheid, zijn de meeste geleerden het erover eens dat hij verscheidene belangrijke bijdragen heeft geleverd in verschillende vakgebieden:

*Anatomie*

- Hij maakte een begin met de discipline van de moderne vergelijkende anatomie.
- Hij was de eerste die lichaamsdelen in dwarsdoorsnede tekende.
- Hij tekende zeer gedetailleerde en volledige afbeeldingen van mensen en paarden.
- Hij maakte als eerste wetenschappelijke studies van het kind in de baarmoeder.
- Hij was de eerste die afgietsels maakte van de hersenen en van de holten in het hart.

*Botanie*

- Hij gaf de aanzet tot de moderne botanische wetenschap.
- Hij beschreef geotropie (de uitwerking van de zwaartekracht op sommige planten) en heliotropie (de neiging van planten zich naar de zon te richten).
- Hij merkte op dat de leeftijd van een boom overeenkomt met het aantal ringen dat in dwarsdoorsnede te zien is.
- Hij was de eerste die de bladstand bij planten systematisch beschreef.

*Geologie en natuurkunde*

- Hij deed belangrijke ontdekkingen over de vorming van fossielen en was de eerste die het verschijnsel erosie beschreef: 'Water knaagt aan bergen en vult dalen op.'
- Zijn natuurkundige studies liepen vooruit op de moderne disciplines hydrostatica, optica en mechanica.

Leonardo's onderzoekingen zetten hem op het spoor van vele latere grote wetenschappelijke ontdekkingen, waaronder doorbraken van Copernicus, Galileï, Newton en Darwin.

*40 jaar voor Copernicus*

Da Vinci schreef, in grote letters om het te benadrukken: 'IL SOLE NON SI MUOVE', 'De zon beweegt niet'. Hij voegde eraan toe: 'De aarde is niet het middelpunt van de cirkel die de zon beschrijft, en ook niet het middelpunt van het universum.'

*60 jaar voor Galileï*

Hij stelde voor een 'groot vergrootglas' te gebruiken om het oppervlak van de maan en andere hemellichamen te bestuderen.

*200 jaar voor Newton*

Vooruitlopend op de theorie van de zwaartekracht schreef Leonardo: 'Elk gewicht is geneigd via de kortst mogelijke weg naar het centrum te vallen.' Ergens anders noteerde hij dat, omdat 'elke zware stof naar beneden drukt, en niet eeuwig omhoog gehouden kan worden, de hele aarde uiteindelijk bolvormig zal moeten worden.'

*400 jaar voor Darwin*

Hij plaatste de mens in dezelfde brede categorie als apen en mensapen en schreef: 'De mens verschilt niet van de dieren, behalve op sommige toevallige punten.'

Belangrijker dan zijn afzonderlijke wetenschappelijke prestaties is dat Leonardo's benadering van kennis de weg bereidde voor het moderne wetenschappelijke denken.

# Deel twee

De zeven DaVinciaanse principes

# Curiosità

*Een onverzadigbaar nieuwsgierige benadering van het leven en een niet aflatend streven naar permanent leren.*

We komen allemaal nieuwsgierig ter wereld. Curiosità gaat uit van die aangeboren impuls, dezelfde impuls die je ertoe bracht de vorige bladzijde om te slaan – het verlangen meer te weten te komen. Die aandrift hebben we allemaal; de uitdaging is haar zo te gebruiken en te ontwikkelen dat we er iets aan hebben. In de eerste levensjaren is onze geest bezig met een onlesbare dorst naar kennis. Vanaf de geboorte – en volgens sommigen al daarvoor – zijn alle zintuigen van de baby gericht op onderzoeken en leren. Als kleine wetenschappers experimenteren baby's met alles in hun omgeving. Zodra ze kunnen praten, beginnen kinderen de ene vraag na de andere te stellen: 'Mamma, hoe werkt dit?' 'Waarom ben ik geboren?' 'Pappa, waar komen de kindertjes vandaan?'

*'Het verlangen te weten is goede mensen van nature eigen.'*
LEONARDO DA VINCI

Als kind was ook Leonardo behept met deze intense nieuwsgierigheid naar de wereld om hem heen. De natuur fascineerde hem, hij legde een opmerkelijk tekentalent aan de dag en was dol op rekenen. Vasari vermeldt dat de jonge Leonardo zulke originele vragen stelde aan zijn rekenleraar dat 'hij de meester die hem onderwees voortdurend voor twijfels en moeilijkheden plaatste en hem vaak in de war bracht.'

Grote geesten gaan hun hele leven met dezelfde intensiteit door verwarrende vragen te stellen. Leonardo's kinderlijke verwondering en onverzadigbare nieuwgierigheid, de breedte en diepte van zijn interesses en zijn bereidheid om vraagtekens te zetten bij geaccepteerde kennis bleven onverminderd bestaan. Gedurende zijn hele volwassen leven bleef Curiosità de bron van zijn genie voeden.

Waardoor werd Leonardo gedreven? In zijn boek *The Creators: A History of Heroes of the Imagination* vertelt Daniel Boorstin, winnaar van de Pulitzerprijs, waardoor hij níét werd gedreven. 'In tegenstelling tot Dante koesterde hij geen hartstocht voor een vrouw. In tegenstelling tot Giotto, Dante of Brunelleschi scheen hij geen loyaliteit voor een stad te kennen. Ook was hij niet toegewijd aan de kerk of aan Christus. Hij nam opdrachten aan van de Medici, de Sforza's, de Borgia's of van Franse koningen – van de pausen of van hun vijanden. De zinnelijke, wereldse instelling van een Boccaccio of een Chaucer, de roekeloosheid van een Rabelais, de vroomheid van een Dante, de religieuze hartstocht van een Michelangelo waren hem vreemd.' Leonardo's loyaliteit, toewijding en hartstocht waren in plaats daarvan gericht op het zuivere zoeken naar waarheid en schoonheid. Zoals Freud opperde: 'Hij zette zijn hartstocht om in nieuwsgierigheid.'

Leonardo's nieuwsgierigheid bleef niet beperkt tot zijn formele studies; ook zijn dagelijkse ervaring van de wereld om hem heen werd erdoor verrijkt en verdiept. In een typerende passage uit de aantekeningenboeken vraagt Da Vinci: 'Zie je niet hoe veelvuldig en hoe gevarieerd alleen al de handelingen zijn die door mensen worden verricht? Zie je niet hoeveel verschillende soorten dieren er zijn, en hoeveel soorten bomen, planten en bloemen? Welk een variëteit aan heuvelachtige en vlakke streken, aan bronnen, rivieren, steden, openbare en particuliere gebouwen; aan werktuigen die de mens gebruikt; aan uiteenlopende kostuums, versieringen en kunstwerken?'

Elders zegt hij: 'Ik zwierf buiten door het land, op zoek naar antwoorden op dingen die ik niet begreep. Waarom er op bergtoppen schelpen te vinden waren, en afdrukken van koraal en planten en zeewieren die gewoonlijk in de zee worden gevonden. Waarom de donder langer duurt dan de oorzaak ervan, en waarom de bliksem onmiddellijk na zijn ontstaan zichtbaar wordt voor het oog, terwijl de donder tijd nodig heeft om afstand af te leggen. Hoe de verschillende kringen in water gevormd worden rondom de plek die getroffen is door een steen, en waarom een vogel zich in de lucht kan houden. Deze vragen en andere vreemde verschijnselen houden mijn gedachten mijn hele leven bezig.'

Leonardo's intens verlangen het wezen van dingen te begrijpen bracht hem ertoe een stijl van onderzoek te ontwikkelen die even opmerkelijk is om de diepgaandheid ervan als om de uiteenlopendheid van de onderwerpen waarop ze gericht was. Kenneth Clark, die hem 'zonder twijfel de nieuwsgierigste man die ooit heeft geleefd' noemde, beschrijft Da Vinci's standvastige zoektocht in moderne bewoordingen: 'Hij nam nooit iets zonder meer aan.' Voor zijn anatomische studies bijvoorbeeld ontleedde Leonardo elk lichaamsdeel vanuit tenminste drie verschillende gezichtspunten. En hij schreef:

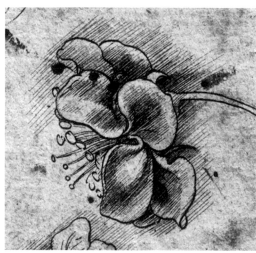
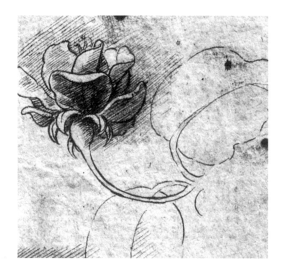

Drie aanzichten van een bloem door Leonardo da Vinci

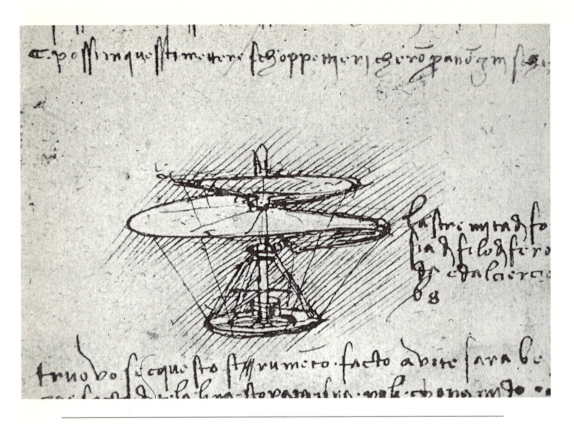

*Behalve zijn helikopter hierboven en andere vliegmachines ontwikkelde Leonardo ook een parachute. 'Indien een man een tent laat maken van linnen, waarin alle openingen zijn dichtgemaakt, en die twaalf el lang en twaalf el breed is, kan hij zich van grote hoogte storten zonder kwetsuren op te lopen.' Leonardo's werk aan de parachute is zonder meer verbazingwekkend. Niemand kon nog vliegen, en hij ontwierp een middel om veilig uit een vliegmachine te komen. Het ongelooflijke is dat de afmetingen die Leonardo opgaf voor een parachute, de enige maten waren die echt werken.*

> De wijze waarop ik het menselijk lichaam heb afgebeeld zal even duidelijk voor u zijn alsof u de mens lijfelijk voor u had; de reden hiervoor is dat indien u de lichaamsdelen anatomisch grondig wilt kennen, het nodig is dat u, of uw oog het van verschillende kanten bekijkt, van onderaf en van bovenaf en van opzij, waarbij u het omdraait en speurt naar de oorsprong van elk lichaamsdeel... Daarom zult u in mijn tekeningen elk lichaamsdeel leren kennen, en wel doordat elk deel vanuit drie verschillende gezichtspunten is afgebeeld.

Maar daar hield zijn nieuwsgierigheid niet mee op: Da Vinci bestudeerde alles met dezelfde ijver. Als meerdere gezichtspunten een dieper begrip van het menselijk lichaam opleverden, zouden ze hem ook helpen zijn pogingen om dat inzicht te delen te evalueren. Het resultaat: laag op laag van nauwgezet on-

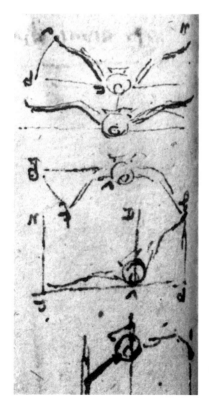

*Studie van vliegende vogels door Leonardo da Vinci*

derzoek, bedoeld om niet alleen zijn inzicht te verfijnen maar ook de weergave ervan, zoals hij uitlegt in zijn *Verhandeling over de schilderkunst*:

> We weten heel goed dat fouten gemakkelijker te vinden zijn in de werken van anderen dan in je eigen werk... Wanneer je schildert, moet je een spiegel nemen en daarin vaak naar je werk kijken, zodat het in spiegelbeeld verschijnt en zal lijken door een andere meester geschilderd te zijn. Zo zul je beter in staat zijn de fouten erin te beoordelen dan op een andere manier.

Niet tevreden met één methode om zijn werk objectief te beoordelen, schrijft hij vervolgens: 'Het is ook een heel goed idee om af en toe weg te gaan en je even te ontspannen; want wanneer je dan terugkomt bij het werk, zal je oordeel zekerder zijn, omdat je door voortdurend met het werk bezig te zijn, je vermogen het te beoordelen verliest.'

Ten slotte geeft hij de raad: 'Het is ook raadzaam om op enige afstand te gaan staan, omdat het werk dan kleiner lijkt, en er in één oogopslag meer van te zien is, en een gebrek in harmonie of proporties tussen de verschillende delen en kleuren van de objecten eerder gezien wordt.'

*Want waarlijk, grote liefde wordt geboren uit grote kennis van het geliefde.'*

LEONARDO DA VINCI

Zijn onuitputtelijk zoeken naar waarheid bracht hem er ook toe de werkelijkheid vanuit ongebruikelijke en extreme invalshoeken te bekijken. Zo kwam hij onder water terecht (hij ontwierp een snorkel, duikgerei en een onderzeeboot) en in de lucht (hij ontwierp een helikopter, een parachute en zijn befaamde vliegmachine). In zijn vurig verlangen te begrijpen dook hij naar ongekende diepten en trachtte tot dan toe onvoorstelbare hoogten te bereiken.

Leonardo's fascinatie voor het vliegen – zijn studies van de atmosfeer, de wind en met name de bewegingen van vogels – vormt een indringende metafoor voor zijn leven en werk. Op een blad in zijn aantekeningenboeken staat een vogel in een kooi afgebeeld met het onderschrift 'De gedachten gaan uit naar hoop'. Hij maakt de dichterlijke notitie dat een moederputter, die ziet dat haar kroost gekooid is, hun een stukje van een vergiftige plant komt voeren en schrijft: 'Beter dood dan te leven zonder vrijheid.'

Giorgio Vasari vermeldt dat Leonardo tijdens zijn veelvuldige wandelingen door de straten van Florence vaak kooplieden tegenkwam die vogeltjes in kooien verkochten. Da Vinci had de gewoonte stil te staan, de gevraagde prijs te betalen en vervolgens het deurtje van de kooi te openen om de gevangenen los te laten naar de eindeloze blauwe lucht. Voor Leonardo opende de zoektocht naar kennis de deur naar de vrijheid.

## CURIOSITÀ EN JIJ

Grote geesten stellen grote vragen. De vragen die dagelijks 'onze gedachten bezighouden' weerspiegelen ons doel in het leven en beïnvloeden de kwaliteit van ons leven. Door een Da Vinci-achtige, zoekende, open mentale instelling aan te kweken, verbreden we ons universum en zijn we beter in staat daarin op reis te gaan.

Heb jij je deur naar vrijheid al opengezet? De volgende oefeningen zijn erop gericht je daarmee te helpen. Neem echter eerst een ogenblik tijd om te bekijken hoe vaak en met hoeveel resultaat je je Curiosità al laat werken, en hoe je er baat bij zou kunnen hebben dat nog vaker te doen.

Bekijk de rol die Curiosità nu in je leven speelt. Stel jezelf de vraag hoe nieuwsgierig je bent. Wanneer heb je voor het laatst naar kennis gezocht, alleen om achter de waarheid te komen? Wat heb je met die poging bereikt? Denk aan de mensen die je kent. Is er iemand bij die volgens jou de idealen van Curiosità belichaamt? Hoe wordt zijn of haar leven hierdoor verrijkt?

Je Curiosità kan gemakkelijker ontwikkeld en benut worden dan je misschien eerst dacht. Vul om jezelf te beoordelen eerst de vragenlijst op de volgende bladzijde in; uit je antwoorden zal blijken hoe je haar al gebruikt en of er ruimte is voor verbetering. Probeer dan je eigen Curiosità te ontwikkelen aan de hand van de eenvoudige oefeningen die daarna volgen.

> Leonardo's aantekeningen, van rechts naar links geschreven, dienen in een spiegel te worden gelezen. Geleerden zijn het niet eens over het doel van dit 'spiegelschrift'. Sommigen denken dat het diende om zijn gedachten minder toegankelijk te maken voor buitenstaanders, terwijl anderen stellen dat het gewoon gemakkelijker was voor een linkshandig iemand.

## *Curiosità:* zelfbeoordeling

☐ Ik heb een dagboek of een aantekenboek waarin ik mijn ideeën en vragen noteer.
☐ Ik neem genoeg tijd voor contemplatie en reflectie.
☐ Ik leer altijd nieuwe dingen.
☐ Wanneer ik een moeilijke beslissing moet nemen, ga ik actief op zoek naar verschillende invalshoeken.
☐ Ik lees graag en veel.
☐ Ik leer van kleine kinderen.
☐ Het onderkennen en oplossen van problemen gaat me goed af.
☐ Mijn vrienden zouden mij beschrijven als een nieuwsgierig iemand die open staat voor nieuwe ervaringen.
☐ Wanneer ik een woord of een zin hoor die nieuw voor me zijn, zoek ik ze op en maak er een aantekening van.
☐ Ik weet veel over andere culturen en leer nog steeds bij.
☐ Ik ken een andere taal dan mijn moedertaal of ben bezig er een te leren.
☐ Ik vraag om feedback van mijn vrienden, relaties en collega's.
☐ Ik houd van leren.

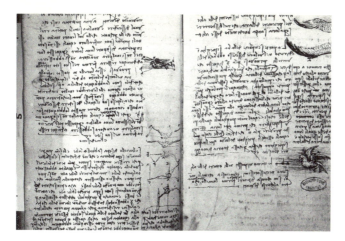

*In november 1994 werden achttien velletjes uit Leonardo's aantekeningenboeken voor 30,8 miljoen dollar verkocht. De koper heette Bill Gates.*

# Curiosità:
## *Toepassing en oefeningen*

### Houd een dagboek of 'aantekeningenboek' bij

Leonardo da Vinci had altijd een aantekeningenboek bij zich zodat hij ideeën, indrukken en waarnemingen direct kon noteren. Zijn aantekeningenboeken (er zijn zevenduizend bladzijden bewaard gebleven; de meeste geleerden schatten dat dit ongeveer de helft is van het aantal dat hij in zijn testament naliet aan Francesco Melzi) bevatten grappen en fabels, waarnemingen en gedachten van geleerden die hij bewonderde, zijn persoonlijke boekhouding, brieven, gedachten over huishoudelijke problemen, filosofische overpeinzingen en voorspellingen, ontwerpen voor uitvindingen en verhandelingen over anatomie, plantkunde, geologie, vliegen, water en schilderen.

Vaak staan op één bladzijde aantekeningen over verschil-

*'Dit zal een ongeordende verzameling zijn, ontleend aan vele aantekeningen, die ik hier heb overgenomen, in de hoop ze naderhand te ordenen naar gelang van de onderwerpen waarover ze gaan; en ik geloof dat ik dezelfde dingen verscheidene keren zal moeten herhalen; wil mij dat niet kwalijk nemen, o lezer...'*

Van de voorpagina van een van Leonardo's manuscripten over natuurkunde

lende onderwerpen, en veel observaties komen meer dan eens voor, in verschillende delen. Verder zijn de pagina's natuurlijk gevuld met schitterende schetsen, krabbels en illustraties. Hoewel hij zei het voornemen te hebben ze ooit eens te ordenen en te publiceren, is hij daar nooit aan toegekomen. Hij had het te druk met zoeken naar waarheid en schoonheid. Voor Da Vinci was het proces van vragen, waarnemingen en ideeën noteren van groot belang.

Je kunt net als Leonardo je Curiosità bevorderen door een aantekenboek of dagboek bij te houden. Neem een schrift met harde kaft of een dagboek met blanco pagina's. Je kunt alles gebruiken, van een goedkoop schrift van de Hema tot een mooi dagboek met een inspirerend plaatje op de voorkant. Het gaat erom dat je het overal bij je hebt en er geregeld in schrijft. Vul je aantekenboek aan met plakboeken of mappen over verschillende zaken die je belangstelling hebben. Knip kranten- of tijdschriftartikelen uit, of download informatie van het Internet over elk onderwerp dat je aanspreekt – wetenschap, kunst, muziek, eten en drinken, gezondheid...

Gebruik je aantekeningen net als Leonardo om je vragen, observaties, inzichten, grappen, dromen en overpeinzingen te noteren (spiegelschrift mag, maar hoeft niet).

Door onze drukbezette levens en verantwoordelijk werk zijn we geneigd te streven naar harde conclusies en meetbare resultaten, maar het bijhouden van een DaVinciaans aantekeningenboek, waarin je onderzoekend, ongericht, onaf en niet oordelend opschrijft wat je invalt, is bevorderlijk voor vrijheid van denken en verbreding van perspectief. Neem een voorbeeld aan de maestro en maak je niet druk over ordening en logische samenhang, maar schrijf alleen op.

Probeer de volgende Curiosità-oefeningen in je aantekenboek:

## Honderd vragen

Maak in je aantekenboek een lijst van honderd vragen die je belangrijk vindt. De lijst mag alle *soorten vragen* bevatten, als het maar iets is dat jij belangrijk vindt. Dat kan dus variëren van 'Hoe kan ik meer geld besparen?' of 'Hoe kan ik meer plezier hebben?' tot 'Wat is de betekenis en zin van mijn bestaan?' en 'Hoe kan ik de Schepper het beste dienen?'

Maak de hele lijst in één keer af. Schrijf snel, maak je niet druk over spelling, zinsbouw, of het herhalen van een vraag in andere woorden (vragen die herhaaldelijk terugkomen, zullen je attent maken op bepaalde thema's die je bezighouden). Waarom honderd vragen? De eerste twintig vragen zullen je zonder meer invallen. In de volgende dertig of veertig vragen komen vaak al thema's naar voren. En in het laatste gedeelte van de tweede helft van de lijst zul je vermoedelijk onverwacht, maar diep materiaal ontdekken.

Wanneer je klaar bent, lees je je lijst door en markeert de thema's die naar voren komen. Denk na over de thema's die zich aandienen zonder er een oordeel over te vellen. Gaan de meeste van je vragen over relaties? Over zaken? Over amusement? Over geld? Over de zin van het leven?

## Vragentoptien

Neem je lijst met honderd vragen nog eens door. Kies de tien vragen uit die jou het belangrijkst lijken. Rangschik ze dan in belangrijkheid van een tot tien. (Je mag natuurlijk altijd nieuwe vragen toevoegen of de volgorde wijzigen.) Ga nog niet proberen ze te beantwoorden; je hebt genoeg gedaan door ze ergens op te schrijven waar je ze gemakkelijk kunt terugvinden.

*'Veren zullen de mens naar de hemel verheffen zoals ze vogels verheffen; namelijk door middel van de brieven die met hun pennen geschreven zijn.'*

LEONARDO DA VINCI

## Tien krachtige vragen

De volgende vragen zijn ontleend aan de 'toptien' van verschillende mensen. Deze vragen zijn krachtige katalysatoren voor persoonlijke groei en vervulling. Neem ze ter overdenking over in je aantekenboek:

- Wanneer ben ik het meest mezelf? Welke mensen, plaatsen en activiteiten maken het mogelijk dat ik me het meest volledig mezelf voel?
- Wat is er waarmee ik vanaf vandaag kan ophouden, of beginnen, of dat ik anders zou kunnen doen, en dat de kwaliteit van mijn leven het meest zou verbeteren?
- Wat is mijn grootste talent?
- Hoe kan ik zorgen dat ik betaald word voor iets wat ik leuk vind om te doen?
- Wie zijn voor mij inspirerende voorbeelden?
- Hoe kan ik anderen het beste dienen?
- Wat is mijn diepste verlangen?
- Hoe zien anderen mij: mijn beste vriend(in), mijn ergste vijand, mijn baas, mijn kinderen, mijn collega's, enz.?
- Wat zijn de zegeningen in mijn leven?
- Wat zou ik graag willen nalaten aan het nageslacht?

## Hoe vliegt een vogel?

Kies een van de volgende onderwerpen, die geïnspireerd zijn op vragen die Da Vinci bezighielden: een vliegende vogel, stromend water, het menselijk lichaam, een landschap, weerspiegeld licht, een knoop of vlecht. En formuleer daar in je aantekenboek ongeveer tien vragen over. Het is weer niet nodig antwoorden op te schrijven; met Curiosità richten we ons alleen op de vragen. Bijvoorbeeld: Hoe vliegt een vogel?

- Waarom heeft hij twee vleugels?
- Waarom heeft hij veren?
- Hoe 'stijgt hij op'?
- Hoe remt hij af?
- Hoe gaat hij sneller vliegen?
- Hoe hoog kan hij komen?
- Wanneer slaapt hij?
- Hoe goed kan hij zien?
- Wat eet hij?

Kies vervolgens een onderwerp uit *je persoonlijk leven of uit je werksfeer en doe dezelfde oefening* – stel tien vragen over je werk, je relatie, je gezondheid. Schrijf de vragen op in je aantekenboek – nog geen antwoorden, alleen vragen.

## Waarnemingen over een thema

Werken met een thema is een erg goed hulpmiddel om je Curiosità te richten. Kies een thema voor de dag en noteer je waarnemingen in je boekje. Je kunt je gedachten de hele dag door noteren, of er alleen een mentale aantekening van maken om ze op een rustig moment voor het slapen gaan in je aantekenboek vast te leggen. Probeer precieze, eenvoudige waarnemingen te doen. Speculatie, meningen en theorieën zijn mooi, maar de eigenlijke waarneming levert de rijkste bron op.

In je lijst met honderd vragen of je vragentopties zul je meer dan genoeg thema's voor deze oefening kunnen vinden. Daarnaast kun je een van de volgende thema's kiezen, of zelf nog andere bedenken. Geliefde thema's zijn onder andere: Emoties, Zien, Luisteren, Aanraken, Esthetiek en Dieren. Doe deze oefening alleen of kies samen met een vriend(in) een thema en bekijk na afloop van de dag wat jullie elk hebben opgeschreven.

# VOORBEELD VAN EEN THEMA-OEFENING

Mijn vriend Michael Frederick is theaterdirecteur, toneelleraar, en leraar in de Feldenkrais-methode, de Alexandertechniek en yoga. Hij werkt al meer dan vijfentwintig jaar met thema's. Hij was zo vriendelijk ons het volgende onverkorte fragment ter beschikking te stellen:

*10 januari 1998.* Thema: Contact met materiële zaken

*07.40 uur.* Bemerkte de werking van en het gevoel in mijn voeten toen ze de vloer aanraakten. Dat het contact met de vloer me ondersteunde en het mogelijk maakte om mijn lichaam te strekken en langer te worden toen ik vanmorgen voor het eerst opstond.

*8.20 uur.* Terwijl ik mijn tanden poetste, zag ik dat ik mijn tandenborstel te stijf omklemde met mijn rechterhand en deze spanning trok omhoog door mijn arm en schouder zodat ik een gespannen gevoel in mijn nek kreeg. Toen keek ik in de spiegel en zag dat mijn houding ingezakt was.

*11.30 uur.* Had de telefoon in een ijzeren greep met mijn hoofd schuin naar rechts zodat arm en schouder pijn deden. Soortgelijke observatie als tandenborstel. Dingen veel te stijf vasthouden... 'alsof mijn leven ervan afhing'.

*16.30 uur.* Terwijl ik haastig een broodje at, zag ik dat ik zoals gewoonlijk mijn eten op ging schrokken zonder aandacht te besteden aan wat ik at. Het ging erom het snel te doen en hierdoor proefde ik niets meer van de smaak, wist zelfs niet precies wat er voor beleg op zat.

*17.30 uur.* Ik let vandaag ook op de zonsondergang en door de warmte van de zon op mijn gezicht lukt het me kalmer te worden en te zien wat er voor me is (d.w.z. het haalt me in het moment van nu).

*21.30 uur.* Zoek de post van vandaag uit. Moet tijd besteden aan reclamedrukwerk (dat zijn ook materiële voorwerpen, waardeloos). Had het gevoel dat mijn leven in beslag werd/wordt genomen door het uitzoeken, opslaan, repareren en hanteren van materiële voorwerpen. Ik word een 'beheerder' van deze voorwerpen!

*22.30 uur.* Nu ik deze pen vasthoud, merk ik hoe weinig inspanning het in feite kost om te schrijven. De pen schrijft heel goed zonder dat ik er extra druk op uitoefen.

## Contemplatie-oefening

In een tijd van sound bites wordt contemplatie een vergeten kunst. De aandachtsspanne wordt kleiner en de ziel lijdt eronder. *Contemplatie* is volgens Van Dale 'beschouwing, m.n. innerlijke, geestelijke beschouwing, bespiegeling, vrome overdenking.' Het komt van het werkwoord *contemplare,* dat betekent 'een tempel aanduiden' (con, 'met', *templum*, 'tempel') of 'met aandacht bekijken'.

Kies een willekeurige vraag uit de vorige oefeningen – bijvoorbeeld: Bij welke mensen, op welke plaatsen en met welke activiteiten voel ik me het meest volledig mezelf? – en houd die enige tijd in je hoofd, minstens tien minuten achtereen. Een goede manier om dit te doen is een groot vel papier te nemen en daar met grote, dikke letters de vraag op te schrijven. Dan:

- Zoek je een rustige plek waar je niet gestoord wordt, en hangt het voor je aan de muur.
- Ontspan je, adem diep in en laat je uitademing lang duren.
- Zit bij je vraag, anders niet.
- Wanneer je gedachten afdwalen, haal je ze terug door de vraag weer te lezen, hardop. Het is vooral van waarde deze contemplatie-oefening te doen voor je gaat slapen, en ook weer na het wakker worden. Als je dit echt serieus doet, zul je merken dat je geest in de nacht inzichten 'uitbroedt'.

## Stream of consciousness-oefening

Als goede aanvulling op contemplatie is *stream of consciousness*-schrijven een uitstekend hulpmiddel om de diepten van je vragen te peilen. Kies een willekeurige vraag uit, neem je aantekenboek en schrijf de gedachten en associaties die bij je opkomen op, zonder op stijl of spelling te letten.

Gebruik minstens tien minuten om je reacties op te schrijven. Het geheim van doeltreffend *stream of consciousness*-schrijven is je pen in beweging te houden; neem de pen niet van het papier, en houd niet op om iets te verbeteren – blijf gewoon doorschrijven.

*Stream of consciousness*-schrijven levert veel onzin en herhalingen op, maar kan tot diepe inzichten en begrip leiden. Maak je niet ongerust als het lijkt of je niets dan gewauwel opschrijft; dit is juist een teken dat je de gebruikelijke, oppervlakkige aspecten van je gedachtenproces achter je hebt gelaten. Als je maar lang genoeg doorgaat, je pen op het papier te houden en door te schrijven, zul je uiteindelijk een venster openen waar het licht van je intuïtieve intelligentie doorheen zal schijnen.

- Neem na een stream of consciousness-sessie even pauze.
- Ga dan terug naar je aantekenboek en lees hardop wat je hebt opgeschreven.
- Markeer de woorden of zinnen die je het meeste aanspreken.
- Kijk ook hier uit naar thema's, aanzetten voor gedichten, en meer vragen.
- Denk na over de overdrachtelijke betekenis van het motto van de dichter: 'Dronken schrijven, nuchter nakijken'.

Deze twee oefeningen zijn uitstekende hulpmiddelen om problemen op persoonlijk en professioneel gebied op te lossen. Laten we de rol van Curiosità bij het probleem oplossen eens nader bekijken.

## CURIOSITÀ EN CREATIEF PROBLEEM OPLOSSEN

Denk terug aan je schooltijd. Wat gebeurde er met kinderen die te veel vragen stelden? Een veelvoorkomende dooddoener van overwerkte, in het nauw gedreven leraren was: 'We hebben geen tijd voor al die vragen; we moeten de leerstof afkrijgen.' Tegenwoordig lijden hardnekkige vragenstellers aan Attention Deficit Disorder of 'hyperactiviteit' en worden behandeld met Ritalin en andere middelen. Als de jonge Leonardo nu leefde en naar de basisschool ging, zou hij waarschijnlijk onder behandeling zijn en medicijnen krijgen.

Hoewel wij het leven allemaal begonnen zijn met een Da Vinci-achtige, onverzadigbare nieuwsgierigheid hebben de meesten van ons, toen we eenmaal op school zaten, geleerd dat antwoorden belangrijker zijn dan vragen. In de meeste gevallen is de school niet bevorderlijk voor het ontwikkelen van nieuwsgierigheid, plezier in onduidelijkheid en vaardigheid in het stellen van vragen. De mentale vaardigheid die beloond wordt is eerder het uitvogelen van het 'goede antwoord' – dat wil zeggen, het antwoord dat de onderwijzer of leraar, de autoriteit, al weet. Dit patroon blijft van kracht tijdens de verdere opleiding tot en met de universiteit, vooral bij een cursus waar het boek van de professor wordt gebruikt. (Bij een klassiek onderzoek aan een topuniversiteit werd studenten die summa cum laude waren afgestudeerd, een maand na hun afstuderen hetzelfde examen afgenomen. Ze zakten allemaal. Onderzoeker Leslie Hart vatte het resultaat bondig samen: 'Het eindexamen is werkelijk het einde!') Deze benadering van het onderwijs, waarbij autoriteiten naar de mond wordt gepraat, vragen worden onderdrukt en regels moeten worden opgevolgd, heeft de maatschappij misschien wel lopende-bandwerkers en bureaucraten opgeleverd, maar doet weinig om ons voor te bereiden op een nieuwe renaissance.

Leonardo da Vinci's leven was een oefening in creatief probleem-oplossen op het hoogste niveau. Het principe van de Curiosità levert ons de voornaamste

*Waarom is de hemel blauw? Leonardo's antwoord: 'Ik zeg dat het azuurblauw dat de hemel ons toont niet zijn eigenlijke kleur is, maar deze kleur is te danken aan warme, vochtige lucht, verdampt tot uiterst kleine en onzichtbare deeltjes, die wanneer het licht van de zon erop valt, oplichten onder het donker van de machtige duisternis die er als een deksel overheen ligt.'*

> '*Ten eerste zijn er vragen over de constructie van bepaalde machines, dan, onder invloed van Archimedes, vragen over de eerste beginselen der dynamica; tenslotte vragen die nooit eerder gesteld waren over winden, wolken, de ouderdom van de aarde, voortplanting, het menselijk hart.*'
>
> KENNETH CLARK OVER DE AANTEKENINGENBOEKEN VAN LEONARDO

sleutel tot zijn methode. Het begint met intense nieuwsgierigheid en een open geestesinstelling, en vervolgt met een stroom vragen, gesteld vanuit verschillende gezichtspunten.

Je kunt je vaardigheid in het oplossen van problemen thuis en op het werk vergroten door je vermogen tot vragen stellen te scherpen. De meeste mensen moeten daartoe het accent verleggen. In plaats van te zoeken naar 'het goede antwoord' moeten ze vragen 'Is dit de goede vraag?' en 'Wat zijn andere manieren om dit probleem te bekijken?'

Voor het succesvol oplossen van problemen is het vaak nodig de oorspronkelijke vraag te vervangen of hem anders te formuleren. Vragen kunnen op allerlei manieren worden geformuleerd, en de formulering kan van grote invloed zijn op je vermogen oplossingen te vinden. De psycholoog Mark Brown geeft het voorbeeld van een evolutie in vraagstelling die leidde tot een grote verandering van menselijke samenlevingen. Nomadische samenlevingen waren gebaseerd op de vraag: 'Hoe komen we bij water?' Ze werden agrarische, gevestigde culturen, zegt Brown, toen ze begonnen te vragen: 'Hoe zorgen we dat het water bij ons komt?'

Sommige mensen houden ervan na te denken over het filosofische raadsel 'Wat is de zin van het leven?' Maar meer praktisch ingestelde filosofen vragen: 'Hoe kan ik mijn leven zinvol maken?'

## De vraag vinden

Hoe kun je je vaardigheid in het vragen stellen aanscherpen zodat zich oplossingen gaan aandienen? Begin ermee de eenvoudige, 'naïeve' vragen te stellen die ontwikkelde mensen geneigd zijn over het hoofd te zien. De vragen van Da Vinci waren vaak verbluffend in hun eenvoud, bijvoorbeeld toen hij schreef: 'Ik vraag me af waarom de klap van de hamer de spijker naar boven laat springen' of 'Waarom is de hemel blauw?'

Stel pijnlijke vragen als: Waarom is de keizer bloot? Waarom is dit een probleem? Is dit wel waar het werkelijk om gaat? Waarom hebben we het altijd zo gedaan? Streef ernaar vragen te stellen die nog niet eerder gesteld zijn.

Beschrijf in je aantekenboek een probleem of vraag waarmee je in je persoonlijk leven of je werk bezig bent en vraag: Wat? Wanneer? Wie? Hoe? Waar? en Waarom?

Wat is het probleem? Wat ligt eraan ten grondslag? Welke vooropgezette ideeën, vooroordelen of paradigma's zijn misschien van invloed op mijn waarneming? Wat zal er gebeuren als ik het laat liggen? Welke mogelijkheden zijn er misschien die ik nog niet heb overwogen? Welke problemen worden wellicht opgelost als ik dit probleem oplos? Welke metaforen uit de natuur kan ik gebruiken om het te illustreren?

Wanneer is het begonnen? gebeurt het? gebeurt het niet? zullen de gevolgen merkbaar worden? moet het opgelost zijn?

---

Een van Leonardo's geliefde methodes was beeldende metaforen te zoeken in de natuur. Toen hij bijvoorbeeld de schitterende wenteltrap voor het slot van de Franse koning in Blois ontwierp, werd hij geïnspireerd door de gedraaide schelpen van zeeslakken die hij vele jaren tevoren langs de Italiaanse noordwestkust had verzameld. Zijn ontwerp voor fluiten, gelijkend op de blokfluit, was ontleend aan zijn studie van het menselijk strottenhoofd. Korter geleden kreeg Alexander Graham Bell inspiratie tot het uitvinden van de telefoon door het oor na te bouwen; de klitten die aan je broek blijven hangen als je door het bos wandelt, inspireerden de uitvinder van het klitband; en de uitvinder van de trekopening van aluminium blikjes vond inspiratie door zichzelf de vraag te stellen: 'Wat valt in de natuur gemakkelijk te openen?' Opeens zag hij het beeld van een banaan, waarna hij vroeg: 'Hoe kan het ontwerp van de banaan als voorbeeld dienen voor mijn opdracht?'

> 'Hij was er niet tevreden mee te noteren hoe iets werkte; hij wilde ook uitzoeken waarom. Deze nieuwsgierigheid maakte een technicus tot een kunstenaar.'
> KENNETH CLARK OVER LEONARDO

Wie is erbij betrokken? ondervindt er hinder van? veroorzaakte het? gaat ermee door? kan helpen het op te lossen?
Hoe gebeurt het? kan ik meer objectieve informatie krijgen? kan ik het vanuit nieuwe invalshoeken bekijken? kan het veranderd worden? zal ik weten dat het is opgelost?
Waar gebeurt het? is het begonnen? heb ik nog niet gekeken? is dit nog meer gebeurd?
Waarom is het belangrijk? is het begonnen? gaat het door?
Vraag waarom, waarom, waarom, waarom, waarom... om op de bodem van een onderwerp te komen.

## CURIOSITÀ EN PERMANENT LEREN

Leonardo kende het belang van permanent leren: 'Zoals ijzer roest als het niet wordt gebruikt, en stilstaand water bederft, of indien koud in ijs verandert, zo gaat ons verstand teloor tenzij we het blijven gebruiken.' Het voortdurend op zoek zijn naar nieuwe leerstof is de drijvende kracht van de Da Vinciaanse geest. Het is natuurlijk diezelfde geest die jou ertoe brengt dit boek te lezen. En hoewel het voor de meesten van ons niet praktisch zal zijn om te trachten zich alle kennis te verwerven, kunnen we de Da Vinciaanse geest nog verder omhelzen door een nieuwe discipline te leren.

In de afgelopen twintig jaar heb ik aan duizenden mensen gevraagd wat ze zouden leren als ze iets mochten leren. De meest voorkomende antwoorden: een muziekinstrument bespelen; een nieuwe taal (op zijn tweeënveertigste leerde Leonardo zichzelf Latijn); duiken, zeilen of parachutespringen; tennissen of golfen; tekenen, schilderen of beeldhouwen; toneelspelen; in een koor zingen; gedichten of romans schrijven; ballet, yoga of een vechtsport leren. Ik noem dit 'ideale' of 'droom'-hobby's en mijn ervaring is dat de mensen die ze hartstochtelijk beoefenen, een rijker en meer voldoeninggevend leven leiden.

In de loop van de jaren heb ik duizenden mensen aangemoedigd om aan hun ideale hobby te beginnen. In die tijd ben ik alle mogelijke uitvluchten tegengekomen om dat niet te doen, en ik heb overal een reactie op ontwikkeld. Wanneer ze zeggen: 'Ik zal nooit goed genoeg worden,' zeg ik dat ze daar maar overheen moeten stappen – Da Vinci was ook niet tevreden over zijn werk.

## CURIOSITÀ OP HET WERK

De meeste vernieuwingen in bedrijven zijn geïnspireerd door de vraag 'En als we nu eens...?' De miljardeneconomie van Silicon Valley is grotendeels geïnspireerd op de vraag 'En als we ze [computerchips] nu eens kleiner maakten?' De rage om korting te geven om de verkoop te bevorderen werd geboren uit de vraag: 'En als we onze klanten nu eens geld gaven als ze het kopen?' En-als-we-nu-eens...?-vragen prikkelen je verbeelding en schudden je gezichtspunt door elkaar. Denk aan iets wat je zou kunnen aanbieden, een product of een dienst, en vraag: en als ik nu eens: het kleiner maakte; groter maakte; lichter maakte; zwaarder maakte; een andere vorm gaf; omkeerde; strakker maakte; losser maakte; er iets aan toevoegde; er iets vanaf haalde; onderdelen verwisselde; vierentwintig uur open bleef; er garantie op gaf; het een andere naam gaf; het recycleerbaar, sterker, zwakker, zachter, harder, draagbaar, onverplaatsbaar maakte; de prijs verdubbelde of klanten betaalde om het mee te nemen? De gelukkigste mensen op de wereld vragen: 'En als ik nu eens een manier vond om betaald te krijgen als ik iets doe wat ik leuk vind?'

Wanneer ze zeggen: 'Ik heb het te druk met mijn partner en kinderen' raad ik hun aan die erbij te betrekken. Wanneer ze zeggen: 'De lessen en de dingen die ik ervoor nodig heb, zijn te duur' zeg ik dat ze vandaag kunnen beginnen ervoor te sparen, een speciale rekening voor hun hobby kunnen openen of zich kunnen aanbieden als hulpkracht bij een meester die lesgeeft in de discipline die ze willen leren. Wanneer ze stellen 'Ik heb het te druk met mijn werk. Ik begin ermee wanneer alles wat rustiger wordt', wijs ik erop dat alles niet rustiger zal worden, en dat ze op hun sterfbed blij zullen zijn dat ze meer tijd hebben besteed aan het verwezenlijken van hun dromen. En wanneer ze zeggen 'Ik ben te oud, ik had ermee moeten beginnen toen ik jong was', herinner ik hen eraan dat het nooit te laat is. Ons vermogen tot leren kan met de jaren verbeteren als we de kracht van curiosità oproepen.

## Je ideale hobby realiseren

Ontwerp in je aantekenboek een strategie om je ideale hobby te realiseren, nu. Maak een lijst van je ideale hobby's (als je niet precies weet wat ze zijn, verzin je er een paar). Kies er een uit en vraag:

- Wat zal het me precies opleveren als ik dit ga doen?
- Wat wil ik bereiken?
- Welke hulpmiddelen heb ik er voor nodig?
- Waar vind ik een goede leraar?
- Hoeveel tijd zal ik eraan besteden?
- Welke hindernissen moet ik overwinnen?
- De meest creatieve en gelukkige mensen die ik ken zoeken ook antwoorden op de volgende vraag: Hoe kan ik zorgen dat ik betaald word voor het bezig zijn met mijn ideale hobby?

Je 'ideale hobby' tot een vast onderdeel van je leven maken is een eenvoudige maar diep doorwerkende manier om aan je eigen persoonlijke renaissance te werken. Zoek een goede leraar of coach; spreek tien lessen af en betaal ze vooruit. Hiermee voorkom je dat uitvluchten op het laatste moment en de traagheid van de gewoonte je plan verstoren. Door naast je werk en gezin hartstochtelijk met iets bezig te zijn dat je belangstelling heeft, verbreed je je perspectief op een manier die alle aspecten van je leven verrijkt. Je gaat, in de woorden van Joseph Campbell, 'op je geluk af'.

## Leer een nieuwe taal

Een nieuwe taal leren is een populaire ideale hobby en een prachtige manier om aan curiosità te werken. Net als Leonardo kun je op elke leeftijd een nieuwe taal leren. We

## CURIOSITÀ VOOR OUDERS

Hoe kun je de aangeboren DaVinciaanse nieuwsgierigheid van je kinderen levend houden? Begin ermee jezelf als leerling te zien; laat je kind je tot voorbeeld zijn bij het opnieuw wakker roepen van je eigen openheid en vragende instelling. Wanneer je je inleeft in de zuiverheid en het enthousiasme waarmee je kind het leren benadert, zul je daar beter aan tegemoet kunnen komen. Het hardnekkig gevraag van kinderen kan je geduld natuurlijk wel eens op de proef stellen, maar als je je hart open houdt, zul je het benodigde uithoudingsvermogen vinden. Behalve dat je zelf permanent aan het leren bent, kun je ook een 'Curiosità-coach' voor je kinderen zijn. Leer hun de 'wat, wanneer, wie, hoe, waar en waarom-benadering' voor creatief probleem oplossen te gebruiken. Kies een Genie van de Maand en praat samen over het soort vragen dat door de eeuwen heen door grote geesten is gesteld. (Als genie voor de eerste maand raad ik je aan Leonardo te nemen! Ga met je kinderen naar de reizende tentoonstelling getiteld 'Leonardo and the Age of Invention'. Die biedt kinderen de gelegenheid een aantal van de verbluffende ontdekkingen van de maestro zelf te ervaren.) Moedig je kinderen aan vragen te stellen en dat te blijven doen. Vraag aan je kinderen wanneer ze thuiskomen van school: 'Wat heb je vandaag op school *gevraagd?*'

weten allemaal dat kleine kinderen daar het beste in zijn. Door hun openheid, energie en speelsheid leren ze talen met groot gemak. Een peuter die opgroeit in een huis waar drie talen worden gesproken, zal ze alle drie zonder moeite leren. Het goede nieuws is dat als je bereid bent bepaalde belangrijke aspecten van de leerstrategie van het kleine kind over te nemen, jij met evenveel gemak en plezier vorderingen zult maken. En als volwassene kun jij profiteren van leermiddelen die je kunnen helpen nog sneller te leren dan een klein kind.

Laten we bijvoorbeeld zeggen dat je *la bella lingua* zou willen leren: de mooie taal, Italiaans. Hier volgen een paar tips om het leerproces te versnellen:

> Een experimentje om te proberen: Zeg hardop de woorden 'de mooie taal'. Zeg ze nog eens en let er nu op waar het geluid in je lichaam resoneert. Zeg het nu in het Italiaans, op zijn Italiaans: *'la bella lingua'*. Resoneert dit anders? De meeste mensen merken dat het Engels wat hoger resoneert, in de keel en de voorkant van het verhemelte, en dat Italiaans meer achteraan het verhemelte resoneert, dieper in de keel en vooral heel sterk in het hart.

- Wees bereid veel fouten te maken. Bambino's vinden het niet nodig cool over te komen of onmiddellijk een perfecte uitspraak te hebben en foutloze zinnen te produceren; ze beginnen gewoon te praten. Je vorderingen zullen recht evenredig zijn met je bereidheid te spelen en gevoelens van onbekendheid en domheid te omhelzen.
- Heb je wel eens opgemerkt hoe kinderen een woord of zin ontdekken en dan telkens weer herhalen? Doe dat ook: herhaling is de simpelste manier om iets in je geheugen te prenten.
- Begin je leerproces zo mogelijk met een spoedcursus. Zoals een raket de meeste energie nodig heeft voor de lancering en de vlucht om buiten de atmosfeer te komen, zul jij het meeste uit het leren halen als je begint met een geconcentreerd programma. Een 'intensieve cursus' zal de circuits in je brein een vliegende start geven om nieuwe verbindingen te vormen voor je nieuwe taal.
- Als je geen officiële spoedcursus kunt vinden, kun je er zelf een creëren door naar audiocassettes te luisteren, naar ondertitelde Italiaanse films te kijken, de teksten van bekende Italiaanse liederen te leren zoals 'Rondini al Nido' en 'Santa Lucia', mee te zingen met opnamen van Pavarotti, in Italiaanse espressobars te gaan zitten en daar gewoon naar de pratende mensen te luisteren, en naar echte Italiaanse restaurants te gaan en daar in het Italiaans te bestellen. Als je tegen de ober zegt dat je probeert de taal te leren en vraagt of hij je wil helpen, zul je vaak een gratis Italiaanse les krijgen, terwijl je nog beter bediend wordt en soms zelfs extra antipasto krijgt!
- Leer woorden en zinnen die te maken hebben met dingen die je erg interesseren. Veel taalcursussen zijn tamelijk saai omdat ze voornamelijk noodzakelijke,

maar afgezaagde dingen bevatten zoals: 'Waar is het station?' en 'Hier is mijn paspoort'. Streef ernaar om naast deze alledaagse zaken de taal te leren van romantiek, seks, poëzie, kunst, lekker eten en wijn.
- Plak op alles in je huis Post-it briefjes met de Italiaanse vertaling.
- Het allerbelangrijkste: stel je open voor het gevoel van de taal en de cultuur. Doe wanneer je iets zegt of je een Italiaan bent (om te beginnen zou je Marcello Mastroianni of Sophia Loren kunnen imiteren).

Gebruik de expressieve gebaren en gelaatsuitdrukkingen die bij de taal horen; zo is het leuker en je leert nog sneller.

## Bouw je eigen woordenlijst op

Een eigen woordenlijst samenstellen is ook een mooie manier om permanent te leren. In de Codex Trivulzianus en elders noteerde Leonardo woorden die hem speciaal interesseerden, met de definitie ervan. De in kolommen gerangschikte lijsten bevatten nieuwe woorden, buitenlandse termen en nieuwvormingen.

Op een van de lijsten staan woorden zoals:

Alpine – afkomstig uit de Alpen
archimandriet – een leider van een groep

Na definities te hebben gegeven van ruim negenduizend woorden schreef hij, met een fraaie mengeling van trots en nederigheid: 'Ik bezit zoveel woorden in mijn moedertaal dat ik me er eerder over zou moeten beklagen dat ik dingen niet begrijp, dan dat het me ontbreekt aan woorden om mijn gedachten goed uit te drukken.'

Deze gewoonte is een eenvoudige, werkzame manier om het voorbeeld van de maestro na te volgen en aan Curio-

> 'Zijn belangstelling voor alles werd geëvenaard door de spontane oorspronkelijkheid van zijn reacties op alles wat hem interesseerde.'
>
> PROFESSOR MORRIS PHILIPSON

sità te werken. Een sterk vocabulaire hangt duidelijk samen met academisch en professioneel succes en biedt een prachtige uitbreiding van je mogelijkheden tot zelfexpressie. Elke keer dat je een woord of uitdrukking tegenkomt die je niet kent, zoek je die op en noteert die in je dagboek. Grijp vervolgens elke gelegenheid aan om ze schriftelijk en in de gesprekken die je elke dag voert te gebruiken.

## Werk aan je 'emotionele intelligentie'

Naast het vergroten van zijn verbaal/linguïstische intelligentie door zichzelf Latijn te leren en een eigen woordenlijst samen te stellen, werkte de maestro ook aan zijn emotionele intelligentie. Zijn Curiosità was even werkzaam bij het observeren van zijn medemensen als wanneer hij studie maakte van paarden, vogels, water en licht. Hij schreef: 'Oh, dat het God moge behagen mij ook de psychologie van de gewoonten van de mens op dezelfde wijze te laten uiteenzetten als ik zijn lichaam beschrijf!' Leonardo's intense belangstelling voor mensen van allerlei levenswandel is de bron van de diepe karaktertekening die hij in de figuren op zijn tekeningen en schilderijen aanbracht. Zijn raad luidde: 'Zorg wanneer je buiten gaat wandelen dat je uitkijkt naar en let op de houdingen en gebaren van andere mensen wanneer ze praten, argumenteren, lachen of twisten; hun eigen houdingen en die van hun medestanders en toeschouwers; en maak hiervan aantekening in je kleine aantekenboek dat je altijd bij je moet dragen.'

Leonardo's scherpe waarnemingen leiden tot praktisch inzicht in de kunst van het omgaan met anderen, en hij vulde zijn interpersoonlijke intelligentie aan met een levenslang voornemen zijn intrapersoonlijke kennis (zelfkennis) te ontwikkelen. Naast diepgaande contemplatie en reflectie werkte Leonardo aan zijn zelfkennis door de reacties van anderen te peilen, en hij raadde zijn lezers aan 'verlangend te zijn om geduldig de mening van anderen aan te horen, en zorgvuldig te overwegen en na te gaan of hij die u kritiseert, reden heeft voor die kritiek'.

Je kunt Curiosità versterken en je zelfkennis verdiepen door je partner, kinderen, vrienden, klanten, collega's, baas en werknemers geregeld om feedback te vragen. Stel, in woorden die jou goed liggen, vragen zoals:

- Wat zijn mijn zwakheden, blinde vlekken en gebieden om te verbeteren?
- Wat zijn mijn sterke punten, mijn beste eigenschappen?
- Wat kan ik doen om meer te bereiken, beter te helpen of gevoeliger te zijn?

Wanneer je om feedback vraagt, moet je natuurlijk heel goed luisteren naar de antwoorden die je krijgt, met name als ze niet zijn wat je hoopte of verwachtte te horen; ga niet uitleggen, rechtvaardigen of discussiëren. Het is het beste om er helemaal niets op terug te zeggen; luister alleen. Noteer de feedback in je aantekenboek om er later over na te denken.

# Dimostrazione

*Een voornemen
om kennis te toetsen aan
ervaring, volharding, en
een bereidheid om
van fouten te leren.*

Denk aan de beste leraren die je ooit hebt gehad. Wat maakt een leraar goed? Meer dan wat ook is het zijn vermogen de leerling te helpen zelf te leren. De beste leraren weten dat ervaring de bron van wijsheid is. En het principe van Dimostrazione is de sleutel om zoveel mogelijk uit je ervaring te halen. Leonardo had maximaal profijt van zijn ervaringen in het atelier van de meesterschilder en beeldhouwer Andrea del Verrocchio, die door Da Vinci-biograaf Serge Bramly 'een eenmans kunstacademie' wordt genoemd. In de opleiding die de jonge Leonardo als leerling in Verrocchio's atelier ontving, lag de nadruk meer op ervaring dan op theorie. Hij leerde doeken prepareren en verven mengen en maakte kennis met de optische regels van de perspectief. Tot de leerstof behoorden de technische geheimen van beeldhouwen, bronsgieten en goudsmeden, en hij werd aangemoedigd om door eigen waarneming de structuur van planten en de anatomie van dieren en mensen te bestuderen. Hij groeide dus op met een door en door praktijkgerichte instelling.

Leonardo's praktijkgerichtheid, indringende intelligentie, nieuwsgierigheid en onafhankelijke geest brachten hem ertoe vraagtekens te zetten bij vele van de geaccepteerde theorieën en dogma's van zijn tijd. Hij ontdekte bijvoorbeeld tijdens zijn geologische speurtochten fossielen en zeeschelpen op bergtoppen in Lombardije. In de Codex Leicester voert hij doorslaggevende argumenten aan tegen de algemeen aangehangen mening dat deze hier waren afgezet door de bijbelse zondvloed, argumenten die niet gebaseerd waren op de theologie maar op logisch denken en eigen ervaring. Nadat hij de premissen waarop de conventionele kennis gebaseerd was had aangevochten, komt hij tot de conclusie dat 'een dergelijke mening niet kan bestaan in een brein dat over enig redeneervermogen beschikt...'

Voor zijn geologische studies wandelde Leonardo door de heuvels van Lombardije en hield fossielen in zijn handen. Wanneer hij iets wilde leren over anatomie, ontleedde hij menselijke lichamen (in totaal meer dan dertig) en talloze dierlijke kadavers. Net als zijn onderzoek naar de vorming van fossielen was zijn anatomische werk een regelrechte uitdaging van de erkende autoriteiten van die tijd. Hij schreef: 'Velen zullen denken dat ze me terecht beschuldigen, en beweren dat mijn bewijzen in tegenspraak zijn met het gezag van bepaalde mannen die ze hogelijk vereren omdat hun oordeel niet op ervaring berust, terwijl ze er geen rekening mee houden dat mijn werken het resultaat zijn van de eenvoudige, simpele ervaring, die de ware meesteres is.'

Hij noemde zichzelf zijn leven lang trots een *uomo senza lettere* (ongeletterd man) en *discepolo della esperienza* (leerling van de ervaring). Hij schreef: 'Mij lijkt het toe dat die wetenschappen ijdel en vol fouten zijn die niet geboren zijn uit ervaring, de moeder van alle zekerheid, en wel eigen ervaring die in haar oorsprong, middelen of einde door een van de vijf zintuigen is gegaan.'

Leonardo was een voorvechter van oorspronkelijkheid en onafhankelijk denken. Hij zei met klem: 'Niemand zou de methode van een ander moeten imiteren, want dan zou hij verdienen een kleinzoon van de natuur genoemd te worden en niet haar zoon. Gezien de overvloed aan natuurlijke vormen, *is het belangrijk direct naar de natuur te gaan...*' Zijn verlangen om imitatie af te wijzen, autoriteit in twijfel te trekken en zelfstandig te denken zou in elke tijd opmerkelijk zijn geweest; maar het wordt echt verbazingwekkend wanneer je bedenkt dat hij afkomstig was uit een tijdperk waarin men, zoals William Manchester benadrukt, ervan uitging dat 'alle kennis al bekend was'.

Behalve dat Leonardo een van de minst vrome denkers van zijn tijd was, was hij ook een van de minst bijgelovige. Hij zag de populariteit van alchimie en astrologie als de vijand van de ervaring en het onafhankelijk denken en verlangde naar de dag 'waarop alle astrologen gecastreerd zullen worden'.

Hoewel Leonardo kritisch stond tegenover scholastische en academische tradities, gooide hij het kind niet met het badwater weg. In 1494 leerde hij zichzelf bijvoorbeeld op tweeënveertigjarige leeftijd Latijn, om zijn kennis van de klassieken te verdiepen. En Leonardo hield er een eigen bibliotheek op na. Zijn verzameling bevatte onder andere de bijbel, Aesopus, Diogenes, Ovidius, Plinius de Oudere, Dante, Petrarca, Ficino, en teksten over landbouw, anatomie, wiskunde, geneeskunde en oorlogvoering. Da Vinci-kenner professor Edward MacCurdy benadrukt dat 'hij de gewoonte had alle beschikbare klassieke en middeleeuwse autoriteiten over een onderwerp dat hem interesseerde te bestuderen'.

Leonardo ging om met andere grote geesten zoals Bramante, Machiavelli, Luca Pacioli en Marcantonio della Torre. Hij beschouwde het werk van anderen als 'ervaring uit de tweede hand' dat zorgvuldig en kritisch bestudeerd diende te worden en uiteindelijk aan zijn eigen ervaring getoetst.

Leonardo zag dat vooropgezette ideeën en 'vooroordelen uit boeken' een beperking vormden voor wetenschappelijk onderzoek. Hij wist dat van ervaring leren ook betekende van fouten leren. Hij schreef: 'De ervaring dwaalt nooit; alleen je oordeel dwaalt door op resultaten te rekenen die niet uit experimenten voortvloeien.'

Hoewel Leonardo algemeen erkend wordt als grootste genie aller tijden, maakte hij tal van kolossale fouten en ontstellende blunders. Tot zijn meest opmerkelijke missers behoorden de tragische mislukking van experimentele technieken om de verf te doen hechten voor de *Slag bij Anghiari* en *Het laatste Avondmaal*; rampzalige, geldverslindende pogingen om de loop van de Arno te wijzigen in opdracht van de Signoria van Florence; en een vliegmachine die nooit van de grond kwam. Er was ook een bijzonder komisch, mislukt plan om de keuken van Ludovico Sforza te automatiseren. Toen hem gevraagd was leiding te geven aan de koks voor een groot banket, ontwierp Leonardo een groots plan om elke gang die aan de meer dan tweehonderd gasten geserveerd zou worden als een beeldhouwwerk te presenteren. De schotels werden als kleine kunstwerken ontworpen. Leonardo bouwde een nieuw, krachtiger fornuis en een ingewikkeld systeem van mechanische lopende banden om borden door de keuken te laten rondgaan. Ook ontwierp en installeerde hij een uitgebreid sprinklersysteem voor als er brand zou uitbreken. Op de dag van het banket ging alles mis wat mis kon gaan. Ludovico's eigen keukenpersoneel was niet in staat tot het fijne boetseerwerk dat Leonardo wenste, en dus nodigde de maestro meer dan honderd bevriende kunstenaars uit om hem te helpen. De keuken was veel te vol, de lopende band deed het niet, en tenslotte brak er brand uit. Het sprinklersysteem deed het maar al te goed en veroorzaakte een stortvloed die al het eten en een groot deel van de keuken wegspoelde!

Ondanks fouten, rampen, mislukkingen en teleurstellingen hield Leonardo nooit op met leren, onderzoeken en experimenteren. Hij legde in zijn zoeken naar kennis een herculische volharding aan de dag. Naast een tekening van een ploeg in zijn notitieboek kondigde Leonardo aan: 'Ik wijk niet af van mijn vore.' Ergens anders schreef hij: 'Hindernissen krijgen mij niet klein' en 'Elke hindernis wordt vernietigd door middel van volharding.'

Martin Kemp, schrijver van *Leonardo da Vinci: the Marvellous Works of Nature and Man*, zegt hierover: 'Het is niet twijfelachtig welk principe volgens Leonardo de juiste richting bepaalde van de vore die hij wilde ploegen. Dat principe was wat hij "ervaring" noemde.'

## DIMOSTRAZIONE EN JIJ

De eigenlijke betekenis van de renaissance was de transformatie van fundamentele aannamen, ideeën en overtuigingen. Leonardo's bereidheid het heersende wereldbeeld aan de kaak te stellen door toepassing van het principe van Dimostrazione, plaatste hem in de voorhoede van deze revolutie. Hij begreep dat je het wereldbeeld aan de kaak stelt door eerst je eigen wereldbeeld aan de kaak te stellen en waarschuwde: 'De mensen worden het meest bedrogen door hun eigen meningen'.

Laat jij je wel eens bedriegen door je eigen meningen? Zijn het wel echt jouw meningen en overtuigingen? De hierna volgende oefeningen zijn ontworpen om je te helpen met meer vrijheid en oorspronkelijkheid te denken. Maar neem eerst even tijd om na te gaan welke rol Dimostrazione nu in jouw leven speelt en hoe je die nog zou kunnen vergroten. Hoe onafhankelijk ben je? Ben je een onafhankelijk denker? Wanneer ben je voor het laatst iets waar je eerst heilig van overtuigd was, anders gaan zien? Hoe voelde dat? Denk aan je vrienden en collega's. Op welke bronnen gaan ze af bij het bepalen van hun overtuigingen en meningen? Wie is de meest onafhankelijke, oorspronkelijke denker die je kent? Wat maakt diegene zo oorspronkelijk?

Denk even aan de manier waarop je hebt geleerd wat je weet. Leer je meer van je successen of van je mislukkingen, van goede of van slechte momenten? We weten allemaal dat een goed oordeel op ervaring berust. Maar we weten ook dat we vaak ervaring opdoen door een slecht oordeel. Profiteer jij ten volle van je fouten?

Bekijk de zelfbeoordelingslijst op de volgende bladzijde. Dit zijn confronterende vragen, maar als je er eerlijk over nadenkt, zul je meer halen uit de oefeningen die erop volgen.

## *Zelfbeoordeling*

- [ ] Ik ben bereid mijn fouten te erkennen.
- [ ] Mijn beste vrienden zullen waarschijnlijk bevestigen dat ik bereid ben mijn fouten te erkennen.
- [ ] Ik leer van mijn fouten en maak zelden twee keer dezelfde fout.
- [ ] Ik sta kritisch tegenover 'algemeen erkende wijsheid' en autoriteit.
- [ ] Wanneer een beroemdheid die ik bewonder een product aanbeveelt, zal ik het eerder kopen.
- [ ] Ik kan mijn diepste overtuigingen goed formuleren, en ook de redenen waarom ik ze aanhang.
- [ ] Ik ben wel eens op grond van de ervaring van een diepe overtuiging teruggekomen.
- [ ] Als ik hindernissen tegenkom, houd ik vol.
- [ ] Ik zie tegenslag als een gelegenheid om te groeien.
- [ ] Ik ben soms vatbaar voor bijgeloof.
- [ ] Als ik in aanraking kom met nieuwe ideeën ben ik volgens mijn vrienden en relaties
    a) goedgelovig en 'New Age'-achtig
    b) een cynicus met een afgesloten geest, of
    c) een scepticus met een open geest.

# Dimostrazione:

## *Toepassing en oefeningen*

### Leg je ervaring onder de loep

Als je een uurtje aan deze vragen besteedt kun je nagaan hoe de ervaring in je leven bepalend is geweest voor je instelling en gedrag. Werk in je schrift de volgende vragen uit:
Wat zijn de meest invloedrijke ervaringen in je leven? Neem twintig tot dertig minuten en noem er tenminste zeven, met daarbij in één zin samengevat wat je van elk van deze ervaringen hebt geleerd.
Gebruik nu een paar minuten om na te gaan hoe je datgene wat je van deze meest invloedrijke ervaringen hebt geleerd, in je *dagelijks* leven toepast.
Kijk vervolgens naar je lijst van belangrijke ervaringen en vraag: Wat is nu dé meest invloedrijke ervaring van mijn leven? (Voor sommigen is dit een gemakkelijk te beantwoorden vraag; voor anderen is er niet één ervaring die eruitspringt. Als er voor jou niets uitspringt, kies je een willekeurige ervaring van je lijst.)
Gebruik nu een paar minuten om je af te vragen: Hoe heeft deze ervaring mijn opvattingen en waarnemingen gekleurd? Probeer in een paar zinnen aan te geven hoe deze ervaring je wereldbeeld heeft beïnvloed.
Vraag je tenslotte af: Kan ik een paar van de conclusies die ik destijds heb getrokken, wellicht herzien? Beantwoord deze laatste vraag vooral niet te snel; houd hem alleen een tijdlang in je hoofd en hart en laat hem 'marineren'.

# Kijk kritisch naar je overtuigingen en hun bronnen

Velen van ons zijn zich niet bewust van de bronnen die we gebruiken om informatie te verkrijgen en te verifiëren. We weten dat we over allerlei onderwerpen meningen, aannamen en overtuigingen hebben: de aard van de mens, ethiek, politiek, etnische groepen, wetenschappelijke waarheid, seksualiteit, godsdienst, geneeskunde, de zin van het leven, kunst, het huwelijk, ouderschap en opvoeding, geschiedenis, andere culturen, enzovoort. Maar weet je ook hoe je aan die overtuigingen bent gekomen? Of waar je de informatie hebt gevonden waarop ze gebaseerd zijn?

Kies om te beginnen drie van bovenstaande gebieden uit; je zou bijvoorbeeld de aard van de mens, politiek en kunst kunnen kiezen. Schrijf dan in je schrift tenminste drie ideeën, aannamen of overtuigingen op die je er in de gekozen gebieden op nahoudt. Bijvoorbeeld:

*De aard van de mens*

- 'Ik geloof dat de mens in wezen goed is.'
- 'Ik geloof dat gedrag overwegend wordt bepaald door de genetische aanleg.'
- 'Het ligt in de aard van de mens zich te verzetten tegen verandering.'

Nadat je tenminste drie overtuigingen over elk van de door jou gekozen gebieden hebt opgeschreven, vraag je je af:

- Hoe ben ik aan dit idee gekomen?
- Hoe sterk geloof ik erin?
- Waarom blijf ik erbij?
- Wat zou maken dat ik hier anders over ging denken?
- Welke overtuigingen liggen het meest emotioneel?

Bekijk vervolgens elk van je overtuigingen in de drie gebieden die je hebt gekozen om te onderzoeken, en denk na over de rol die de volgende bronnen hebben gespeeld bij de vorming ervan:

- Media: boeken, het Internet, televisie, radio, kranten en tijdschriften.
- Mensen: familie, leraren, artsen, religieuze leiders, bazen, vrienden en relaties.
- Je eigen ervaring.

Welke criteria gebruik je om na te gaan of de informatie die je krijgt, klopt? Komen de meeste van je ideeën uit boeken? Of word je vooral beïnvloed door familie? Hoeveel van wat je in de krant leest of op televisie ziet, geloof je? Probeer door er beschouwend over na te denken vast te stellen wat je voornaamste bron van informatie is en wat aan je overtuigingen en meningen ten grondslag ligt. Kijk of je ook overtuigingen hebt waarvoor je geen verificatie uit eigen ervaring hebt. Is er een manier waarop je je overtuigingen aan de ervaring zou kunnen toetsen?

## Drie standpunten

Schrijf in je aantekenboek de overtuiging op die bij jou in de vorige oefening de sterkste emoties opriep.
In het hoofdstuk over Curiosità lazen we dat Leonardo, wanneer hij naar objectieve kennis streefde – bij het ontleden van een lijk of het beoordelen van een van zijn schilderijen – zijn onderwerp vanuit tenminste drie verschillende gezichtshoeken bekeek. Doe hetzelfde met jouw overtuigingen en meningen. Zoals de maestro een spiegel gebruikte om zijn schilderijen in spiegelbeeld te zien, kun jij proberen het sterkst mogelijke argument tegen je eigen overtuiging in te brengen.

Leonardo zocht ook een ander gezichtspunt door zijn schilderijen van een afstand te bekijken. Probeer je overtuiging 'van een afstand' te bezien door je af te vragen: Zouden mijn ideeën hierover veranderen als ik: in een ander land woonde; een andere religieuze, raciale, economische of klasse-achtergrond had; twintig jaar ouder/jonger was, of tot het andere geslacht behoorde?
Ga tenslotte op zoek naar vrienden of kennissen van wie je vermoedt dat ze een ander standpunt hebben dan jij. Ondervraag je vrienden met het doel het onderwerp vanuit een andere invalshoek te zien.

## Stel je teweer tegen de commercie

Terwijl je dit boek leest, zijn duizenden zeer creatieve, doelgerichte reclamemensen bezig miljardenbudgets te gebruiken om jouw waarden, zelfbeeld en koopgewoonten te beïnvloeden. De adverteerders zijn er, gebruikmakend van seksuele onzekerheden, Walter Mitty-achtige fantasieën of domweg pure herhaling, zeer bedreven in hun demografische doelgroep te bereiken. Om tegen deze overmacht in onafhankelijk te blijven denken, heb je een discipline nodig die wel enigszins lijkt op de discipline die je verwerft in de training in een vechtsport. Probeer de volgende oefeningen in 'zelfverdediging':

- Blader je lievelingsblad door en analyseer de strategie en de tactiek van elke advertentie.
- Maak dezelfde analyse van de commercials in de reclameblokken op televisie en radio.
- Noteer welke reclames je het meest aanspreken en waarom.
- Hoe reageerde je als kind op reclame?
- Maak een lijstje van de drie beste advertenties die je ooit hebt gezien. Wat maakte ze zo goed?

- Denk aan tien aankopen die je in de afgelopen maanden hebt gedaan, en vraag je af of je daarbij beïnvloed was door reclame.
- Houd een *stream of consciousness*-schrijfsessie over het onderwerp 'De rol van reclame bij de vorming van mijn waarden en zelfbeeld'.

Een van de meest uitgekookte reclametactieken is de poging om het beeld van onafhankelijk denken en individualisme in te lijven. Zie de pogingen om zich met 'de Rebel' en 'de Individualist' te identificeren door middel van revolutionaire gebaren als het rijden in een voertuig met vierwielaandrijving, een sigaar van vijftien dollar roken, een bepaald merk jeans of sportschoenen dragen of een achterstevoren gedraaid honkbalpetje opzetten. Noteer voorbeelden van dit verschijnsel in je aantekenboek; de volgende heb je vast wel eens gezien:

- De Marlboro-man én de Virginia Slims-juffrouw.
- De keten steak-restaurants die als motto heeft 'Geen regels, gewoon goed' of het hamburgerconcern dat ons voorhoudt: 'Soms moet je tegen de regels ingaan.' (Probeer dat maar eens te toetsen door in te gaan tegen de ongeschreven regel 'Je moet voor je steak of hamburger betalen'.)
- Zelfs de populaire Dilbert, symbool van de rebellie tegen de zieloze bureaucratie, is ingelijfd. Hij is nu een massaverschijnsel dat gebruikt wordt om meer reclame te verkopen en meer hokjes te creëren.

## Leer van fouten en tegenslag

Ga na hoe jij met fouten omgaat door de volgende vragen te overdenken en je gedachten te noteren in je aantekenboek:

- Wat heb je op school geleerd over fouten maken?
- Wat hebben je ouders je geleerd over fouten maken?
- Wat is de grootste fout die je ooit hebt gemaakt?
- Wat heb je daarvan geleerd?
- Welke fouten maak je telkens weer?
- Welke rol speelt de angst om fouten te maken in je dagelijks leven, op het werk en thuis?
- Maak je eerder fouten door iets te doen of door iets na te laten?

Houd een *stream of consciousness*-schrijfsessie met als onderwerp: 'Wat zou ik anders doen als ik niet bang was om fouten te maken.'

Leonardo maakte vele fouten en ondervond enorme tegenslag in zijn zoektocht naar waarheid en schoonheid. Behalve valse beschuldigingen, invasies, verbanning en de moedwillige vernieling van een van zijn grootste werken was de belangrijkste tegenslag van de maestro vermoedelijk de pure eenzaamheid, zijn tijd zo ver vooruit te zijn.

Hoewel hij wel eens twijfelde aan zichzelf en de waarde van zijn inspanningen in twijfel trok, gaf hij het nooit op. Leonardo's moed en volharding bij tegenslag zijn geweldig inspirerend. Hij versterkte zijn wil om door te gaan door middel van bevestigingen die hij in zijn aantekeningenboeken schreef, zoals:

> 'Ik wijk niet af van mijn vore.'
> 'Ik buig niet onder hindernissen.'
> 'Elke hindernis wordt vernietigd door volharding.'
> 'Ik zal doorgaan.'
> 'Ik word het nooit moe, me nuttig te maken.'

## Zorg voor bevestiging

Uit langlopend onderzoek van dr. Martin Seligman en vele anderen blijkt dat veerkracht bij tegenspoed de voornaamste factor is die bepalend is voor succes in zaken en in het leven. Bewustwording, bezinning en gevoel voor humor zijn je beste vrienden bij pogingen van moeilijke ervaringen te leren. Je kunt je veerkracht ook, net als Leonardo, versterken door voor je eigen bevestiging te zorgen. Schrijf in je aantekenboek tenminste één bevestiging om je moed te geven bij het aanpakken van elk van je grootste uitdagingen.

Veel mensen gebruiken een bevestiging die begint met de woorden 'Ik ben...' Bijvoorbeeld 'Ik ben geduldig als iets niet meteen lukt' of 'Ik ben minder ongeduldig dan vroeger.' Hoewel bevestigingen met 'Ik ben' nuttig kunnen zijn, leiden ze in de eerste plaats tot een intellectuele, cognitieve reactie. Je bevestigingen zullen op een dieper niveau werkzaam zijn als je ze op een meer emotionele, naar binnen gerichte manier inkleedt. In het volgende experiment zul je merken hoe dat gaat:

Herhaal de volgende bevestiging: *Ik ben geduldig als iets niet meteen lukt.* Let op je reactie.

Probeer het nu op deze manier: *Ik voel me geduldig als iets niet meteen lukt.* Let weer op je reactie. Wanneer je tegen jezelf zegt hoe je je voelt, en niet alleen wat je bent, zul je eerder voelen wat je zegt, zodat je bevestiging op een dieper niveau kan aangrijpen.

De volgende bevestigingen, geschreven in samenwerking met mijn vriend dr. Dale Schusterman, zijn ontworpen om je te helpen bij een dieper niveau te komen zodat de verandering ook dieper zit.

*Relaties*

- Ik voel me bereid een ander mens in mijn hart toe te laten.
- Ik voel nieuwsgierigheid naar wat ik aan mezelf zou kunnen veranderen dat mijn partner zou helpen.
- Ik voel het verschil tussen mijn vader en mijn man (moeder/vrouw).
- Ik eer het vrouwelijke in mijn vrouw (vriendin).

*Spiritualiteit*

- Mijn band met het goddelijke (Christus, Hoger Zelf, Boeddha enz.) heeft de eerste prioriteit (zeg dit terwijl je je een beeld vormt van werk, relaties, geld, verwachtingen, ouders, stressvolle gebeurtenissen in het verleden, enz.).
- Ik voel de aanwezigheid van het goddelijke in mij.
- Diep van binnen voel ik een goddelijke wil die in mijn leven werkzaam is.
- Ik erken de lessen die mijn ziel moet leren van (zeg de naam van een persoon of noem een ervaring).

*Geld*

- Ik voel het verschil tussen wat ik wil hebben en wat ik nodig heb.
- Ik voel nieuwsgierigheid hoe ik kan toestaan dat overvloed in mijn leven komt.
- Ik voel bereidheid om overvloed in mijn leven toe te laten.
- Ik voel me waardig om overvloed te hebben in mijn leven.
- Ik erken dat er al overvloed is in mijn leven.

*Leren*

- Mijn geest manifesteert zich briljant op manieren die me vaak verrassen.
- Ik erken mijn vermogen om intuïtief te leren.
- Ik voel nieuwsgierigheid naar hoe (ik dit probleem zal oplossen, dit vak zal leren).
- Ik vertrouw dat de kennis er zal zijn wanneer ik haar nodig heb.

*Carrière*

- Ik voel me van waarde in mijn bijdrage aan de wereld.
- Ik voel me verbonden met mijn innerlijke kracht wanneer anderen mijn werk bekijken.
- Ik voel nieuwsgierigheid naar hoe ik mijn innerlijke doel in de wereld zal uitdragen.
- Ik voel me bereid mijn innerlijke doel in de wereld uit te dragen.

*Levensvreugde*

- Ik voel van binnen vreugde in alle situaties (zeg dit terwijl je een stressvolle situatie visualiseert).
- Ik voel dat ik het verdien gelukkig te zijn.
- Ik voel vreugde om het geluk van anderen.
- Mijn vreugde en geluk komen van binnenuit.

*Zelfverwerkelijking*

- Ik vertrouw op mijn innerlijke zelf.
- Ik voel de aanwezigheid van het goddelijke in mij.
- Ik sta mezelf toe mijn gevoelens te voelen.
- Ik erken mijn gevoelens over mezelf.

## DIMOSTRAZIONE VOOR OUDERS

Hoe voed je een kind op tot iemand die voor zichzelf denkt, van fouten leert en volhoudt bij tegenslag? Zoals bij de meeste aspecten van het opvoeden zijn de antwoorden niet gemakkelijk. Maar een essentieel punt is dat je het zelfvertrouwen van je kind voedt.

Zelfvertrouwen, het vertrouwen in jezelf en in wat je kunt, is het geheim van succes, en het ervaren van succes is een sleutel tot het opbouwen van zelfvertrouwen. Bouw het zelfvertrouwen van je kinderen op door hen te leiden naar leersucces. Splits taken op in eenvoudige onderdelen zodat kinderen een reeks kleine succesjes hebben in plaats van een paar grote mislukkingen.

Niets is zo goed voor het zelfvertrouwen van kinderen als onvoorwaardelijke liefde. Laat je kinderen weten dat je *van hen houdt om wie ze zijn en niet zozeer om wat ze doen*. Vul je onvoorwaardelijke liefde aan met enthousiaste aanmoedigingen. Overlaad je kinderen met uitspraken als: 'Je kunt alles wat je echt wilt', 'Ik geloof in je', en 'Ik weet dat je het kunt'.

Behandel fouten als leermomenten. Geef je kinderen wanneer er toch iets mislukt, vriendelijke, maar eerlijke feedback en moedig ze enthousiast aan. Een van de problemen bij sommige opvoedingsmethoden is dat ze onvoorwaardelijke liefde en aanmoediging verwarren met onjuiste feedback. Tegen een kind zeggen dat hij of zij het goed heeft gedaan wanneer dat niet het geval is, ondermijnt de ontwikkeling van echt zelfrespect. Eerlijke feedback plaatst je kind met beide benen op de grond en laat hem of haar weten dat je respect hebt voor zijn vermogen tot leren.

## Leren van 'anti-voorbeelden'

Een van de meest doeltreffende manieren om van fouten te leren is ze door iemand anders te laten maken. Het is fantastisch om positieve voorbeelden zoals Leonardo te hebben, die je kunt proberen na te volgen. Maar je kunt ook enorm veel leren door naar 'anti-voorbeelden' te kijken. Het meeste van wat ik weet over coachen en lesgeven bijvoorbeeld heb ik geleerd van mijn slechtste coaches en leraren. Ik herinner me dat ik in de klas zat terwijl de leraar eindeloos doorzeurde; een ander luisterde nooit wanneer iemand een vraag stelde; er was ook een coach die het leuk vond zijn spelers te vernederen. Zij leerden me wat ik niet moest doen. Ik ben ook andere anti-voorbeelden dankbaar die door precies te laten zien wat je niet moet doen, mij geholpen hebben te vermijden schulden te maken en overspannen te raken.

Maak een lijst van tenminste drie mensen die fouten hebben gemaakt die jij liever wilt vermijden. Hoe kun je van hun fouten leren? Het verraderlijke van deze oefening is dat je grootste anti-voorbeelden soms ook op bepaalde terreinen je positieve voorbeelden zijn. Dan is het natuurlijk zaak goed onderscheid te maken tussen wat je wilt navolgen en wat je wilt vermijden.

# DIMOSTRAZIONE OP HET WERK

In de zakenwereld zeggen doorgewinterde managers dat *de voornaamste oorzaak van hun slechtste beslissing was dat ze geen acht sloegen op hun eigen ervaring.* Het gebeurt maar al te vaak dat zakenmensen hun betere, op ervaring gebaseerde oordeel opzijzetten voor de mening van analisten, juristen en academische deskundigen. Mark McCormack, de stichter van de International Management Group en schrijver van *What They Don't Teach You* at Harvard Business School beschrijft de beperkende instelling die door een academische opleiding kan worden geschapen: 'Een doctoraal economie kan soms het vermogen om van ervaring te profiteren in de weg staan. Veel economen die wij in dienst namen, waren hetzij behept met erfelijke naïviteit of slachtoffers van hun opleiding. Het resultaat was een soort leerhandicap in een reële situatie – een onvermogen om mensen of situaties goed in te schatten en een griezelig talent om de verkeerde visie te vormen.'

De beste leiders en managers weten net als Leonardo dat de ervaring de kern van de wijsheid is.

# Sensazione

*De voortdurende verfijning van de zintuigen, met name het zien, als middel om de ervaring te verlevendigen.*

Zien, horen, voelen, proeven en ruiken. Als je denkt zoals Leonardo herken je hierin de sleutels die de deuren van de ervaring kunnen openen. Da Vinci geloofde dat de geheimen van Dimostrazione worden onthuld door middel van de zintuigen, met name het zien. Saper vedere (kunnen zien) was een van Leonardo's lijfspreuken en de hoeksteen van zijn kunst en zijn wetenschappelijk werk. In *The Creators: A History of Heroes of the Imagination* geeft Daniel Boorstin zijn hoofdstuk over Da Vinci de titel 'Heerser over de zichtbare wereld'. Da Vinci's heerschappij kwam voort uit de combinatie van zijn open, vragende geest, zijn vertrouwen op de ervaring en zijn haast griezelig scherpe gezichtsvermogen. De basis daarvoor werd gelegd in zijn jongensjaren die hij gebruikte om de natuurlijke schoonheid van het Toscaanse landschap te observeren en zijn talent werd verder opgekweekt door zijn leermeester Verrocchio, 'het ware oog'. Zo ontwikkelde Leonardo een verbazingwekkend gezichtsvermogen, bijna te vergelijken met dat van een tekenfilmsuperheld. In zijn 'Codex over de Vogelvlucht' noteerde hij bijvoorbeeld kleine bijzonderheden over de bewegingen van veren en vleugels tijdens het vliegen die onbevestigd bleven en niet geheel naar waarde werden geschat tot er slow-motion films kwamen.

Da Vinci kon de macht van het zien dramatisch en verrukt beschrijven:

> *'Al onze kennis heeft haar oorsprong in onze waarnemingen.'*
> LEONARDO DA VINCI

> Hij die zijn gezichtsvermogen verliest, verliest zijn blik op het universum, en is als een levend begravene die in zijn graf nog kan rondlopen en ademen. Ziet ge niet dat het oog de schoonheid van de hele wereld omvat: het is de meester van de sterrenkunde, het helpt en stuurt alle menselijke kunst. Het regeert over de verschillende afdelingen der wiskunde, en alle wetenschappen die op het oog berusten zijn de meest onfeilbare. Het heeft de afstand en de grootte van de sterren gemeten; heeft de elementen en de aard daarvan ontdekt en het heeft ons in staat gesteld uit de loop

der constellaties toekomstige zaken te voorspellen. Het heeft architectuur en perspectief geschapen, en tot slot, de goddelijke schilderkunst. O, gij meest uitmuntende van al Gods scheppingen! Welke zangen kunnen recht doen aan uw adel; welke volken, welke talen kunnen uw prestaties afdoende beschrijven?

Da Vinci's blik maakte het mogelijk dat hij zeer verfijnde en nooit eerder geziene subtiliteiten van menselijke expressie in zijn schilderijen vastlegde. Voor de maestro was het oog werkelijk het venster van de ziel, en zoals hij herhaaldelijk benadrukte 'het voornaamste middel waardoor het voor het verstand mogelijk is volledig en overvloedig te genieten van de oneindige werken der natuur'.

Voor Leonardo was het zien het hoogste wat er was, en de schilderkunst was daarom de hoogste kunst. Het gehoor, en dus de muziek, kwamen op de tweede plaats. Hij schreef: 'Muziek zou de zuster van de schilderkunst genoemd kunnen worden, want zij is afhankelijk van het gehoor, het zintuig dat op de tweede plaats komt... de schilderkunst munt uit en is hogergeplaatst dan de muziek, want zij verdwijnt niet zodra ze ter wereld is gekomen...' (In Leonardo's tijd bestonden er natuurlijk nog geen audiocassettes, gramofoonplaten, of compact discs.)

*'Wie zou geloven dat zo'n kleine ruimte beelden van het gehele universum zou kunnen bevatten.'*

LEONARDO DA VINCI

Leonardo had vele buitengewone talenten; zo was hij onder meer een briljant musicus. Zijn populariteit in de paleizen van zijn broodheren was gedeeltelijk toe te schrijven aan zijn spel op de fluit, de lier en andere instrumenten. Vasari vertelt ons dat 'hij goddelijk zong zonder enige voorbereiding'. Toen hij was aangenomen bij zijn nieuwe beschermheer, Ludovico Sforza in Milaan, bracht hij een lier met een zilveren handgreep in de vorm van een paardenhoofd mee die hij zelf als geschenk had gemaakt. Behalve dat hij zelf componeerde, speelde en zong, wenste Leonardo muzikale begeleiding wanneer hij aan het schilderen was. Voor de maestro was muziek voeding voor zintuigen en geest.

Hoewel het gezicht en het gehoor bovenaan stonden in Leonardo's zintuiglijke hiërarchie, stond hij de verfijning van alle zintuigen voor, en bracht dit zelf in praktijk. Hij zorgde ervoor de beste kleren te dragen die hij zich kon veroorloven, om te genieten van het gevoel van fijne fluwelen en zijden stoffen. In zijn atelier hing altijd de geur van bloemen en reukwaren. Hij ontwikkelde zijn zintuigen nog meer door middel van zijn passie voor culinaire kunst. Leonardo kwam, in de westelijke wereld, op het idee van kleine, gezonde, fraai vormgegeven porties eten bij banketten.

Toch kwam Leonardo tot de droeve conclusie dat de gemiddelde mens 'kijkt zonder te zien, luistert zonder te horen, aanraakt zonder te voelen, eet zonder te proeven, zich beweegt zonder zich van zijn lichaam bewust te zijn, inademt zonder iets van stank of geur gewaar te worden en praat zonder te denken'. Zijn oordeel leest eeuwen later als een uitnodiging om onze zintuigen te verbeteren, en daarmee onze geest en onze ervaringen.

> *'De vijf zintuigen zijn de dienaars van de ziel.'*
> LEONARDO DA VINCI

## SENSAZIONE EN JIJ

Wat is het mooiste dat je ooit hebt gezien? De heerlijkste klank die je ooit hebt gehoord? De meest tedere aanraking die je hebt gevoeld? Stel je een subliem verrukkelijke smaak voor en een indringende, heerlijke geur. Hoe werkt de ervaring van het ene zintuig in op de overige?

De vragen en oefeningen in dit hoofdstuk zijn erg leuk: je gaat chocolade en wijn proeven en nieuwe manieren ontdekken om van muziek en kunst te genieten. Je zult leren je tastervaring te verrijken en je eigen reukwater te maken, op de wijze van de maestro. En je zult kennismaken met synesthesie, de samenwerking tussen de zintuigen, een geheim van grote kunstenaars en wetenschappers. Al die leuke dingen hebben een serieuze basis: het doel de zintuiglijke intelligentie te vergroten.

Behalve geleidingskanalen voor plezier en pijn zijn je zintuigen de vroedvrouwen van intelligentie. *Scherpzinnig* is een synoniem van *slim* en *stompzinnig* is een ander woord voor dom, en beide verwijzen naar zintuiglijke scherpte. Maar in een wereld van gemotoriseerd verkeer, kantoorhokken, piepers, beton, rinkelende telefoons, kunstmatige ingrediënten, drilboren en maffe komieken wordt het maar al te gemakkelijk om zoals Leonardo zei 'te kijken zonder te zien'. Dat te doen is in strijd met de geest van Leonardo, die zich juist veel

Je kunt een ironisch bewijs voor Leonardo's jammerklacht vinden wanneer je weer in het Louvre komt. Terwijl je de *Mona Lisa* nadert, zul je een aantal borden zien, waarop met grote letters en in verschillende talen geschreven staat: 'Geen foto's met flitslicht, s.v.p.' Terwijl je de subtiele details van dit geheimzinnigste aller schilderijen in je op probeert te nemen, zul je bijna verblind worden door de stroboscopische werking van het voortdurend flitsen van de camera's van de filistijnen die niet de moeite nemen om echt naar het schilderij te kijken.

moeite getrooste om zijn zintuiglijke gewaarwordingen en scherpte te trainen. Da Vinci-biograaf Serge Bramly vergelijkt Leonardo's programma van zintuiglijke ontwikkeling en verfijning met het trainingsschema van een sportbeoefenaar. Hij schrijft: 'Zoals een atleet zijn spieren ontwikkelt, trainde Leonardo zijn zintuigen door zijn waarnemingsvermogens te ontwikkelen. Uit zijn aantekeningenboeken weten we wat voor geestelijke gymnastiek hij beoefende.' De zintuigtraining die de verrukkelijke zintuiglijke gymnastiek in dit hoofdstuk biedt zal je tot verhoogde zintuiglijke beleving, scherpte en vreugde brengen. Maar sta eerst even stil bij de zelfbeoordelingsvragenlijst op de volgende bladzijde.

## *Zelfbeoordeling: Zien*

- ☐ Ik ben gevoelig voor harmoniërende en vloekende kleuren.
- ☐ Ik weet welke kleur ogen al mijn vrienden hebben.
- ☐ Ik kijk tenminste een keer per dag naar de horizon en naar de hemel.
- ☐ Ik kan een tafereel in details beschrijven.
- ☐ Ik vind het prettig om poppetjes en figuurtjes te krabbelen en te tekenen.
- ☐ Vrienden zouden van mij zeggen dat ik veel zie.
- ☐ Ik ben gevoelig voor subtiele veranderingen in belichting.
- ☐ Ik kan me van dingen een duidelijk beeld vormen voor mijn geestesoog.

## Zelfbeoordeling: Gehoor

- ☐ Vrienden zeggen dat ik goed kan luisteren.
- ☐ Ik ben gevoelig voor lawaai.
- ☐ Ik hoor het wanneer iemand vals zingt.
- ☐ Ik kan zuiver zingen.
- ☐ Ik luister geregeld naar jazz of klassieke muziek.
- ☐ Ik kan in een muziekstuk de melodie onderscheiden van de baslijn.
- ☐ Ik weet waar alle knoppen op mijn stereoapparatuur voor dienen en kan het verschil horen wanneer ik ze verstel.
- ☐ Ik kan genieten van stilte.
- ☐ Ik ben afgestemd op subtiele veranderingen in de intonatie, het volume en de stembuiging van een spreker.

## Zelfbeoordeling: Reuk

- [ ] Ik heb een lievelingsgeur.
- [ ] Geuren hebben een krachtige, positieve of negatieve invloed op mijn emoties.
- [ ] Ik kan mijn vrienden herkennen aan hun geur.
- [ ] Ik weet hoe ik geuren kan gebruiken om mijn stemming te beïnvloeden.
- [ ] Ik kan de kwaliteit van eten of wijn beoordelen aan de geur ervan.
- [ ] Wanneer ik verse bloemen zie, neem ik meestal even tijd om hun geur op te snuiven.

## *Zelfbeoordeling: Smaak*

☐ Ik kan proeven of verse etenswaren echt vers zijn.
☐ Ik houd van vele verschillende soorten kookkunst.
☐ Ik ben op zoek naar ongewone smaakervaringen.
☐ Ik kan onderscheiden hoe het aroma van verschillende kruiden en specerijen bijdraagt aan de smaak van een ingewikkeld gerecht.
☐ Ik kan goed koken.
☐ Ik waardeer de combinatie van eten en wijn.
☐ Ik eet bewust en let op de smaak van wat ik eet.
☐ Ik vermijd junkfood.
☐ Ik vermijd haastig eten.
☐ Ik vind het leuk om mee te doen aan smaaktests en wijnproeverijen.

## *Zelfbeoordeling: Tastzin*

- [ ] Ik ben me ervan bewust hoe de oppervlakken die ik dagelijks om me heen heb aanvoelen, bijv. de stoelen, banken en autostoelen waar ik op zit.
- [ ] Ik ben gevoelig voor de kwaliteit van de stof van mijn kleren.
- [ ] Ik vind het prettig aan te raken en aangeraakt te worden.
- [ ] Vrienden zeggen dat ik een warme omhelzing geef.
- [ ] Ik kan luisteren met mijn handen.
- [ ] Wanneer ik iemand aanraak, kan ik voelen of hij/zij gespannen of ontspannen is.

## Zelfbeoordeling: Synesthesie

- ☐ Ik vind het fijn gewaarwordingen van het ene zintuig te beschrijven in termen van een ander.
- ☐ Ik voel intuïtief aan welke kleuren 'koud' en welke 'warm' zijn.
- ☐ Ik voel beeldende kunst in mijn buik.
- ☐ Ik ben me bewust van de rol van synesthesie in het denken van grote kunstenaars en wetenschappers.
- ☐ Ik kan aanvoelen welke van de volgende geluiden – 'oooooolaaaa', 'zip-zip-zip', 'ni-ni-ni-ni-ni' – worden voorgesteld in de volgende vormen: ~, ^^^, vvvvv.

# Sensazione:

## Toepassing en oefeningen

## Gezicht: Kijken en zien

Leonardo schreef dat 'het oog de schoonheid van de hele wereld bevat'. Je kunt je gezichtsvermogen aanscherpen – en meer genieten van de schoonheid die de wereld te bieden heeft – met de volgende oefeningen:

### De ogen afdekken

Ga aan een tafel zitten op een rustige plek waar je niet gestoord kunt worden. Zet je voeten recht op de vloer en ga zo zitten dat je steunt op je zitknobbels. Als je een bril draagt, zet je die af; contactlenzen kun je inhouden. Wrijf nu gedurende twintig seconden je handpalmen stevig tegen elkaar. Laat je ellebogen op het tafelblad rusten, maak je handpalmen hol en leg ze over je gesloten ogen; zorg dat je de oogbol niet raakt en dat je niet tegen de zijkanten van je neus drukt. Adem diep in en uit, soepel en ontspannen, en blijf zo drie tot vijf minuten rustig met gesloten ogen zitten. Wanneer je vindt dat je kunt eindigen, neem je je handen van je ogen, maar houd je je ogen nog ongeveer twintig seconden gesloten. (Niet in je ogen wrijven!) Doe dan voorzichtig je ogen open en kijk rond. Je zult waarschijnlijk merken dat kleuren helderder lijken en dat alles scherper en duidelijker afgetekend lijkt. Doe dit een of twee keer per dag.

Dit is Leonardo's beschrijving van een zonsopgang:

*'In het eerste uur van de dag is de atmosfeer in het zuiden bij de horizon ietwat nevelig door roze belichte wolken; naar het westen toe wordt hij donkerder, en naar het oosten lijkt de vochtige nevel van de horizon lichter dan de eigenlijke horizon zelf, en het wit van de huizen in het oosten is nauwelijks te onderscheiden; terwijl ze in het zuiden een donkerroze tint aannemen, des te donkerder naarmate ze verder weg zijn, en dit nog sterker in het westen; en met de schaduwen is het andersom, want die verdwijnen voor de witte huizen.'*

## Instellen op dichtbij en veraf

Dit is een zeer eenvoudige, waardevolle oefening die je vele malen per dag kunt doen. Kijk naar iets dat dichtbij is – zoals dit boek of je hand – en stel je blik vervolgens in op de verste horizon. Neem een bepaald punt van de verre horizon en stel je blik daar enkele seconden op in, ga dan terug naar je hand, en kijk vervolgens weer naar de verre horizon, waarbij je je blik ditmaal op een ander punt richt. Behalve dat deze oefening je ogen verfrist en je waarneming vergroot, is ze nuttig bij het autorijden en kan ze met name voorkomen dat je op de snelweg een politieauto passeert die je niet had opgemerkt.

## 'Zachte ogen'

Van het zitten voor een computerscherm en het lezen van rapporten krijgen veel mensen een hard, vernauwd gezichtsveld. Adem een paar keer diep in en uit en probeer de volgende oefening: Plaats op ooghoogte je wijsvingers tegen elkaar op een afstand van ongeveer dertig centimeter van je gezicht. Blijf recht voor je kijken terwijl je je vingers langzaam in het horizontale vlak van elkaar af beweegt. Houd op je vingers te bewegen wanneer je ze niet meer vanuit je ooghoeken kunt zien. Breng je vingers weer naar het midden en doe dezelfde oefening in het verticale vlak. Adem uit. Maak nu je ogen 'zacht' door de spieren van je voorhoofd, gezicht en kaak te ontspannen en je ontvankelijk te maken voor een zo ruim mogelijk gezichtsveld. Let op de uitwerking van deze oefening op je geest en lichaam.

## Beschrijf een zonsopgang of zonsondergang

Kijk in de krant om te weten te komen hoe laat de zon precies opkomt of ondergaat. Ga zitten op een rustige plek waar je het goed kunt zien. Zorg dat je hier tenminste tien minuten voor het officiële tijdstip bent. Maak geest en lichaam rustig met een paar diepe, volle ademteugen, en concentreer je erop langdurig uit te ademen. Besteed drie minuten aan de afdekoefening, richt dan je blik dichtbij en veraf en gebruik de 'zachte ogen' oefening terwijl je de horizon tot je laat doordringen. Beschrijf de bijzonderheden van deze ervaring in je aantekenboek.

## Bestudeer leven en werk van je favoriete schilders

Maak een lijst van de tien schilders die je het beste vindt. Neem vervolgens een bepaalde tijd (een week, drie maanden) om je te verdiepen in de studie van hun leven en werk. Lees alles wat je kunt vinden. Ga naar hun werken kijken. Hang reproducties van je favoriete schilderijen op in de wc, in je kamer op je werk en in de keuken.
Dit is mijn toptien (van schilders van de westerse wereld)

1. Leonardo (dat had je niet gedacht!)
2. Paul Cézanne
3. Vincent van Gogh
4. Rembrandt van Rijn
5. Michelangelo
6. Jan Vermeer
7. Giorgione
8. Masaccio
9. Salvador Dalí
10. Mary Cassatt

## Haal meer uit museumbezoek

Hoe kun je je waardering van grote kunst verdiepen en je vermogen tot 'saper vedere' (kunnen zien) vergroten? Een eenvoudige sleutel is een strategie te hebben voor museumbezoek. Veel zeer ontwikkelde mensen voelen zich overdonderd bij een bezoek aan een museum. Er is ook zoveel te zien. Zonder een duidelijke strategie voor het bekijken en genieten van een tentoonstelling kom je er vaak uitgeput en onvoldaan uit. Je kunt je laten begeleiden door audiocassettes of met een rondleiding meegaan, maar de kwaliteit daarvan kan behoorlijk uiteenlopen.

Probeer het volgende: Bezoek het museum met een vriend(in). Bepaal van tevoren welke delen van de collectie je wilt bekijken. Ga bij het binnengaan van een zaal uit elkaar en spreek af elkaar na een bepaalde tijd weer te treffen.

Laat alle analytische termen die je misschien in een cursus kunstgeschiedenis hebt geleerd, voor wat ze zijn en vorm nog geen oordeel. Kijk gewoon met frisse, onbevangen ogen naar elk schilderij. Kijk pas naar de naam van de kunstenaar of de titel van het schilderij wanneer je de tijd hebt genomen om het diep tot je te laten doordringen. Wat spreekt je aan in een bepaald kunstwerk? Maak aantekeningen in je dagboek over de schilderijen of beelden die je het diepst raken. Kom dan weer samen met je vriend(in) en vertel elkaar welke indrukken het mooiste werk in die zaal bij jullie heeft achtergelaten. Het trachten te formuleren wat je tot een bepaald werk aantrekt zal je waardering en genot vergroten. Bovendien krijg je de visie van je vriend(in) te horen, wat niet alleen je waardering voor bepaalde werken kan verdiepen, maar ook die voor je vriend(in). Wanneer ik deze oefening doe met mijn vrienden, zeggen ze altijd zoiets als: 'Ik heb nog nooit zoveel plezier gehad in een museum!'

> *Leonardo merkte op dat 'het idee of het vermogen tot fantaseren tegelijkertijd als roer en als toom [dient] voor de zintuigen, voorzover het gefantaseerde ding het zintuig in beweging zet.'*
>
>

## *De kunst van het visualiseren*

Visualisatie is een fantastisch middel om al je zintuigen te scherpen, je geheugen te verbeteren en je erop voor te bereiden je doelen in het leven te verwezenlijken. Visualisatie was een onmisbaar element in Leonardo's strategie voor leren en creëren. Hij schreef: 'Ik heb zelf ervaren dat het niet weinig nuttig is om wanneer je in het donker in bed ligt, in de verbeelding nogmaals de omtrekken van de vormen die je bestudeerd hebt na te gaan, of van andere opmerkenswaardige dingen die je door subtiele speculatie hebt bedacht; en dit is beslist een prijzenswaardige oefening die nuttig is om je dingen in het geheugen te prenten.' Hoewel dit bedoeld is als een advies aan schilders, is het evengoed van toepassing op levenskunstenaars.

Je kunt bewust visualiseren gebruiken om alles te verbeteren, van je golfspel en ballroomdansen tot je vaardigheid in tekenen of presentatie. Visualisatie lijkt het beste te werken wanneer je ontspannen bent, dus een goed moment om het te doen is onder andere:

- 's morgens na het wakker worden;
- 's avonds voor je in slaap valt;
- wanneer je als passagier in een trein, vliegtuig, schip of auto zit;
- tijdens een pauze op je werk;
- na meditatie, yoga of sportbeoefening; of
- elk moment wanneer je lichaam ontspannen is en je geest vrij is.

Het vermogen je een gewenst resultaat voor te stellen is in je hersenen ingebouwd, en je hersenen zijn ontworpen om je te helpen je prestatie aan dat beeld te doen beantwoorden. En hoe meer je er al je zintuigen bij betrekt, hoe

Ga niet proberen je de Mona Lisa voor te stellen met een snor! Als het niet gelukt is deze instructie uit te voeren, komt dat doordat je verbeeldingskracht zo sterk is dat ze elke suggestie, positief of negatief, gebruikt om er een beeld van te maken. En zoals de maestro met nadruk zei: 'Het verbeelde ding beroert de zinnen.' Toch gaan veel mensen gebukt onder de misvatting dat ze 'niet kunnen visualiseren'. Meestal bedoelen ze daarmee dat ze geen duidelijke innerlijke beelden in Technicolor zien. Het is belangrijk te beseffen dat je vol profijt hebt van visualisatie-oefeningen zonder duidelijke Technicolor-beelden te 'zien'. Als je denkt dat je niet kunt visualiseren moet je eens proberen antwoord te geven op de volgende vragen: Wat zijn het model en de kleur van je auto? Kun je het gezicht van je moeder beschrijven? Hoe is een dalmatiër getekend? Tien tegen een dat je deze vragen gemakkelijk kon beantwoorden door je innerlijke beeldenbank te raadplegen, de occipitale lob van je cortex. Deze databank heeft, in samenwerking met je frontale cortex, het vermogen meer reële en gefantaseerde beelden op te slaan dan alle film- en televisieproductiemaatschappijen ter wereld bij elkaar.

- *Zorg voor positieve visualisaties* – Veel mensen doen aan onbewuste negatieve visualisatie, beter bekend als piekeren. Hoewel het vermogen je voor te stellen wat er mis zou kunnen gaan onmisbaar is voor intelligent plannen maken, moet je zorgen dat je niet vastloopt in beelden van mislukkingen, rampen en catastrofes. Visualiseer in plaats daarvan je positieve reactie op elke willekeurige uitdaging.
- *Maak onderscheid tussen fantaseren en visualiseren* – Fantaseren kan leuk zijn, en de vrije stroom van beelden die je ermee oproept kan bruikbaar zijn om aan creatieve ideeën te komen. Maar visualiseren is iets anders dan fantaseren. Bij het visualiseren concentreer je je er bewust op je een gewenste gang van zaken en een gewenst resultaat voor te stellen. Met andere woorden, je voert een strakke, mentale 'repetitie' uit. En het zijn niet zozeer de duidelijkheid en kleurkwaliteit van je visualisatie, als wel de geconcentreerdheid en consequentheid waarmee je dit doet die belangrijk zijn voor de werkzaamheid ervan.
- *Maak je visualisatie multisensorisch* – Gebruik al je zintuigen om je visualisatie onvergetelijk en onweerstaanbaar te maken. Of je nu een presentatie voorbereidt, een etentje gaat geven of voor een wedstrijd traint, stel je voor hoe het eruit ziet, hoe het klinkt, voelt, ruikt en smaakt als het lukt.

indringender je visualisatie wordt. Om maximaal van je visualisatie-oefening te profiteren:
Probeer de volgende oefeningen om je multisensorische visualisatie levendiger te maken:

## Stel je je lievelingsplek voor

Haal een paar keer lekker diep adem en sluit dan je ogen. Vorm een beeld van je meest geliefde plek, reëel of denkbeeldig. Dat zou bijvoorbeeld een strand kunnen zijn. Voor je geestesoog zie je de weidse ruimte van de grijsgroene zee en volg je de aanrollende witte schuimkoppen. Luister naar het ruisende ritme van de branding en voel de warme stralen van de zon op je rug. Adem de verkwikkende geur van de zilte zeelucht in en geniet van de structuur van het natte zand tussen je tenen. Zie een groep zilvermeeuwen die krijsend over het water scheren, en zich plotseling in alle richtingen verspreiden. Een meeuw komt terug en duikt omlaag om een zilverig glanzend visje buit te maken. Pak een handvol zand. Houd het omhoog naar de helderblauwe lucht. Laat het door je vingers vallen, zodat het licht van de korrels afspat. Spoel je handen af in het water. Lik je vingers af en proef de zilte zee. Ga door met genieten van je bezoek aan je lievelingsplek en laat alle verrukkelijke, zintuiglijke bijzonderheden tot je doordringen.

## Maak je eigen innerlijke museum

Een van de beste manieren om de kunst van het visualiseren te verfijnen is de visualisatie van een kunstwerk. Kies een van de meesterwerken van je favoriete kunstenaar – bijvoorbeeld Leonardo's *Laatste Avondmaal* of de *Zonnebloemen* van Van Gogh. Hang een reproductie ervan op en bestudeer die een week lang elke dag tenminste vijf minuten. Probeer dan elke avond, voor je in slaap valt, het schil-

> Da Vinci noteerde twee typen visualisatie:
> *'Verbeelding achteraf: het je verbeelden van dingen in het verleden.'*
> *'Verbeelding vooraf: het je verbeelden van dingen die nog zullen komen.'*

derij voor je geestesoog op te roepen. Visualiseer de details. Gebruik al je zintuigen bij deze oefening: stel je de geluiden voor rondom de tafel in *Het laatste Avondmaal* of de geur van de zonnebloemen. Houd dagelijks bij hoe je indrukken van het werk veranderen.

*'Het oog omvat de schoonheid van de hele wereld.'*
LEONARDO DAVINCI

### Leer tekenen

De ultieme DaVinciaanse benadering van visuele verfijning zou zijn dat je leerde schilderen. Maar net als bij de meeste andere schilders is Da Vinci's schilderkunst gebaseerd op zijn tekenkunst. Leonardo benadrukte dat tekenen de basis van het schilderen was, en ook van het leren zien. Hij schreef: '... Tekenen is even onmisbaar voor de architect of de beeldhouwer als voor de pottenbakker, de goudsmid, de wever of borduurder... het heeft rekenaars hun figuren gegeven; het heeft landmeters de vorm van hun diagrammen geleerd; het heeft opticiens, astronomen, machinebouwers en ingenieurs onderricht.'

Voor Leonardo was tekenen veel meer dan illustreren; het was de sleutel tot het begrijpen van de schepping. Voor Da Vinci's in spe is leren tekenen dus de beste manier om te beginnen met leren zien en scheppen. Om je daarbij op weg te helpen zul je de 'Da Vinci tekencursus voor beginners' vinden op bladzijde 262.

## *Luisteren en horen*

Elk geluid en elke stilte biedt een gelegenheid om de auditieve opmerkzaamheid te verdiepen, maar stadsgeluiden kunnen overweldigend zijn en maken dat onze zintuigen afstompen. Omringd door klopboren, televisies en geluiden van vliegtuigen, metro's en auto's zetten velen van ons 'het geluid uit' om onszelf te beschermen. Probeer de volgende oefeningen om je gehoorzin weer in te schakelen.

## Gelaagd luisteren

Neem elke dag een paar keer pauze, adem een paar keer helemaal uit en luister naar de geluiden om je heen. Eerst zul je de luidste, meest voor de hand liggende geluiden horen – de airconditioning, de klok die tikt, het verkeer buiten, de achtergrondgeluiden van mensen en apparaten. Naarmate die 'laag' zich duidelijker aftekent kun je gaan letten op de laag daaronder – geluiden van je ademhaling, de wind, voetstappen op de gang, het verschuiven van je mouw wanneer je je hand beweegt. Verplaats je gewaarwording steeds verder naar de volgende laag en die daaronder tot je het zachte, ritmische kloppen van je hart hoort.

## Luister naar stilte

Oefen je erin te luisteren naar de ruimtes tussen geluiden – de pauzes in het gesprek van je vriend of in je lievelingsmuziek, en de stiltes tussen de noten in de zang van een lijster. Maak stilte tot een thema voor de dag en noteer je waarnemingen in je aantekenboek. Heb je toegang tot een plek waar het helemaal stil is, waar zelfs geen apparaten zoemen? Probeer zo'n plek te vinden. Hoe voelt het om ergens te zijn waar totale rust heerst?

## Beoefen het zwijgen

Experimenteer met een dag zwijgen. Praat een hele dag niet, luister alleen. Het is het beste om je dag zwijgen buiten in de natuur door te brengen, door in het bos, in de bergen of langs het strand te wandelen. Dompel je onder in de geluiden van de natuur. Dit 'verbaal vasten' versterkt je vermogen om diep te luisteren en is fantastisch verkwikkend voor je geest.

## Bestudeer leven en werken van je lievelingscomponisten en -musici

Mooie muziek is het krachtigste hulpmiddel om je waardering van klank en een subtiel gehoor te ontwikkelen. Leonardo noemde de muziek 'het vormgeven aan het onzichtbare'. Je kunt je gevoeligheid en genot vergroten door je eerst te richten op muziek waarvan je al weet dat je ervan houdt. Maak een toptien van je favorieten in de muziekstijl die je kiest – of dat nu klassieke componisten zijn, gospeltoppers, klezmerbands, tango-orkesten, zangers, violisten, opera- of rocksterren, shakuhachifluitspelers, jazzgrootheden, ragameesters of rhythm & blues-artiesten. Kies er een uit en verdiep je een dag, een week of een maand lang in zijn of haar werk. Als je een cd-speler in je auto hebt, kun je die laden met de werken van je musicus of componist van de week. Gebruik enkele van de actiefluisterentechnieken die later in dit hoofdstuk worden toegelicht, om een diepere waardering te ontwikkelen voor zijn of haar oeuvre.

## Stel je op de hoogte van belangrijke bewegingen in de westerse muziek

De muziek van de wereld is verbluffend rijk, gevarieerd en prachtig; bekendheid met en waardering voor de meesterwerken uit de westerse traditie is een uitstekend startpunt voor een persoonlijke auditieve renaissance. Onder deskundige begeleiding van de componiste Audrey Elizabeth Ellzey, de vermaarde dirigent Joshua Habermann, vocaliste Stacy Forsythe en Murray Horwitz, medewerker van de National Public Radio, heb ik een korte inleiding tot de westerse traditie samengesteld.

*Middeleeuwen (450-1450 n.C.)* De middeleeuwse periode kenmerkte zich door zangen in kerken en kloosters en wereldlijke liederen van rondreizende minstrelen en andere artiesten. De menselijke stem was in die tijd het belangrijkste instrument. De meeste middeleeuwse componisten deden hun werk anoniem, net als de meeste schilders. Een verrukkelijke uitzondering is Hildegard von Bingen. Haar vrome, nederige maar toch zeer expressieve werken verschijnen de laatste tijd wereldwijd in de toptien van verkochte cd's.

*Renaissance* (1450-1600): De belangrijkste ontwikkeling in deze periode was de evolutie van de polyfonie, muziek met partijen die onafhankelijk van elkaar verlopen. Voor het eerst werden muzikale composities gedrukt, zodat uitvoerende musici afzonderlijke partijen konden leren en volgen. De muziek werd meer complex. Josquin, Byrd en Dufay zijn enkele van de renaissancecomponisten wier muziek nog steeds wordt gespeeld. De meeste kenners zijn het er evenwel over eens dat de Italiaan Palestrina, die kort na de dood van Leonardo werd geboren, de grootste componist van deze periode is.

*Barok (1600-1750):* In de muziek van de barok overheerst de muzikale contrapunt. Bij de contrapuntische muziek zijn de individuele melodische lijnen nog steeds onafhankelijk van elkaar, maar staan ook in het teken van regelmatige harmonische ontwikkelingen. Barokmuziek is zeer consequent, de opbouw ervan berust op een verzameling strakke regels. Muziek uit deze periode werd net als in de renaissance voornamelijk geschreven voor vorstelijke of religieuze evenementen. Bach en Handel zijn sublieme vertegenwoordigers van de barokstijl.

*Klassiek (1785-1820):* Na een overgangsperiode van vijfendertig jaar (1750-1785) begon het klassieke tijdperk. In de klassieke periode werd het contrapunt minder gewild, en werden enkelvoudige melodielijnen begeleid door harmonieën. De regels en de strakheid van de barok werden losser, en de sonate ontstond. De sonatevorm gaf componisten meer vrijheid en de gelegenheid een individuele stijl te laten horen. Hoewel de muziek uit deze periode nog altijd formeel is, staat ze vooral bekend om haar elegantie en verfijndheid. Mozart, Haydn en Beethoven zijn de grootste meesters van de klassieke periode.

*Romantiek (1820-1910):* Tijdens de romantiek werden muzikale structuren verder opgerekt door buitenissige harmonieën en melodische experimenten. Verlangend naar een ideaal gaf het individu stem aan de expressie van emoties. Persoonlijke hartstocht en diepe gevoelens kwamen tot leven in de grote instrumentale werken van Brahms, Chopin en Schubert, en de majestueuze opera's van Verdi, Puccini en Wagner.

*Twintigste eeuw (1910-):* In het begin van de twintigste eeuw baanden componisten als Stravinsky, Debussy, Richard Strauss, Mahler, Schönberg, Sjostakovitsj en Bartók nieuwe muzikale wegen. De moderne componisten rebelleerden tegen het strakke keurslijf van de voorgaande perioden en ontwikkelden zich in zoveel verschillende richtingen dat het publiek moeite had hen bij te houden. De Tweede Wereldoorlog maakte het nog ingewikkelder. De muziek van Stravinsky en Debussy werd bijvoorbeeld in Rusland verboden, en Sjostakovitsj stond er onder zware druk. In de tweede helft van deze eeuw hebben elektronische vernieuwingen een enorme invloed gehad zowel op de serieuze als op de populaire muziek. Verder heeft de moderne geluidstechniek het de liefhebbers mogelijk gemaakt thuis en in de auto naar prachtige muziek te luisteren. Een gevolg hiervan is dat het hedendaagse publiek vaak eerder op zoek is naar nieuwe virtuozen en betere opnamen van groten uit het verleden, dan dat het naar nieuwe componisten en muzikale vormen uitkijkt.

## EEN LIJST VAN STERREN

Ik heb al mijn kenners gevraagd een persoonlijke toptien te geven. Zonder uitzondering weigerden ze te voldoen aan mijn verzoek een hiërarchische volgorde te geven, want 'zo werkt het niet in de kunst', zeiden ze. Toch bleef ik aandringen en stelde vragen zoals 'Als je gestrand was op het spreekwoordelijke onbewoonde eiland en maar tien stukken klassieke muziek of jazz mocht meenemen, wat zou je dan kiezen?' Waarom vraag ik om toptien-lijstjes, terwijl we toch niet bezig zijn een sterrenteam samen te stellen, zoals Murray Horwitz zei? Het in rangorde plaatsen van je favorieten, of dat nu componisten, schilders of wijnen zijn – de discipline die het vergt om de ene te kiezen, een andere te laten vallen, de ene hoger te plaatsen dan een ander en vervolgens te formuleren waarom je deze keuze hebt gemaakt – vereist een diepte en helderheid van overwegen en vergelijken die inspireert tot een rijker waardering en genot. Ook het vergelijken van jouw lijstje met dat van een vriend(in) is een leuke manier om je eruditie te vergroten en je vriend(in) te leren kennen. Benader het maken van rangordelijstjes met passende nederigheid en luchtigheid en onthoud dat je sterrenteam natuurlijk naar believen kan worden veranderd.

## Bestudeer grote muziek uit de klassieke canon

Door hardnekkig doorvragen wist ik van mijn kenners het begin van een lijst van werken uit de klassieke canon los te krijgen waarover ze het min of meer eens waren dat deze tot de toptien behoorden. Beluister ze en trek je eigen conclusie.

1. Bach: Mis in b klein
   Diepzinnige geestelijkheid en vreugdevolle jubeling in een van de meest ontroerende werken in de geschiedenis van de gewijde muziek.
2. Beethoven: Negende Symfonie

Transformatie van duisternis in licht met een spectaculaire finale; Beethovens toonzetting van Schillers verzen die de broederschap der mensheid bezingen is ontzagwekkend.

3. Mozart: Requiem
   Door velen beschouwd als het meest sublieme werk voor koor en orkest. Ironisch was dat het Requiem na Mozarts ontijdige dood door een leerling van Mozart is afgemaakt.

4. Chopin: Nocturnes
   Deze intieme stukken voor piano solo zullen je ziel overgieten met maanlicht. (Probeer de hemelse opname te vinden van de pianist Arthur Rubinstein die ze speelt.)

5. Brahms: Deutsches Requiem
   De expressiviteit gaat van monumentale echo's van het eeuwige tot zeer persoonlijk en troostrijk.

6. Mahler: Zesde symfonie
   Deze symfonie, waarin de diepste emoties worden geëxploreerd zoals alleen Mahler dat kan, bezingt de overwinning van de hoop over de wanhoop.

7. R. Strauss: Vier letzte Lieder
   Deze stukken voor sopraan en piano zijn zettingen van gedichten van Hermann Hesse en Joseph von Eichendorff. De weelderige orkestratie vormt een rijke achtergrond voor de hemelhoge melodieën van de sopraan. Strauss' schildering van de ziel die opstijgt in 'Beim Schlafengehen' is een van de meest bijzondere momenten in de hele westerse muziek.

8. Debussy: Préludes
   Elk van deze juweeltjes voor de piano is een uniek miniatuur van karaktertekening in impressionistische stijl.

9. Stravinsky: Sacre du Printemps
   Explosief, vurig en van een meeslepende ritmiek; zodanig dat het publiek luidruchtig protesteerde bij de première.
10. (gelijk geëindigd) Verdi: Aida en Puccini: La Bohème.
    Iedereen was het erover eens dat de toptien een opera diende te bevatten, maar we werden het er niet over eens welke opera. Deze twee staan dus samen op de tiende plaats. Bij een live-uitvoering zal Verdi's Aida je een onvergetelijke ervaring van de opera geven. Voor het beluisteren van een opname is Puccini's La Bohème moeilijk te kloppen. Zijn prachtige melodieën vertolken het wezen van de romantiek.

Onze uiterst korte inleiding tot de tijdloze meesterwerken van de westerse muziek is niet volledig zonder dat we ook de Amerikaanse populaire song en jazz behandelen.

## Leer actief luisteren

Je kunt het genot van het luisteren naar muziek vergroten door een meer actieve benadering te gebruiken. Luisteren hoeft niet per se passief te zijn. Oefen de volgende strategieën voor 'actief luisteren'.

*Luister naar patronen van spanning en ontspanning:* Dit is een van de eenvoudigste en aangenaamste manieren om je waardering van en plezier in muziek te verdiepen. Alle componisten in ongeacht welk genre gebruiken methoden die uiteindelijk neerkomen op het creëren van spanning en de daaropvolgende verlossing. Door gebruik te maken van technieken als ritmische variaties, verandering van toonsoort, rusten en harmonische bewegingen leidt

de componist de luisteraar langs een pad van beweging, stilstaan en melodische heuvels en dalen, die alle leiden tot het verhogen van de muzikale verwachtingen en de uiteindelijke vervulling. Ook al is de luisteraar zich van dit proces niet bewust, hij wordt voortdurend meegevoerd naar muzikale hoogvlakten, te beklimmen trappen, en momenten van verlossing. Beluister verschillende stukken, van het geeft niet wie, van Franz Liszt tot Lennon en McCartney, en kijk of je de voornaamste momenten van beweging kunt aanwijzen: het opbouwen en loslaten. Het is even gemakkelijk als kijken naar een bewegende golf.

*Neem je lievelingsmuziek waar in termen van de elementen:* Leonardo en zijn tijdgenoten beschouwden de wereld vaak in termen van de elementen: aarde, vuur, water en lucht. Dit is een verrukkelijke manier om over muziek te denken. Wat zijn de overheersende elementen in de muziek waar jij van houdt? Deel je lievelingscomponisten en -musici in bij het in hun muziek overheersende element. Een voorbeeld: hoewel bij alle grote componisten alle elementen aan bod komen, denk ik dat het element 'aarde' het beste wordt uitgedrukt door Brahms en Beethoven; 'vuur' door Stravinsky en Sjostakovitsj; Ravel en Debussy roepen de essentie van 'water' op en Mozart en Bach zijn de ultieme uitdrukking van 'lucht'. Kun jij je hierin vinden?

*Leer onderscheid te maken:* De waardering verdiept zich als je in staat bent onderscheid te maken. Het eenvoudigste niveau bij muziek is het ene soort van een ander te onderscheiden, bijvoorbeeld dat je rhythm & blues kunt onderscheiden van country, of klassieke muziek van jazz. Daarna leer je verschil te horen tussen subtypes, bijvoorbeeld tussen New Orleans en fusion, of tussen barok en klassiek en romantiek. Het herkennen van componisten geeft weer een ander niveau van appreciatie, waarbij je

# DE AMERIKAANSE POPULAIRE SONG

Tot de grootste geschenken die Amerika de wereld heeft gegeven behoort een verbluffende hoeveelheid muziek, geproduceerd in een gouden tijdperk dat ruwweg van 1910 tot de jaren zestig duurde. Dat zijn de klassieke Amerikaanse evergreens die bij het publiek over de hele wereld doorklinken als een diep emotionele verklanking en verheerlijking van het moderne leven. In de beste gevallen vormen ze een eenheid van muziek en tekst die waard is op dezelfde hoogte te worden gesteld als de oratoria van Handel. (Mijn voornaamste criterium om dit vast te stellen is de waarschijnlijkheid dat de muziek over honderd jaar nog altijd mensen zal inspireren en ontroeren.)
Tot de allergrootsten behoren

- *George en Ira Gershwin* – George Gershwin schreef wat sommigen hebben genoemd de eerste Amerikaanse opera, Porgy and Bess. De Gershwiniaanse vervlechting van vroege jazz, blues en Europese muziek leverde werken van grote schoonheid en blijvende invloed op.
- *Richard Rodgers en Oscar Hammerstein* – Rodgers en Hammerstein vormden een uniek koppel dat de muziek schreef voor muzikale juwelen als Oklahoma! en The Sound of Music.
- *Alan Lerner en Frederick Loewe* – Nog een koppel dat roem verwierf met charmante showmelodieën zoals die in My Fair Lady.
- *Irving Berlin* – Hij schreef amusante, luchtige, typisch Amerikaanse songs zoals 'White Christmas', 'Cheek to Cheek' en 'Say It Isn't So'.
- *Jerome Kern* – De première in 1927 van Showboat, de bekendste productie van deze pionier van de musical, vormde het begin van de grote Amerikaanse musicaltraditie.
- *Cole Porter* – Porters teksten zijn het summum van wereldwijsheid en brille. Kijk uit naar de opname van The Cole Porter Song Book, gezongen door Ella Fitzgerald, met daarop klassiekers zoals 'I Love Paris', 'Too Darn Hot' en 'I've Got You Under My Skin'.

# JAZZ

Jazz op zijn best is een sonische dans tussen chaos en orde, waarin op inspirerende wijze het wezen van creativiteit tot uiting komt. Murray Horwitz meent dat de drie belangrijkste namen in de jazz Louis Armstrong, Duke Ellington en Charlie Parker zijn.

Trompettist en zanger Louis Armstrong is misschien wel dé belangrijkste uitvoerende kunstenaar in de jazz – een van de twee of drie grootste solisten, de grootste swinger en de onweerstaanbaarste persoonlijkheid. Luister naar de platen die hij maakte samen met zijn mentor, Joe 'King' Oliver: 'Snake Rag', 'Dippermouth Blues' en zo meer. Luister vervolgens naar zijn eigen beroemde 'Hot Fives' en 'Hot Sevens'; zijn 'West End Blues' en de populaire opnamen voor Decca in de jaren veertig en vijftig zoals 'Up a Lazy River' en 'On the Sunny Side of the Street'.

Duke Ellington, zegt Horwitz, is een van de grootse Amerikaanse componisten in elk genre. Tot zijn meesterwerken behoren lange suites zoals Harlem, Such Sweet Thunder en Far East Suite. Ook zijn kortere stukken zijn indrukwekkend, vooral 'Portrait of Ella Fitzgerald', 'Black and Tan Fantasy' en 'Clothed Woman'. Volg de ontwikkeling van zijn benadering van orkestratie en compositie van de jaren twintig tot in de jaren zeventig. Je zult zijn unieke stijl als pianist ontdekken en verrukt zijn over zijn bijzondere samenwerking met Billy Strayhorn. Tracteer jezelf op heerlijke songs zoals 'Satin Doll', 'Solitude' en 'Take the "A" Train'.

Veel mensen beweren dat onze derde onsterfelijke jazzmusicus, altsaxofonist Charlie 'Yardbird' Parker (afgekort 'Bird') nooit een solo heeft gespeeld die niet volmaakt was. Deze bewering lijkt misschien ongeloofwaardig, maar tientallen topmusici houden haar staande. Naast zijn verbijsterende solo's sprankelen de dingen die Parker in samenwerking met anderen doet van enthousiasme en originaliteit. Samen met trompettist Dizzie Gillespie, pianist Thelonious Monk, drummer Kenny Clarke en anderen maakte hij een begin van de ontwikkeling van 'bebop'. Hoogtepunten waarnaar je zou kunnen uitkijken zijn de Dial-platen (met onder andere beide takes van 'Embraceable You'), het beroemde concert 'Jazz at Massey Hall' en 'Charlie Parker with Strings'.

Ik vroeg Murray Horwitz behalve de drie genoemde titanen een aantal jazzmusici te noemen, met een paar door hen gespeelde klassieke nummers, die een goede inleiding vormen tot deze grote Amerikaanse muzikale traditie:

- Benny Goodman ('Sing, Sing, Sing' uit het concert in Carnegie Hall in 1938)
- Count Basie (eigenlijk bijna alles, maar vooral 'April in Paris' en dan met name de versie waarin Ella Fitzgerald zingt)
- Mildred Bailey ('I'll Close My Eyes', 'It's So Peaceful in the Country', 'Squeeze Me')
- Miles Davis ('Kind of Blue' en 'Four and More')
- Coleman Hawkins ('Body and Soul', 'Talk of the Town')
- Billie Holiday ('Fine and Mellow', haar werk met Count Basie, Lester Young en Buck Clayton, en haar late platen uit de jaren vijftig)
- Dizzie Gillespie (vooral zijn big-band-opnamen uit de jaren veertig)
- Jelly Roll Morton (alle opnamen van de Red Hot Peppers)
- Nat King Cole ('After Midnight' en de opnamen van zijn trio)
- Thomas 'Fats' Waller ('Valentine Stomp', 'Love Me or Leave Me', 'Ain't Misbehavin'')
- John Coltrane ('My Favorite Things', 'A Love Supreme')

Bach kunt onderscheiden van Brahms of Mozart van Monteverdi. Hierna zou je kunnen beginnen de karakteristieke eigenschappen van verschillende solisten, orkesten, dirigenten en opnamen te herkennen.

Probeer hetzelfde stuk muziek te beluisteren, gespeeld door verschillende orkesten onder verschillende dirigenten. Luister bijvoorbeeld naar de Zesde symfonie van Mahler, gespeeld door het Boston Symphony Orchestra onder leiding van Seji Ozawa (een toporkest van beroepsmusici met een jaarbegroting van 49 miljoen dollar). Luister vervolgens naar dezelfde Mahler, gespeeld door het Boston Philharmonic Orchestra onder leiding van Benjamin Zander (een parttime orkest, samengesteld uit een mengeling van conservatoriumstudenten, amateurs en een paar beroepsmusici, met een jaarbegroting van $460.000). Beschrijf de verschillen in wat je hoort in je aantekenboek.

Je kunt ook luisteren naar verschillende musici die hetzelfde instrument bespelen. Luister eerst 'Snake Rag' van King Oliver helemaal uit. Luister dan nog een keer en probeer de lead-cornet, bespeeld door de King, te onderscheiden van de cornet die de harmonielijnen toevoegt, en die bespeeld wordt door Louis Armstrong.

*Luister naar emotie:* Waarom raakt een bepaald stuk muziek je in het hart? Welke composities, songs, instrumenten en stemmen raken je het diepst?

Luister naar een vroege opname van Frank Sinatra. Wat is de emotionele kwaliteit van zijn stem? Luister dan naar een latere opname, uit de periode na zijn relatie met Ava Gardner ('New York, New York' en 'My Way' zijn hier grote voorbeelden van). Hoe is de emotionele kwaliteit veranderd?

Luister naar de overgang tussen het derde en vierde deel van Beethovens Vijfde symfonie. Luister naar de klank van triomf en uitbundigheid. Luister dan naar het tweede deel van Beethovens Derde symfonie. Probeer de klank van tragiek, treurnis en somberheid te horen. Waarom doen deze klanken met je wat ze doen?

*Luister naar culturele en historische kenmerken:* Muziek is een uniek monument van menselijke cultuur, die vol zit met duidelijke kenmerken van de historische periode waarin ze is ontstaan. Kies je favoriete componisten en stijlen van muziek en tracht hun werk te begrijpen vanuit de context waaruit het voortkwam. Kijk bijvoorbeeld of rapmuziek het beste valt te appreciëren als een poëtische evocatie van het leven in een grote stad, ontwikkeld uit de ritmen en verhaaltradities van Afrika; dan wel of Bachs zeer gestructureerde, op regels gebaseerde muziek iets overbrengt van de eerbied voor het kerkelijk en wereldlijk gezag die de Duitse samenleving in de barokperiode kenmerkte.

## Orkestreer je leven

Om maximaal van goede muziek te genieten zul je de tijd moeten nemen om intensief te luisteren zonder dat iets je afleidt. Richt bijvoorbeeld al je aandacht op Beethovens Negende, van begin tot einde, en beluister hem dan nog eens. Je zult merken dat dit een heerlijke ervaring is voor het oor, het hart en de geest. Maar je kunt natuurlijk ook plezier hebben van wat Leonardo noemde 'het vormgeven aan het onzichtbare' tijdens je dagelijkse bezigheden. Muziek beïnvloedt stemming en emoties, alertheid en ontvankelijkheid; ze verandert de golfpatronen in je hersenen (met goede of slechte gevolgen) en wordt gebruikt om soldaten kracht te geven voor de oorlog en boksers aan te moedigen op weg naar de ring. Ze kan baby's in slaap wiegen, de groei van planten bevorderen en zieken troosten. Doe je voordeel met de kracht van geluid door verschillende dagelijkse bezigheden op te schrijven en uit te zoeken wat daarbij voor jou de ideale muzikale begeleiding zou kunnen zijn. Maak hiervan gebruik om je leven te orkestreren – bijvoorbeeld wakker worden bij Vangelis' 'Chariots of Fire', studeren bij de vioolconcerten van Mozart, of in slaap vallen bij Kitaro's 'Silk Road'.

## *Aromatisch bewustzijn*

We worden elke dag de hele dag door geconfronteerd met een koud buffet aan geuren. Onze vijf miljoen reukcellen kunnen één molecuul van een geurstof waarnemen in een verdunning van een op een biljoen moleculen lucht. En we halen ongeveer 23.000 keer per dag adem, waarbij bijna 12.000 liter met geur geladen lucht wordt verwerkt.

De meeste mensen hebben echter maar een beperkt vocabulaire om de aromatische ervaring te beschrijven: 'Het stinkt' of 'Dat ruikt lekker' zijn de meest voorkomende aanduidingen. Streef ernaar je onderscheidingsvermogen en je waardering voor geuren te vergroten door je reukvocabulaire uit te breiden. Parfumeurs delen geuren in in categorieën als bloemachtig (rozen), muntachtig (pepermunt), muskusachtig (muskus), etherisch (peren), harsachtig (kamfer), bedorven (rotte eieren) en zuur (azijn). Gebruik deze termen en maak zelf beschrijvende woorden bij het doornemen van de volgende oefeningen.

### Wat ruik je op dit moment?

Beschrijf wat je op dit moment ruikt, zo levendig mogelijk. Ga dan op de wijze van je geliefde viervoeter je onmiddellijke omgeving met je neus verkennen. Snuif de geur van dit boek op, een leeg koffiekopje, je handpalm, de rugleuning van je stoel. Beschrijf je ervaringen in je aantekenboek.

## Maak van 'geuren' een thema voor de dag

Noteer wat je op een dag ruikt en wat het je doet. Probeer ongewone of sterke aroma's te vinden. Blijf even staan in de kaasafdeling van de supermarkt of delicatessenzaak. Rijd de stad uit en loop over een boerenerf. Snuif het aroma van alle kruiden en specerijen in je keuken op. Hoe is geur van invloed op je stemming? En op je geheugen? Probeer voorbeelden te vinden van gevallen waarin geuren je emoties of herinnering beïnvloeden en schrijf ze op.

## De geurenwaaier

Deze oefening is gemakkelijker en leuker als je haar met vrienden doet. Verzamel een hoeveelheid voorwerpen met een duidelijke geur – bijvoorbeeld een roos, een stuk cederhout, een vanillestokje, het onlangs gedragen T-shirt van een goede vriend, een stuk zeewier, een plak sinaasappel, een handvol aarde, een leren jack, een goede sigaar, vers gesneden gember. Doe een blinddoek voor en vraag een vriend deze objecten achtereenvolgens dertig seconden voor je neus te houden. Beschrijf elke geur en je reactie erop.

## Maak je eigen parfum

*Leonardo's recept voor een persoonlijk reukwater:*
*'Om je te parfumeren: Neem vers rozenwater en bevochtig daarmee de handen, neem vervolgens de bloem van lavendel en wrijf die tussen de handen, en het zal lekker ruiken.'*

Ga naar een parfumerie en koop basisoliën: lavendel, patchouli, kruidnagel, rozen, eucalyptus, enz. Schaf er zoveel aan als je kunt. Hoe werken al deze geuren op je in? En op je vrienden? Experimenteer met verschillende combinaties en maak je eigen geurtje.

*Je hebt bij benadering tienduizend smaakpapillen, die elk zijn opgebouwd uit vijftig smaakzenuwcellen. Je smaakpapillen zijn erop gericht zoet, zuur, bitter en zout te onderscheiden. De sensoren voor zoet bevinden zich op de punt van je tong, zuur wordt waargenomen aan de zijkanten, bitter achteraan, en zoutsensoren liggen verspreid over het oppervlak.*

### Verdiep je in aromatherapie

De aroma's van planten en kruiden werden om hun geneeskrachtige werking gebruikt door de oude Egyptenaren, Hebreeërs en Chinezen. De therapeutische toepassing van natuurlijke kruiden en geuren, populair in de oudheid en in Leonardo's tijd, is herleefd. Kijk in de boekhandel, waar je tal van boeken zult vinden over dit snel groeiende onderwerp.

Alle boven beschreven oefeningen zijn leuk om te doen, maar de meest verrukkelijke manier om de reukzin te verkennen is in verband met lekker eten en goede wijn.

## *Smaak*

Voor de meesten van ons doet de gelegenheid om te proeven zich tenminste drie keer per dag voor. Maar in ons jachtige leven is het vaak moeilijk om er aandacht aan te besteden. Het is maar al te gemakkelijk om 'vlug even iets te eten' en een hele maaltijd te consumeren zonder eigenlijk iets te proeven. Neem in plaats hiervan enkele ogenblikken rust voor je begint te eten. Denk aan de oorsprong van het eten dat je zo dadelijk gaat proeven. Streef ernaar honderd procent aanwezig te zijn wanneer je de eerste hap van je eten proeft.

### Ontwikkel een vergelijkende smaak

Naar goede muziek luisteren is een uitstekende manier om je gehoor te ontwikkelen; nog beter werkt het als je het ene optreden met een ander vergelijkt. Het eten van lekkere gerechten en het drinken van grote wijnen vormen een verrukkelijke, continue sensorische opleiding, maar je

kunt de ontwikkeling van je waarnemingsvermogen voor reuk en smaak versnellen door vergelijkend te proeven. Probeer de volgende oefeningen in vergelijkend proeven:
Koop drie soorten honing (bijvoorbeeld oranjebloesem, veldbloemen, klaver), maak de potjes open en ruik achtereenvolgens dertig seconden aan elke pot. Beschrijf de aroma's. Proef dan achtereenvolgens elke soort honing; neem een theelepelvol in je mond en beweeg de honing met je tong door je mond. Neem tussen het proeven een slokje bronwater om je verhemelte te spoelen. Beschrijf de verschillen in geur en smaak.
Doe nu hetzelfde vergelijkende onderzoek bij drie soorten olijfolie, chocolade, paddestoelen, bier, appels, bronwater, gerookte zalm, kaviaar, druiven of vanille-ijs.

## Wijn proeven

Goede wijn is kunst die je kunt drinken. Het is de vloeibare kwintessens van de overvloed die de aarde te bieden heeft; het bewijs, zoals Benjamin Franklin zei, dat 'God ons liefheeft en ons graag gelukkig wil zien'. Leren wijn te proeven en te waarderen is een zeer werkzame en plezierige manier om je reuk- en smaakzin te verfijnen. (Als je liever geen alcohol drinkt, kun je de volgende oefeningen proberen met niet-alcoholische wijnen.)
Om een geslaagde wijnproeverij te houden, heb je nodig: een harmonieuze, goedverlichte omgeving zodat je de kleur van de wijn goed kunt zien (puristen zeggen dat het tafelkleed wit moet zijn om de kleur van de wijn goed te doen uitkomen); een mand met knapperig brood en wat bronwater om je verhemelte te spoelen tussen het proeven van verschillende wijnen; goede wijnglazen, ontworpen om geur en smaak optimaal te laten uitkomen. En natuurlijk een kurkentrekker en goede wijnen.
Organiseer de proeverij rond een thema. Probeer bijvoor-

beeld een eersteklas Californische chardonnay, pinot noir of cabernet sauvignon te vergelijken met een Franse witte bourgogne, een rode bourgogne of een bordeaux in dezelfde prijsklasse. Of proef drie verschillende chianti's, uit de geboortestreek van Leonardo da Vinci, Toscane. (Probeer de Antinore Chianti Classico Tenuta Riserva. De familie Antinori was al een gevestigde wijnfirma in Toscane toen Leonardo in 1452 geboren werd. De jaren 1988, 1990 en 1993 zijn de beste die je kunt kopen.)

Hoewel het proeven van de wijn centraal staat, spelen alle zintuigen een rol bij het genieten van wijn. Hoe de fles in de hand aanvoelt, het volmaakte geluid wanneer de kurk eruit komt, het klokkende geluid van de wijn terwijl hij je glas vult. Houd het glas omhoog naar het licht en kijk naar de kleur van je wijn; laat de wijn dan rond bewegen om de vluchtige geurstoffen te laten vrijkomen. Steek je neus in het glas en snuif de geur op. Neem alle tijd om van het aroma te genieten en de elementen erin te beschrijven. Neem dan een teug, laat de wijn langs je verhemelte gaan en let op de smaak, de structuur en het gevoel in je mond. Slik en let op de smaak en sensaties die nog in je mond zijn. Dit laatste element, de zogenaamde 'afdronk', is hét kenmerk van een grote wijn. De allerbeste wijnen laten nog een volle minuut na het inslikken golven van genot door je mond gaan.

Beschrijf elke fase van het proeven in precieze en poëtische bewoordingen.

Je kunt de woorden van ervaren wijnproevers gebruiken, en je kunt je genoegen en waardering ook vergroten door zelf beschrijvende termen te bedenken, hoe dichterlijker en fantasierijker hoe beter. Loof een prijs uit voor de meest evocatieve beschrijving (tip: beschrijvingen worden vaak evocatiever naarmate er meer wijn is geconsumeerd). Bij een wijnproeverij voor de financiële afdeling van een grote oliemaatschappij won een accountant de prijs. Hij beweerde dat hij niets over wijn wist en beschreef de smaak van een elegante Meursault aldus: 'Het is of je een gele paraplu opent in een lauw regentje.'

Naarmate je meer ervaring krijgt in het wijnproeven, zul je merken dat je ook andere smaken en geuren meer kunt appreciëren. *Salud! Cent'anni!*

## Aanraken en voelen

Je hersenen ontvangen informatie van meer dan 500.000 tastreceptoren en 200.000 warmtesensoren. Toch klaagde Leonardo dat de meeste mensen 'aanraken zonder te voelen'. Het geheim van een gevoelige, 'voelende' aanraking is een ontvankelijke instelling, en leren diep met je handen en je hele lichaam te 'luisteren'. In de volgende oefeningen zul je merken hoe dat gaat.

### De aanraking van een engel

Bekijk de tekening van de engel in Verrocchio's Doop (blz. 24) of het gelaat van de *Madonna* (blz. 144). Stel je het gebaar voor waarmee Leonardo de ragfijne lagen verf aanbracht. Raak nu de voorwerpen om je heen aan met dezelfde uiterste tederheid als de maestro. Dit boek, de kaft en de bladzijden, de stof van je kleren, je haar, je oorlelletje, de lucht rond je vingertoppen. Raak de wereld om je heen aan alsof je dit allemaal voor het eerst voelt.

Breng dezelfde gevoelige aanraking mee in je volgende intieme contact. Je partner zal een fervent aanhanger van de renaissance worden.

Uit de aantekeningenboeken van Leonardo:

*'Een Experiment met de Tastzin. Als je je wijsvinger onder de top van de middelvinger brengt, zodanig dat de hele nagel aan de andere kant zichtbaar is, dan zal alles wat met deze twee vingers wordt aangeraakt dubbel lijken, mits het aangeraakte object rond is.'*

Ervaren wijnproevers gebruiken honderden woorden om goede wijn te analyseren en te beschrijven. Sommige spreken voor zichzelf; andere moeten worden uitgelegd. Hier volgen een aantal van de mooiste termen, waaronder enkele in Leonardo's taal, het Italiaans.

*amabile*        vriendelijk, zacht, enigszins zoet
*aristocratico*  wijn van de beste druiven, het beste jaar, de beste grond en de beste wijnmakers
*evenwichtig*    een volmaakte harmonie van yin (zuur) en yang (fruit) boterig duidt de structuur en het gevoel van de wijn in de mond aan
*carezzevole*    strelend, vloeiend, als het haar van de heilige Anna
*complex*        meerdimensionaal; verschillende lagen van aroma, smaak en structuur
*fluwelig*       als 'zijdeachtig', maar voller
*generoso*       gemakkelijk te waarderen: rijk aan smaak, extract en alcohol
*rotondo*        zonder harde randen; mild en vol
*soepel*         tegemoetkomend, gemakkelijk te genieten
*stoffa*         het goede product – grote, weelderige, complexe wijnen met een krachtige afdronk
*zijdeachtig*    een soepele, dimensionale structuur aan het verhemelte
*zing*           een pittig zuur in witte wijnen; de juiste zuurgraad levert de onderbouw voor de smaak; het zuur werkt stimulerend op de maagsappen, zodat goede wijn een ideaal middel is om de spijsvertering te bevorderen.
*zwartebessen*   het klassieke aroma van cabernet sauvignon

## Geblinddoekt aanraken

Vraag een vriend(in) om samen met jou deze oefening te doen. Verzamel zoveel van de volgende voorwerpen als je kunt vinden: een rubber bal, een zijden sjaal, een stuk aardewerk, een klitbandsluiting, een boomblad, een kom met ijsblokjes, een hamer, een velours sweater en alles wat je verder nog interessant lijkt. Doe een blinddoek voor en tast al deze dingen af met ontvankelijke, luisterende handen. Beschrijf de texturen, het gewicht, de temperatuur en andere gewaarwordingen.

## Raak de natuur aan

Ga naar buiten en verken de texturen van de natuur: de schors en bladeren van verschillende bomen, gras, de bloemblaadjes van bloemen, de aarde, de vacht van een hond of kat.

## Maak 'aanraken' tot thema voor de dag

Let op de aspecten van de manier waarop verschillende mensen je aanraken: de stevigheid van een handdruk, de warmte van een omhelzing, de zachtheid van een kus. Denk aan de meest plezierige aanraking die je, afgezien van het vrijen, ooit hebt gevoeld. Wat maakte die zo prettig? Hoe kun je meer van het soort aanraking dat je het prettigst vindt, aan anderen geven? Geef een vriend(in) een voetmassage en maak zelf een afspraak voor een massage, om je thema ten volle uit te buiten.

## *Synesthesie*

Synesthesie, het versmelten van de zintuigen, is een eigenschap die kenmerkend is voor grote kunstenaars en wetenschappelijke genieën.

Je kunt je vermogens van Sensazione vergroten door een synesthetisch bewustzijn aan te kweken. Een eenvoudige manier om daarmee te beginnen is het beschrijven van gewaarwordingen van het ene zintuig in termen van de andere. Probeer de volgende oefeningen om synesthesie te ontwikkelen:

### Muziek tekenen

Luister naar een geliefd muziekstuk. Experimenteer onder het luisteren met het uiten van je indrukken door vormen en kleuren te tekenen.

### Verander kleuren in klanken

Kijk naar een reproductie van een geliefd schilderij. Vocaliseer de klanken die de kleuren, vormen en texturen op het doek je ingeven.

### Geef vorm aan het onzichtbare

Als je een beeld zou moeten maken van een bepaald muziekstuk, welke materialen zou je dan gebruiken? Wat voor vormen zou je maken? Welke kleuren zou je gebruiken? Hoe zou de muziek ruiken? Als je een hap van de muziek zou kunnen nemen, hoe zou ze dan smaken? Probeer deze denkbeeldige multisensorische beeldhouwoefening met tenminste twee geliefde muziekstukken.

## Laat kunstenaars en musici stuivertje-wisselen

Neem je lijstjes van grote schilders en componisten. Stel je voor dat je ze laat stuivertje-wisselen, op grond van hun werk en niet hun persoonlijkheid. Als Michelangelo een musicus was, wie zou hij dan zijn? Als Mozart een schilder was, wie zou hij zijn? Zo denk ik bijvoorbeeld dat als Michelangelo een musicus was, hij Beethoven zou zijn, en als Mozart een schilder was hij Rafaël zou zijn. Dit is een leuke oefening om met vrienden te doen. Nadat iedereen een paar verwisselingen heeft voorgesteld, kun je vragen of ze hun keuze willen verklaren.

## Synesthetisch probleem-oplossen

Denk aan een bepaalde vraag, uitdaging of probleem. Geef hieraan een kleur, een vorm, textuur. Stel je voor hoe het ruikt en smaakt. Hoe voelt het aan? Wat is de textuur, smaak, vorm, kleur en klank van enkele mogelijke oplossingen?

## Maak synesthetische minestrone

Minestrone was Leonardo da Vinci's lievelingseten voor elke dag. Je kunt al je zintuigen scherpen en strelen door het volgende recept klaar te maken, dat afkomstig is van mijn grootmoeder Rosa. Oma Rosa kon niet alleen geweldig Italiaans koken, maar ze was ook een getalenteerd schilderes. In deze oefening maak je soep als een synesthetisch kunstenaar.

Ingrediënten:
$1/4$ l. cannellinibonen (kleine, witte bonen; mogen uit blik zijn)

300 gram snijbiet (in repen gesneden)
3 middelgrote courgettes (in plakken van 8 mm)
2 uien (gesnipperd)
5 tenen knoflook
4 mooi rode tomaten (in stukken gesneden)
2 wortelen (in blokjes gesneden)
4 stengels bleekselderij (in blokjes gesneden
4 bladen savooiekool (in repen gesneden)
3 middelgrote aardappelen (gestoomd, in stukken gesneden)
goede olijfolie
$^1/_2$ l. groente-, kippen- of runderbouillon
een stuk Parmezaanse kaas (of pecorino) met korst
verse basilicum, oregano, zwarte peper
naar keuze: arborio-rijst of fusilli-pasta (al dente gekookt)

Houd de groenten, voor je ze hakt, snijdt of snippert stuk voor stuk in je handen en voel hun gewicht, textuur, vorm en kleur. Snuif de geuren van elk ingrediënt op en zing of neurie de noten die het wezen ervan weergeven.

Fruit in een grote pan op zacht vuur de knoflook, selderij, wortelen en uien in olijfolie (tot de uien doorschijnend zijn geworden). Voeg dan de overige groenten, een kwart liter bouillon en wat vers gemalen zwarte peper toe. Laat op een zacht pitje koken. Roer geregeld, maar voorzichtig in de pan. Als er meer vocht nodig is, giet je er nog een scheutje bouillon bij. Snijd de korst van de Parmezaanse kaas en doe die bij de soep in de pan.
Geniet van het begin van de synthese van kleuren, structuren en aroma's. Zing of neurie de klanken van de smaak- en geursymfonie in wording.
Laat de soep tenminste drie uur zacht pruttelen, tot alle ingrediënten in elkaar overgaan.

## SENSAZIONE VOOR OUDERS

In een klassiek experiment werden jonge ratjes in een sensorisch gedepriveerde omgeving geplaatst. Een andere groep werd grootgebracht in een sensorisch rijke omgeving. De hersenen van de sensorisch gedepriveerde groep bleken achter te blijven in ontwikkeling. Deze dieren konden de weg niet vinden in een eenvoudige doolhof en waren geneigd tot agressief, onaangepast sociaal gedrag. De ratten die een sensorisch rijke jeugd kregen, ontwikkelden grotere hersenen met meer verbindingen. Ze leerden snel de weg te vinden in ingewikkelde doolhoven en speelden met elkaar. In dergelijke experimenten worden ratten gebruikt omdat hun zenuwstelsel veel overeenkomsten vertoont met dat van ons. Doe dus al het mogelijke om thuis een omgeving te creëren die de hersenen voedt, te beginnen in de moederschoot. Onderzoekingen van dr. Thomas Verby en vele anderen tonen aan dat je ongeboren baby positieve invloeden ondervindt van het luisteren naar muziek, bijvoorbeeld Mozart. Neem wanneer ze geboren zijn, elke gelegenheid te baat om een rijke en verfijnde sensorische omgeving voor je kinderen te creëren. Veel knuffelen en liefdevol lichamelijk contact is van groot belang voor de neurologische en emotionele ontwikkeling van kinderen in de groei. Verfijningen van geur en smaak kunnen wachten tot ze oud genoeg zijn om subtiele gewaarwordingen te kunnen appreciëren, maar gezichtsscherpte, plezier in kleuren, waardering voor klanken en een natuurlijk synesthetisch bewustzijn kunnen gevoed worden door middel van tekenen, schilderen, muzieklessen en het dagelijks omringd zijn door mooie dingen.

Terwijl je de kleuren opsnuift en het je zintuigen duizelt, kun je fraaie, Italiaanse gebaren gaan maken die uitdrukking geven aan je minestronegevoel.
Doe dan, 10 minuten voor het opdienen, de bonen erbij en tenslotte de rijst of de pasta naar keuze. Bestrooi de soep met geraspte Parmezaanse kaas of pecorino en misschien een straaltje olijfolie. Garneer de soep met verse basilicum of oregano. Serveer met vers, knapperig Italiaans brood en

# SENSAZIONE OP HET WERK

Leonardo benadrukte het belang van een esthetisch opwekkende omgeving. Hij begreep dat de zintuiglijke indrukken van de omgevingen waarin we dagelijks vertoeven, als een soort voedsel voor onze hersenen fungeren. Maar de meeste mensen in de wereld van het bedrijfsleven lijden aan geestelijke ondervoeding ten gevolge van het zintuiglijke 'junkfood' dat ze binnenkrijgen. Onze werkplekken lijken vaak op overheidskantoren, ziekenhuizen, scholen en gevangenissen en vertonen een hokkerige structuur, ongeïnspireerde kleuren en tl-verlichting. Je gaat je afvragen of dit zo ontworpen is met het idee dat sensorische deprivatie goed is voor de productiviteit.

De ironie is dat bedrijven overal dringend oproepen tot meer creativiteit, vernieuwingen en betrokkenheid van alle niveaus. Ze vragen hun werknemers om niet in hokjes te denken, terwijl ze hen wel in hokjes opsluiten. Organisaties die meer creativiteit en vernieuwende ideeën van hun leden vragen, moeten een omgeving verschaffen die het gewenste gedrag aanmoedigt.

In de psychologie is het al jarenlang bekend dat de kwaliteit van de stimulatie die de uitwendige omgeving biedt van het grootste belang is voor de ontwikkeling van de hersenen in de eerste levensjaren. Maar recenter is de ontdekking van neuropsychologen dat de kwaliteit van de stimulatie uit de omgeving ook van invloed is op de voortgezette ontwikkeling van het volwassen brein. Ter toelichting een verhaal uit mijn eigen ervaring dat laat zien hoe je een werkomgeving creëert die bevorderlijk is voor een nieuwe, creativere synaptische organisatie.

In 1982 riep de leermiddelengroep van een bedrijf dat medische apparatuur vervaardigt mijn hulp in bij de oplossing van een opleidingsprobleem. Deze groep was veranwoordelijk voor het opleiden van klanten in het bedienen en onderhouden van een apparaat dat ontworpen was om ingewikkelde diagnostische tests uit te voeren. Om rendabel te zijn moest de training voor dit apparaat binnen een week afgerond zijn. Het probleem was dat de training vaak twee of drie weken duurde.

Bij mijn eerste bezoek aan de opleidingsplek was ik onder de indruk van de hypermoderne interactieve trainingstechnologie. De cursisten volgden gecomputeriseerde cursussen en hadden echte apparaten om mee te werken. De leeromgeving was evenwel van een standaard hokkerig gehalte: saaie kleuren op de muren, tl-verlichting en de rest. De enige poging tot esthetiek was dat er vlak boven elk apparaat een grote foto van het apparaat hing. De cursisten kregen één koffiepauze in de ochtend en één in de middag.

Als tegengif kregen de negenendertig leden van de leermiddelengroep vervolgens een trainingsprogramma van drie dagen waarin ze zich bezighielden met de toepassing van daVinciaanse denktechnieken op problemen uit de praktijk. De eerste dag dat ze terug waren op de werkplek, draaiden de trainingsleiders bij wijze van experiment vioolconcerten van Mozart tijdens de werkdag. Van die eerste dag af meldden ze dat hun cursisten tenminste 50 procent minder 'onnodige vragen' stelden. Ze veronderstelden dat de muziek hun cursisten hielp zich te ontspannen en zich te concentreren doordat ze hen bevrijdde van de noodzaak 'warrig te worden' om even aan de monotonie te ontsnappen.

De trainingsleiders voerden nog een aantal andere veranderingen in, onder andere:

- ze haalden de foto's van het apparaat weg en vervingen die door reproducties van hun favoriete schilderijen;
- ze vervingen de tl-verlichting door gewone gloeilampen;
- ze riepen de cursisten op verse bloemen mee te nemen om de omgeving esthetisch plezieriger te maken, geurig en 'levend';
- ze transformeerden de koffiekantine in een 'creatieve pauzeruimte' door er gekleurde viltstiften en flipovers neer te leggen om op te tekenen; ze verschaften Erector sets, Play-Doh en Slinkies om de tastzin aan te spreken;
- ze moedigden de cursisten aan om elk uur tien minuten 'hersenpauze' te nemen.

De leermiddelengroep deed zelf onderzoek naar de effecten van deze veranderingen in de loop van een jaar. Het resultaat: het leersucces werd 90 procent beter.

een glas wijn of San Pellegrino.
Alle afzonderlijke noten zijn nu versmolten tot harmonie. Zing of neurie je minestronelied en dans je minestronedans.

## Creëer je eigen equivalent van het atelier van de maestro

Het opbouwen van een cultuur die evenwicht en creativiteit op de werkplek ondersteunt is een zeer ingewikkelde opgave. Het creëren van je eigen equivalent van het atelier van de maestro daarentegen is een eenvoudige, concrete stap in de goede richting. Je kunt deze ruimte gebruiken om te brainstormen, strategieën te ontwikkelen en creatief problemen op te lossen. Bedrijven als Amoco, DuPont en Lucent Technologies passen deze ideeën al met succes toe. Om een begin te maken kun je aan de volgende elementen en hulpmiddelen denken:

- *Ruimte.* Neem een vergaderkamer, werkruimte, kelder of lege kantoorruimte. Haal er alle normale kantoormeubelen uit. Hang een bordje op de deur waarop staat 'Renaissanceruimte', 'Creativiteitscentrum', 'Leonardolab', 'Denktank', o.i.d.
- *Verlichting.* Natuurlijk daglicht is het beste, dus probeer een kamer met ramen te vinden. Vervang de gebruikelijke tl-verlichting door fluorescerende volspectrum lampen met u.v.-filter, halogeenlampen of gewone gloeilampen.
- *Geluid.* Installeer stereo-apparatuur van goede kwaliteit en draai jazz of klassieke muziek tijdens brainstormsessies en pauzes. (Een recent onderzoek aan de University of California in Irvine toonde aan dat het gemeten IQ aantoonbaar, zij het tijdelijk, steeg

wanneer proefpersonen getest werden terwijl ze naar Mozart luisterden.)

- *Esthetiek.* Hang inspirerende schilderijen aan de muren en misschien een mobile aan het plafond. Verwissel de schilderijen af en toe om ze 'fris' te houden. Zet levende, groene planten en verse bloemen neer.
- *Meubilair/Apparatuur.* Zet een gemakkelijke bank neer, leunstoelen, grote, zachte kussens of hang een hangmat op. Zorg voor een ruime voorraad flip-overs (liefst het grootste formaat) en een overvloed aan kleurige viltstiften en markers (op waterbasis, gifvrij). En een overhead-projector (van goede kwaliteit, geluidarm) en muurgrote afwisbare schrijfborden.

- *Fêng Shui.* Dit is een oud Chinees systeem om ruimtes in te richten door spiegels, kamerschermen, fonteinen en meubelen zodanig neer te zetten dat de krachten van yin en yang in evenwicht zijn en er een maximale harmonie met de natuur ontstaat. Westerse bedrijven zoals City Manhattan, Citibank en Morgan Guaranty Trust hebben evenals talloze organisaties in het Oosten fêng shui-consulenten in dienst om omgevingen te creëren die het brein voeden.
- *Lucht.* De meeste binnenruimtes zijn benauwd en het is er vaak te warm of te koud. Zorg dat er een goede kachel/ventilator beschikbaar is. Een luchtbevochtiger, ontvochter of luchtzuiveraar (groene planten bewijzen hier goede diensten) kan ook van pas komen. Experimenteer met geuren – potpourri, wierook of essentiële oliën (b.v. pepermuntolie voor oplettendheid, lavendelolie voor ontspanning).

# Sfumato
(Letterlijk: 'Rokerigheid')

*Een bereidheid om dubbelzinnigheid, paradoxen en onzekerheid te verwelkomen.*

Wanneer je je vermogen tot Curiosità hebt gewekt, de diepten van de ervaring hebt onderzocht en je zintuigen hebt gescherpt, zul je oog in oog komen te staan met het onbekende. Een open instelling tegenover onzekerheid is hét geheim voor het vrijmaken van je creatieve potentieel. En het Sfumato-principe is de sleutel tot die openheid.

Het woord *'sfumato'* valt te vertalen als 'verneveld' of 'in rook opgegaan' of gewoon 'gerookt'. Kunstcritici gebruiken deze term om de nevelige, geheimzinnige sfeer te beschrijven die een van de meest opvallende eigenschappen van Leonardo's schilderijen was. Dit effect, verkregen door het nauwgezet aanbrengen van vele vliesdunne lagen verf, is een prachtige metafoor voor de man zelf. Doordat hij onophoudelijk vragen stelde en erop stond zijn zintuigen te gebruiken om de ervaring te onderzoeken, kwam hij tot tal van grote ontdekkingen en inzichten, maar werd hij ook geconfronteerd met de uitgestrektheid van het onbekende en uiteindelijk ook het onkenbare. Toch was zijn fenomenale vermogen om de spanning van tegengestelden vast te houden en onzekerheid en paradoxen te omhelzen een wezenlijk kenmerk van zijn genie.

> 'Voor de middeleeuwse geest bestond er geen twijfel.'
> WILLIAM MANCHESTER

Het thema van de spanning tussen tegengestelden verschijnt herhaaldelijk in zijn werk en nam gedurende zijn leven in intensiteit toe. Wanneer hij in de *Verhandeling over de schilderkunst* schrijft over de ideale onderwerpen voor schilders, roept hij beelden van sterke contrasten op: '... het wezen van allerlei soorten dieren, planten, vruchten, landschappen, golvende vlakten, afbrokkelende bergen, angstwekkende en dreigende plaatsen die de toeschouwer angst inboezemen; en dan weer aangename plaatsen, liefelijk en zoet met weiden vol veelkleurige bloemen die buigen onder de zachte beroering van de wind die zich omdraait om naar ze te kijken terwijl hij verder zweeft...'

Leonardo's zoeken naar schoonheid bracht hem ertoe allerlei vormen van lelijkheid te onderzoeken. Zijn tekenin-

> 'De schilder die geen twijfel kent, zal weinig bereiken.'

*De spanning tussen tegengestelden is het centrale thema van zijn indringende* Madonna in de grot, *waarvoor hij de opdracht kreeg in 1483. Bramly zegt hierover: 'Leonardo componeerde* De Madonna in de grot *rond één centraal principe: dat van contrast, van tegenstelling. Het vredige groepje van de moeder, de kindertjes en de bijna glimlachende engel wordt omringd door een verwarde achtergrond die het einde van de wereld lijkt aan te duiden... De planten groeien uit een kale rots. De Onbevlekte Ontvangenis, lijkt Leonardo te zeggen, is al een voorbereiding tot de marteling van de kruisiging. Wat een bron van vreugde zou moeten zijn, draagt in zich het zaad van Golgotha.'*

*Studie van een notenkrakerman en een schone jongeling door Leonardo da Vinci*

gen van veldslagen, grotesken en zondvloeden staan vaak vlak naast sublieme scheppingen van bloemen en schone jongelingen. Wanneer hij op straat een mismaakt of gedrochtelijk iemand in het oog kreeg, liep hij vaak de hele dag achter die persoon aan om de details vast te leggen. Een keer organiseerde hij een diner voor de meest grotesk uitziende mensen van de stad. Hij vergastte hen op de ene grap na de andere tot hun gelaatstrekken nog vreemder vertrokken waren van het lachen. Na afloop van het feest bleef hij de hele nacht op om hun gezichten te tekenen. Kenneth Clark verklaart Leonardo's nieuwsgierigheid naar lelijkheid door haar te vergelijken met 'de beweegredenen die beeldhouwers ertoe brachten de gedrochtelijke waterspuwers op de gotische kathedralen te maken. Deze gedrochten waren de tegenpolen van heiligen; Leonardo's karikaturen waren complementair aan zijn onvermoeibare zoektocht naar ideale schoonheid'.

Leonardo's denken over tegenstellingen en paradoxen nam vele vormen aan. Het komt tot uiting in zijn voorliefde voor woordspelingen, grappen en humor en in zijn fascinatie voor raadsels, puzzels en knopen, die overal in zijn aantekeningenboeken opduiken. Op zijn schilderijen, tekeningen, krabbels en zijn ontwerpen voor borduurwerk, parketvloeren en porseleintegels komt vaak het motief van knopen, vlechten en rollen voor. Zoals Vasari opmerkt besteedde Leonardo veel tijd aan het ontwerpen van een patroon van knopen die onderling zo verbonden waren dat de draad van de ene kant naar de andere kon worden gevolgd, en een cirkel vormde. Er bestaat een gravure van een van deze fraaie, ingewikkelde patronen, met de inscriptie 'Leonardus Vinci Academia'.

Leonardo's fascinatie voor de oneindige vorm is meer dan plezier in het woordenspel met zijn naam (patronen met knopen waren in zijn tijd bekend als *fantasie de vinci*). Bramly noemt ze 'symbolen van zowel de oneindigheid als de eenheid van de wereld'. De knoop was Da Vinci's speelse uitdrukking van de paradox en het mysterie dat voor hem oprees naarmate zijn kennis zich verdiepte.

Naarmate hij meer te weten kwam over alles, werd ook de onzekerheid voor Leonardo sterker. En naarmate zijn besef van het mysterie en de tegengestelden groeide, werd zijn manier om de paradox weer te geven diepzinniger. Dit is goed te zien in zijn indringende weergave van Johannes de Doper. Kenneth Clark zegt:

> Johannes de Doper was de voorloper van de Waarheid en het Licht. En wat is de onvermijdelijke voorloper van waarheid? Een vraag. Leonardo's Johannes de Doper is het eeuwige vraagteken, het raadsel van de schepping. Zo wordt hij Leonardo's huisgeest – de geest die naast zijn schouder staat en hem onoplosbare raadsels opgeeft. Hij heeft de glimlach van een sfinx en de macht van een obsessieve vorm. Ik heb erop gewezen dat dit gebaar – dat op zichzelf al het omhooggaande ritme van een vraag heeft – overal in Leonardo's werk verschijnt. Hier is het de kern van het werk.

Mona Lisa is natuurlijk Leonardo's ultieme expressie van de paradox. Het mysterie van haar glimlach heeft in de loop van de tijd stromen inkt doen vloeien. Bramly noemt haar 'een vrouwelijke equivalent van Christus'. Walter Pater, schrijver van het klassieke werk *The Renaissance*, beschrijft haar als 'een schoonheid die van binnenuit is ontstaan, de neerslag, celletje voor celletje, van vreemde gedachten, fantastische dromerijen en verfijnde vervoeringen.' Sigmund Freud schreef dat de *Mona Lisa* '... de meest volmaakte weergave is

Johannes de Doper *door Leonardo da Vinci*

van de tegenstellingen die het liefdesleven van de vrouw beheersen...' De glimlach van Mona Lisa ligt op de grens tussen goed en kwaad, mededogen en wreedheid, verleiding en onschuld, het voorbijgaande en het eeuwige. Ze is het westerse equivalent van het Chinese symbool van yin en yang.

E.H. Gombrich, auteur van *The Story of Art*, helpt ons er enig idee van te krijgen hoe Leonardo deze uiterste evocatie van het wezen van de paradox, Sfumato, bereikte: 'De vage omtrek en verzachte kleuren... maken het mogelijk dat de ene vorm met een andere versmelt, zodanig dat er altijd iets aan

*De* Mona Lisa

*Dr. Lillian Schwartz: Leonardo's zelfportret en de* Mona Lisa *tegen elkaar geplaatst*

onze verbeelding wordt overgelaten... Iedereen die weleens heeft geprobeerd een gezicht te tekenen of te krabbelen weet dat wat wij de uitdrukking daarvan noemen voornamelijk berust op twee dingen: de mondhoeken en de ooghoeken. Juist deze onderdelen heeft Leonardo opzettelijk onduidelijk gelaten door ze in een zachte schaduw te laten opgaan. Daarom weten we nooit helemaal zeker in welke stemming Mona Lisa ons nu werkelijk aankijkt...' Gombrich wijst op de welbewuste tegenstrijdigheden in de twee kanten van het portret en de 'bijna wonderbaarlijke weergave van de levende huid' die bijdragen aan de geheimzinnige uitwerking ervan.

Van de vele mysteriën rondom de Mona Lisa is de vraag wie zij werkelijk was wellicht het grootste. Is ze, zoals biograaf Giorgio Vasari dertig jaar na Leonardo's dood beweerde, de echtgenote van Francesco del Giocondo? Is Mona Lisa in werkelijkheid Isabella d'Este, markiezin van Mantua, zoals dr. Raymond Stites beredeneert in *Sublimations of Leonardo da Vinci*?
Of zou ze misschien Pacifica Brandano kunnen zijn, een gezellin van Giuliano de' Medici, of misschien een minnares van Charles d'Amboise? Of is ze samengesteld uit alle vrouwen die Leonardo gekend had: zijn moeder, de echtgenoten en minnaressen van edellieden, de boerenvrouwen en prostituees die hij urenlang kon observeren en tekenen? Of is ze, zoals sommigen hebben gedacht, een bijzonder zelfportret?
Fascinerende gegevens die op deze laatste mogelijkheid wijzen, worden aangedragen door dr. Lillian Schwartz van Bell Laboratories, ook auteur van *The Computer Artist's Handbook*. Schwartz paste geavanceerde computertechniek toe met precisiemetingen van grootte en stand om de *Mona Lisa* te vergelijken met het enige overgebleven zelfportret van de kunstenaar, dat in 1518 in rood krijt werd getekend. Zoals ze schrijft, 'hoefden de afbeeldingen slechts tegen elkaar te worden geplaatst om ze te laten passen: de relatieve plaatsing van neus, mond, kin, ogen en voorhoofd van de ene paste precies op die van de andere. Het optrekken van één mondhoek was voldoende om de mysterieuze glimlach te krijgen...'
De conclusie van Schwartz was dat het model voor dit beroemdste aller schilderijen niemand anders dan de maestro zelf is geweest.

Misschien was de Mona Lisa een portret van Leonardo's ziel. Ongeacht de werkelijke identiteit van Mona Lisa laat dit schilderij zien welke wezenlijke plaats de paradox in het wereldbeeld van Da Vinci inneemt.

## SFUMATO EN JIJ

In het verleden was een hoge tolerantie voor onzekerheid een eigenschap die alleen bij grote genieën zoals Leonardo voorkwam. Nu de veranderingen steeds sneller komen, merken we dat de onzekerheid drastisch toeneemt en dat de illusie van zekerheid moeilijker te handhaven is. Het vermogen om met onzekerheid te leven moet een plaats krijgen in ons dagelijks leven. Een houding vinden tegenover een paradox is een sleutel, niet alleen tot effectiviteit, maar tot geestelijke gezondheid in een snel veranderende wereld.

Beoordeel je eigen tolerantie voor onzekerheid op een schaal van een tot tien, waarbij één staat voor een totale, maniakale behoefte aan zekerheid op elk moment, en tien een verlichte Tao-priester of Leonardo vertegenwoordigt. Wat zou je aan je eigen gedrag kunnen veranderen om een punt op de schaal op te schuiven? De volgende oefeningen zijn ontworpen om je te helpen je vermogen tot Sfumato te versterken. Om meer baat te hebben van de oefeningen kun je eerst deze zelfbeoordelingsvragen doornemen.

## *Sfumato: Zelfbeoordeling*

- ☐ Ik heb geen moeite met onzekerheid.
- ☐ Ik ben afgestemd op de ritmen van mijn intuïtie.
- ☐ Ik houd van verandering.
- ☐ Ik zie elke dag de humor in het leven.
- ☐ Ik ben geneigd snel conclusies te trekken.
- ☐ Ik houd van raadsels, puzzels en woordspelingen.
- ☐ Ik weet meestal wanneer ik me angstig voel.
- ☐ Ik breng genoeg tijd in mijn eentje door.
- ☐ Ik vertrouw op mijn intuïtie.
- ☐ Ik vind het geen probleem om tegenstrijdige ideeën in mijn hoofd te hebben.
- ☐ Ik ben dol op paradoxen en heb gevoel voor ironie.
- ☐ Ik besef dat het conflict van belang is voor creativiteit.

# Sfumato:
## *Toepassing en oefeningen*

### Curiosità staat gelijk aan onzekerheid

Ga terug naar je lijst met tien belangrijkste levensvragen uit het hoofdstuk Curiosità. Bij welke vragen heb je het sterkst een gevoel van onzekerheid of ambivalentie? Wordt de kern van een van deze vragen gevormd door een paradox? Probeer in je aantekenboek eens een abstracte tekening te maken. Teken het gevoel van onzekerheid dat een bepaalde vraag van je Curiosità-lijst bij je oproept. Experimenteer dan met gebaren of misschien een geïmproviseerde dans die dat gevoel uitdrukken; als je niet goed weet wat je moet doen, zit je goed. Welke muziek zou je kiezen als begeleiding van je onzekerheidsdans?

### Sluit vriendschap met onzekerheid

Geef in je schrift een korte beschrijving van drie situaties uit je leven, vroeger en nu, waar onzekerheid overheerst. Je zou bijvoorbeeld kunnen terugdenken aan de tijd dat je wachtte op bericht of je was ingeloot op de universiteit van jouw keuze, of dat je je afvroeg of het mogelijk was je organisatie in te krimpen, of dat je nadacht over de toekomst van een belangrijke relatie.
Beschrijf het gevoel van onzekerheid. Waar in je lichaam voel je het? Als onzekerheid een vorm, kleur, klank, smaak of geur had, wat zou die dan zijn? Hoe reageer je op gevoelens van onzekerheid? Hoe is het verband tussen onzekerheid en angst?

## Kijk naar angst

Voor veel mensen is onzekerheid iets angstigs; maar de meeste mensen weten niet wanneer ze angstig zijn, behalve als ze intensief met een goede psychotherapeut hebben gewerkt. Als ze angstig zijn, reageren ze met de een of andere vorm van automatisch vermijdingsgedrag, bijvoorbeeld veel praten, een borrel inschenken, een sigaret pakken of zich overgeven aan een obsessieve fantasie. Om goed om te gaan met onzekerheid en ambiguïteit moeten we allereerst leren te weten wanneer we angstig zijn. Wanneer we ons bewust worden van onze angst kunnen we leren haar te accepteren, te voelen en ons te bevrijden van beperkende dwangmatige gedachten en handelingen.

Beschrijf dat angstige gevoel. Zijn er verschillende soorten angst? Waar in je lichaam voel je angst? Als angst een vorm, kleur, geluid, smaak of geur had, wat zouden die dan zijn? Hoe reageer je op gevoelens van angst? Maak 'angstig zijn' een thema voor de dag. Noteer je waarnemingen in je aantekenboek.

## Let op intolerantie voor onzekerheid

Tel het aantal keren per dag dat je een absolute term gebruikt, zoals 'totaal', 'altijd', 'beslist', 'moet', 'nooit' en 'absoluut'.

Let op de manier waarop je een gesprek beëindigt. Eindig je meestal met een uitspraak of met een vraag?

## Het opbouwen van verwarringstolerantie

Het Sfumato-principe raakt de kern van het bestaan. Zoals de dag volgt op de nacht, wordt ons vermogen tot het voelen van vreugde geboren in verdriet. Ieder van ons is het middelpunt van een uniek en bijzonder universum en tegelijkertijd een volstrekt onbeduidend spikkeltje kosmisch stof. Van alle polariteiten is er geen zo onontkoombaar als leven en dood. De schaduw van de dood geeft het leven zijn potentiële betekenis.

Je kunt je DaVinciaanse vermogens ontwikkelen door 'verwarringstolerantie' op te bouwen: je zintuigen te scherpen tegen paradoxen in en creatieve spanning te omarmen. Doe de contemplatie-oefening met een van de volgende paradoxen:

- *Vreugde en verdriet* – Denk aan de treurigste ogenblikken van je leven. Welke ogenblikken waren het meest vreugdevol? Wat is de relatie tussen deze gevoelstoestanden? Heb je ooit gelijktijdig vreugde en verdriet gevoeld? Leonardo schreef eens: 'Het grootste geluk wordt de oorzaak van ongeluk...' Vind jij dat ook? Is het tegenovergestelde waar?
- *Intimiteit en afhankelijkheid* – Wat is in je relaties met je allernaasten het verband tussen intimiteit en onafhankelijkheid? Kun je het een hebben zonder het ander? Leidt deze connectie weleens tot angst?
- *Kracht en zwakheid* – Noem tenminste drie sterke punten van jou als mens op. Noem ook drie of meer van je zwakheden. Hoe is het verband tussen de eigenschappen op je lijst?
- *Goed en kwaad* – Is het mogelijk goed te zijn zonder je eigen aanvechtingen tot het kwade te erkennen, wat Jung de 'Schaduw' noemde? Wat gebeurt er als mensen zich niet bewust zijn van de schaduw of hem ontkennen? Hoe kun je je eigen vooroordelen, haat, woede, jaloezie, afgunst, hebzucht, trots en luiheid erkennen en accepteren zonder ernaar te handelen?
- *Verandering en bestendigheid* – Schrijf drie van de

meest ingrijpende veranderingen op die je in je leven hebt zien komen. Schrijf drie dingen op die altijd hetzelfde blijven. Is de gedachte dat 'hoe meer de dingen veranderen, hoe meer ze hetzelfde blijven' een geldig aforisme of een hol cliché? Hier zijn een paar gedachten van de maestro over dit onderwerp: 'Bestendigheid kan symbolisch worden voorgesteld door de feniks die, wetende dat hij naar zijn aard zal herleven, de vastberadenheid heeft om het brandende vuur te verdragen dat hem verteert, en dan hernieuwd opstijgt.'

- *Nederigheid en trots* – Denk aan ogenblikken van grote trots in je leven. Herinner je de keren dat je je erg nederig voelde. Probeer je diepste gevoelens van oprechte nederigheid en werkelijke trots opnieuw te voelen. In welk opzicht verschillen deze gevoelens? Zijn er ook onverwachte overeenkomsten tussen nederigheid en trots? Zijn deze eigenschappen tegengestelden?
- *Doelen en werkwijze* – Denk aan een belangrijk doel dat je hebt bereikt. Beschrijf de werkwijze die je hebt gevolgd om dat doel te bereiken. Heb je ooit succes gehad zonder voldoening te voelen? Hoe is de relatie tussen doel en werkwijze, doen en zijn? Rechtvaardigt het doel de middelen? Moet men, om een succesvol en voldoeninggevend leven te leiden: a) zich honderd procent inzetten om een duidelijk omschreven doel te bereiken; b) inzien dat het proces van het leven van dag tot dag, de dagelijkse kwaliteit van het leven het belangrijkst is; of c) zowel a als b?
- *Leven en dood* – Maak hiervoor je eigen oefening.

Leonardo over leven en dood:

*'Zie nu eens de hoop of het verlangen van iemand om terug te keren naar zijn eigen land of naar de oerchaos, zoals het verlangen van de nachtvlinder naar het licht, van de man die met voortdurend verlangen zich altijd verheugt op elk nieuw voorjaar en elke nieuwe zomer... en vindt dat de dingen waarnaar hij verlangt te traag komen; en die niet ziet dat hij naar zijn eigen vernietiging verlangt. Maar dit verlangen is in wezen de geest van de elementen die, zich opgesloten voelend in het leven van het menselijk lichaam, er voortdurend naar blijft verlangen terug te keren naar zijn bron. En ik zeg u dat ditzelfde verlangen in wezen inherent is aan de natuur...'*

## Mediteren over Mona

Serge Bramly vertelt van een Chinese dichter uit de Sung-dynastie die opmerkte dat er op de wereld drie dingen waren die verschrikkelijk waren om te zien vanwege de verspilling: slecht geschoolde jongelingen, het verkeerd behandelen van een goede kwaliteit thee, en grote kunst die niet gewaardeerd wordt. Leonardo's *Mona Lisa* is zo bekend dat er zelden naar gekeken wordt. Ga een tijdje bij Mona zitten. Wacht tot je analytische geest bedaard is en adem haar wezen in. Let op je reacties. (Wanneer je in Parijs bent, kun je naar het Louvre gaan dat om 9 uur 's morgens opengaat en regelrecht naar de echte Mona lopen voor een privé-audiëntie).

## Neem Mona's glimlach over

Experimenteer met het overnemen van Mona's gelaatsuitdrukking, en met name de beroemde glimlach. Let op je gevoel hierbij. Mensen die deze oefening hebben geprobeerd, zeiden onder meer:

- 'Ik heb het gevoel dat mijn geest tegelijkertijd op twee verschillende plaatsen is.'
- 'Wanneer ik zo glimlach, voel ik me van binnen vrijer.'
- 'Ik voel me als iemand die geheimen kent.'
- 'Ik voelde een onmiddellijke verandering – alles was opeens totaal anders.'

Ga nu terug naar de vragen van je Curiosità-lijst die de meeste angst oproepen. Neem nu alleen bij het denken over elke vraag de glimlach van Mona over. Verandert je denken wanneer je de vraag vanuit Mona's gezichtspunt bekijkt? Noteer je bevindingen in je aantekenboek.

## INCUBATIE EN INTUÏTIE

Grote musici zeggen dat hun kunst tot leven komt in de ruimte tussen de noten. Meesterbeeldhouwers wijzen de ruimte rondom hun werk aan als het geheim van de kracht die het heeft. Zo vormen de ruimtes tussen je bewuste inspanningen een sleutel tot creatief leven en probleem-oplossen. In deze ruimtes kunnen waarnemingen, ideeën en gevoelens rijpen.

Toen Leonardo aan *Het laatste Avondmaal* werkte was hij dagen achtereen bezig op de steiger waar hij schilderde van de vroege ochtend tot de schemering; maar dan nam hij opeens een tijd rust. De abt van Santa Maria delle Grazie die zijn diensten had ingehuurd, vond dit niet leuk. Zoals Vasari schreef: 'De abt van de kerk smeekte Leonardo met hinderlijke hardnekkigheid het werk te voltooien, want het maakte op hem een vreemde indruk te zien dat Leonardo soms een halve dag in gedachten verzonken doorbracht, en hij had liever gezien dat Leonardo net als de werklieden die in de tuin aan het eggen waren, nooit zijn penseel had neergelegd.' Vasari legt uit dat de abt zijn beklag deed bij de hertog, die Leonardo ondervroeg over zijn werkgewoonten. Hij zegt dat Leonardo de hertog ervan overtuigde dat 'de grootste genieën soms meer presteren wanneer ze minder werken'.

Het was duidelijk dat Leonardo zijn eigen formaat niet onderschatte; maar zijn trots op zijn talenten en zijn vertrouwen in de ritmen van de incubatie werden in evenwicht gehouden door nederigheid en een verrukkelijke humor. Vasari vertelt dat de maestro de hertog uitlegde dat hij nog twee gezichten

'De ogen hebben de vochtige glans die men altijd bij levende mensen ziet, terwijl eromheen de wimpers zijn en al de roodachtige tinten die slechts met de grootste zorg kunnen worden bereikt. De wenkbrauwen konden niet echter zijn.... De neus doet levensecht aan met zijn prachtige, roze en zachte neusgaten. De mond, met haar opening die het rood van de lippen doet overgaan in het vlees van het gezicht, lijkt eerder van levend vlees dan van verf. Iedereen die met aandacht naar het kuiltje aan haar hals keek, zou haar harteklop zien.'

GIORGIO VASARI na het zien van de Mona Lisa

> ## SFUMATO VOOR OUDERS
>
> Jonge kinderen zijn nog niet toe aan de diepere paradoxen van het leven, maar ze zijn wel dol op raadsels en geheimzinnigheid. Bouw aan Sfumato met spelletjes, puzzels en verhaaltjes. Vertel je kinderen bijvoorbeeld steeds hetzelfde verhaaltje voor het slapen-gaan, maar maak er elke keer een ander eind aan. Behalve dat je zo je eigen verbeeldingskracht stimuleert, zul je hen aanmoedigen plezier te hebben in het onbekende.

moest afmaken: Christus en Judas. Het gelaat van Christus, dat uiteindelijk onvoltooid zou blijven, was een uitdaging die naar Leonardo's gevoel zijn krachten te boven ging, 'want hij wilde geen model op aarde zoeken en durfde er niet van uit te gaan dat de schoonheid en hemelse gratie die voor de geïncarneerde godheid vereist waren uit zijn verbeelding konden voortspruiten.' Wat het gezicht van Judas betreft, legde Leonardo de hertog uit dat het een grote uitdaging zou zijn om een model te vinden voor iemand 'zo slecht dat hij zijn Heer, de Schepper van de wereld, verried. Niettemin zou hij een model zoeken voor dit tweede gezicht, maar als hij niets beters kon vinden, was er altijd nog de kop van de abt.'

Hoewel jouw baas misschien niet ontvankelijk is voor de gedachte dat 'de grootste genieën soms meer presteren wanneer ze minder werken', is incubatie, de kunst om dingen te laten rijpen, wel van groot belang om je creatieve potentieel te kunnen realiseren. Bijna iedereen heeft wel eens ergens 'een nachtje over geslapen' om met een oplossing voor het probleem wakker te worden. Maar incubatie werkt het beste wanneer je net als Leonardo perioden van intensief, gericht werken afwisselt met perioden van rust. Zonder perioden van intensief gericht werken is er niets om te laten rijpen.

Je incubatoire ritmen ontdekken en erop leren vertrouwen is een eenvoudig geheim om je intuïtie en creativiteit aan te boren. Soms levert incubatie een duidelijk inzicht op, een aha-ervaring. Maar vaak zijn de vruchten van onbewust werk subtiel en onopvallend. De muzen vragen aandacht voor de fijne nuances van het denken, je moet luisteren naar de zwakke fluistering van bedeesde innerlijke stemmen.

Neurowetenschappers schatten dat je onbewuste database wel tien miljoen keer groter is dan je bewuste database. Eerstgenoemde is de bron voor je creatieve potentieel. Met andere woorden, een deel van je is veel slimmer dan jij. De verstandigste mensen gaan regelmatig te rade bij dat slimmere deel. Dat kun jij ook doen door ruimte te maken voor incubatie.

## Neem tijd voor afzondering en ontspanning

Waar ben je wanneer je je beste ideeën krijgt? Ik heb deze vraag de afgelopen twintig jaar aan duizenden mensen gesteld. De meest gegeven antwoorden: 'Ik lig rustig in bed', 'Ik wandel in de natuur', 'Ik zit in de auto en luister naar muziek' en 'Ik sta ontspannen onder de douche of zit in bad'. Bijna niemand zegt dat hij of zij op het werk de beste ideeën krijgt.

Wat gebeurt er wanneer je in het bos wandelt, in bed ligt of lekker onder de douche staat, dat niet op de werkplek gebeurt? Afzondering en ontspanning. De meeste mensen krijgen hun beste ideeën wanneer ze ontspannen en alleen zijn.

Hoewel Da Vinci ervan hield ideeën uit te wisselen met anderen, wist hij dat zijn meest creatieve inzichten kwamen wanneer hij alleen was. Hij schreef: 'De schilder moet alleen zijn... Want als je alleen bent, ben je volledig jezelf, maar als je gezelschap hebt van één persoon ben je half jezelf.'

Kweek Sfumato aan door tijd te nemen voor afzondering. Neem tenminste een of twee keer per week wat tijd om te gaan wandelen of gewoon rustig in je eentje te zitten.

### 'Neem wat ontspanning'

Velen van ons gebruiken hun dagen om hard te werken op

een gerichte manier, waarbij de linker hemisfeer actief is. We gaan soms zo in een project op dat we door de bomen het bos niet meer zien. Je kunt met meer plezier en meer resultaat werken of studeren als je om het uur even pauzeert. Modern psychologisch onderzoek toont aan dat wanneer je een uur werkt of studeert, en dan tien minuten iets heel anders doet, je geheugen voor het materiaal waaraan je werkte na afloop van die tien minuten beter is dan na afloop van dat uur. Psychologen noemen dit verschijnsel het herinneringseffect. In zijn *Verhandeling over de schilderkunst* gaf Da Vinci het advies '... het is goed om dikwijls op te houden met het werk en wat ontspanning te nemen, want als je er dan naar terugkeert kun je het beter beoordelen...' Volg het advies van de maestro op en maak in je volle agenda plaats voor de 'hersenpauze' van tien minuten. Luister bijvoorbeeld naar jazz of klassieke muziek, maak creatieve krabbels, ga mediteren of doe stretch-oefeningen om ontspanning en incubatie te bevorderen. Behalve elk uur een pauze is het ook verstandig om een soort wekelijkse 'sabbath' te houden en elk jaar een echte vakantie te nemen.

Dr. Candace Pert, auteur van Molecules of Emotion, zegt over het denkende lichaam: 'Je hersenen werken op moleculair niveau perfect samen met de rest van je lichaam, en wel in zo'n mate dat de uitdrukking "het mobiele brein" een goede beschrijving is van het psychosomatische netwerk waarlangs intelligente informatie van het ene systeem naar het andere reist'. En ook: 'Elke seconde wordt er een enorme hoeveelheid informatie uitgewisseld in je lichaam. Stel je voor dat elk van deze boodschappersystemen een eigen toon bezit, een herkenningsmelodie neuriet, die omhoog en omlaag gaat, aanzwelt en afneemt, bindt en ontbindt...' Intuïtie is de kunst om met een innerlijk oor naar de ritmen en melodieën van je eigen 'lichaamsmuziek' te luisteren.

## Vertrouw op je intuïtie

Schenk meer aandacht aan de vermoedens en intuïties die dagelijks bij je opkomen. Probeer ze op te schrijven in je aantekenboek en later te kijken of je het goed had. Door je dagelijkse intuïtieve invallen te controleren, scherp je hun accuratesse.

Om een betrouwbaar, accuraat innerlijk leidsysteem op te bouwen is het nodig naar je lichaam te luisteren. In uitspraken zoals 'ik voel het aan mijn water', 'ik voel het in mijn botten', 'diep in mijn hart weet ik dat het waar moet zijn' en dergelijke komt de lichamelijke basis van de intuïtie tot uiting.

Wanneer je tijd neemt voor afzondering – door te gaan wandelen, in je auto te rijden of gewoon in bed te liggen – moet je niet vergeten naar je botten te luisteren en diep in je hart te kijken. Probeer een of twee keer per dag de volgende heerlijk eenvoudige oefening om toegang te krijgen tot de subtiele nuances van je intuïtie:

    Adem een paar keer diep uit.
    Maak je buik zacht.
    Wees ontvankelijk.

## SFUMATO OP HET WERK

In de jaren tachtig publiceerde de American Management Association een studie waarin de conclusie luidde dat de meest succesvolle managers zich onderscheidden door 'een hoge tolerantie voor onzekerheid en een vermogen om intuïtief beslissingen te nemen'. In deze tijd, nu veranderingen steeds sneller komen, is 'tolerantie' voor onzekerheid niet meer voldoende; we moeten onzekerheid verwelkomen en ervan genieten.

In *The Logic of Intuitive Decision Making* meldde professor Weston Agor zijn ontdekking, opgedaan in uitgebreide interviews, dat de grote meerderheid van ervaren managers hun ergste beslissingen toeschreef aan het feit dat ze niet waren afgegaan op hun intuïtie. Nu we beginnen aan de eenentwintigste eeuw dreigen we overweldigd te worden door de hoeveelheid informatie. Intuïtie is belangrijker dan ooit.

Het komt hierop neer: Verwelkom onzekerheid en vertrouw op je intuïtie.

# Arte/Scienza

*De ontwikkeling van het evenwicht tussen wetenschap en kunst, logica en verbeelding. Denken met beide hersenhelften.*

Weet je iets over het onderzoek naar de linker- en rechterhemisfeer van de cerebrale cortex? En zo ja, weet je welke hersenhelft bij jou domineert? Met andere woorden, ben je een kunstzinnige, intuïtieve, rechterhemisfeer-denker? Of voel je je meer op je gemak met de stap-voor-stap-logica van de linkerhersenhelft?

Het idee dat ons denken beheerst wordt door de linker- of de rechterhersenhelft is gemeengoed geworden door het onderzoek van professor Roger Sperry, die hiervoor de Nobelprijs heeft gekregen. Sperry ontdekte dat logisch, analytisch denken meestal plaatsvindt in de linkerhemisfeer van de cortex, terwijl de rechterhemisfeer zorgt voor fantasierijk, beeldend denken.

Hoewel onze scholen vaak lippendienst bewijzen aan de idee van de uitgebalanceerde renaissancemens, lijden we in de praktijk aan een pandemie van het 'denken met het halve brein'. In de woorden van professor Sperry: 'Ons onderwijsstelsel is evenals de wetenschap in het algemeen geneigd de niet-verbale vorm van intelligentie te verwaarlozen. Het komt erop neer dat de moderne samenleving de rechterhemisfeer discrimineert.' Het resultaat is dat personen bij wie de linkerhemisfeer domineert het vaak goed doen op school, maar hun creatieve vermogens niet ontwikkelen, terwijl personen bij wie de rechterhemisfeer domineert zich vaak schuldig voelen over hun manier van denken en dikwijls ten onrechte het etiket 'moeilijk lerend' opgeplakt krijgen.

Zij die naar evenwicht zoeken, worden onvermijdelijk aangetrokken tot het bestuderen van Leonardo. Onze fascinatie voor hem wordt voor een belangrijk deel opgewekt door zijn faam als dé 'man die denkt met beide hersenhelften'.

De kunsthistoricus Kenneth Clark begint zijn essay over de relatie tussen de wetenschapsbeoefening en de kunst van Leonardo met het benadrukken van de onderlinge afhankelijkheid van deze disciplines: 'Het is gebruikelijk om Leonardo als wetenschapper en Leonardo als kunstenaar in afzonderlijke studies te behandelen. En dit is ongetwijfeld een verstandige handelwijze ten gevolge van de moeilijkheden die het oplevert als men zijn mechanische en wetenschappelijke onderzoekingen wil volgen. Het is evenwel niet geheel bevredigend, omdat de kunstgeschiedenis uiteindelijk niet goed begrepen kan worden zonder daarbij in enige mate de geschiedenis van de wetenschap te betrekken. In beide disciplines bestuderen we de symbolen waarmee de mens zijn mentale systemen bevestigt, en in deze symbolen, of ze nu beeldend of mathematisch zijn, fabels of formules, komen dezelfde veranderingen tot uiting.' De wetenschapshistoricus George Sarton gaat van een andere invalshoek uit maar komt tot een soortgelijke conclusie: 'Aangezien de toename van kennis de kern van de vooruitgang is, zou de geschiedenis van de wetenschap de kern van de algemene geschiedenis moeten zijn. Toch kunnen de grote levensproblemen niet door mannen van de wetenschap alleen worden opgelost, of door kunstenaars en humanisten: we hebben de samenwerking van hen allen nodig. Wetenschap is altijd onmisbaar maar nooit voldoende. We hongeren naar schoonheid, en waar de naastenliefde ontbreekt, baat niets anders.' Sarton voegt daaraan toe: 'Leonardo's uitnemende verdienste is dat hij door zijn eigen voorbeeld heeft aangetoond dat het zoeken naar schoonheid en het zoeken naar waarheid niet onverenigbaar zijn.'

Was dus Leonardo een wetenschapper die de kunst bestudeerde, of een kunstenaar die de wetenschap bestudeerde? Hij was natuurlijk beide. Zijn wetenschappelijke studies over gesteenten, planten, het vliegen, stromend water en de menselijke anatomie worden bijvoorbeeld uitgedrukt in prachtige, evocatieve, expressieve kunstwerken, niet in droge technische tekeningen. Tegelijkertijd zijn de ontwerpen voor zijn schilderijen en beelden ongelooflijk gedetailleerd, nauwgezet analyserend en mathematisch precies.

Zoals Jacob Bronowski, auteur van *The Ascent of Man*, zegt: '[Leonardo] bracht de visie van een schilder in de wetenschap. Hij begreep dat de wetenschap evenzeer als de schilderkunst, het ontwerp van de natuur moet zoeken in haar bijzonderheden... hij gaf de wetenschap wat zij bovenal nodig heeft, het gevoel van de kunstenaar dat de details van de natuur belangrijk zijn. Tot de wetenschap dit gevoel had, kon het niemand interesseren – of van belang lijken – hoe snel twee ongelijke massa's vallen en of de banen van planeten precies cirkels of ellipsen zijn.'

Voor Leonardo waren kunst en wetenschap onscheidbaar. In zijn *Verhandeling over de schilderkunst* waarschuwt hij potentiële liefhebbers: 'Zij die verliefd worden op de kunst, zonder zich tevoren te hebben toegelegd op de ijverige studie van het wetenschappelijke gedeelte ervan, kan men vergelijken met zeelieden die zee kiezen in een schip zonder roer of kompas en er derhalve niet zeker van kunnen zijn in de gewenste haven aan te komen.'

Leonardo benadrukte bijvoorbeeld dat het vermogen van de schilder om de schoonheid van de menselijke vorm uit te drukken berust op een diepgaande studie van de anatomie. Wanneer een uit gedetailleerde analyse van beenderstructuur en betrekkingen tussen spieren geboren inzicht ontbrak, was het waarschijnlijk dat de aspirant-schilder 'houterige, onbevallige naakten zou tekenen die er eerder uitzien alsof je naar een stapel noten kijkt dan naar een menselijke vorm, of naar een bos pastinaken in plaats van naar spieren...' Hij schreef ook: 'Zorg dat je de structuur kent van alles wat je wilt afbeelden.' Toch vindt Kenneth Clark dat Leonardo's wetenschap berustte op zijn kunst: 'Vaak wordt gezegd dat Leonardo zo goed tekende omdat hij wist hoe dingen zaten;

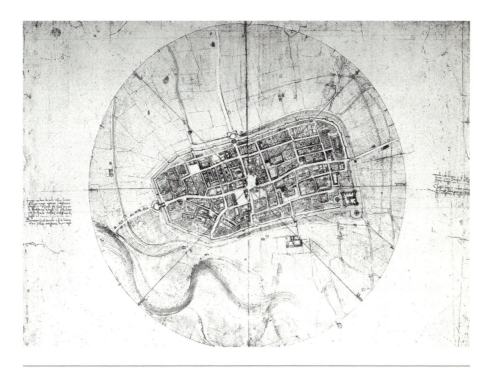

*Kaart van Imola door Leonardo da Vinci. Dankzij zijn vermogen zowel het geheel als de details te zien maakte Leonardo opmerkelijk accurate landkaarten.*

# DE ROL VAN DE KUNSTENAAR IN LEONARDO'S TIJD

Ten tijde van Leonardo's geboorte was de kunstenaar een anonieme ambachtsman met de sociale status van een werkman. Kunstenaars werkten in een omgeving die meer weg had van een fabriek dan van een modern atelier en werden per uur betaald. Aan de meeste dingen die ze maakten werd gezamenlijk gewerkt en ze werden niet gesigneerd. In het Europa van voor de Renaissance was alle creativiteit in het goddelijke geprojecteerd en was het idee van een mens als schepper godslasterlijk.

In de loop van Leonardo's leven veranderde de rol van de kunstenaar dramatisch. Kunstenaars maakten eerder werk dat gebaseerd was op hun eigen interessen dan op de specifieke eisen van hun broodheer. Ze begonnen hun schilderijen te signeren en autobiografieën te schrijven, en er werden biografieën over hen geschreven. Rafaël, Titiaan en Michelangelo werden supersterren in hun eigen tijd, rijk, gerespecteerd en aanbeden.

Het zaad van deze opmerkelijke transformatie was gezaaid door Leonardo's voorloper, Leon Battista Alberti, in wiens tijd rekenen, meetkunde, astronomie, muziek, grammatica, logica en retorica onder de intellectuele elite geaccepteerd waren als de edele disciplines, de fundamenten van de kennis. Het schilderen hoorde daar niet bij, maar Alberti zag dat de op wiskunde gebaseerde disciplines verhoudingenleer en perspectiefleer een gemeenschappelijk terrein konden vormen voor de schilderkunst en de edele disciplines. Leonardo greep dit idee aan en breidde het uit. Zijn formulering van schilderen als een wetenschap gaf zijn geliefde praktijk van 'weten hoe te zien' de eerste plaats onder de vrije kunsten. Da Vinci's aansporingen om 'rechtstreeks naar de natuur te gaan' en oorspronkelijk oftewel wat hij noemde een 'inventore' te zijn, bleken niet alleen de rol van de kunstenaar te veranderen maar ook het begrip 'genie'.

het is eerder waar, te zeggen dat hij wist hoe dingen zaten omdat hij zo goed tekende.'

Terwijl hij ijverde voor nauwkeurigheid (een van zijn lijfspreuken was '*Ostinate rigore!*' – 'Koppige nauwkeurigheid!'), aandacht voor het detail, logica, wiskunde en intensieve praktische analyse, drukte Leonardo zijn leerlingen ook op het hart de macht van de verbeelding wakker te roepen op een wijze die toen nog nooit was vertoond. Hij bood hun naar zijn zeggen 'een nieuw en speculatief idee, dat hoewel het misschien triviaal en bijna belachelijk lijkt, niettemin van grote waarde is om de geest der vindingrijkheid te versnellen', en vroeg zijn leerlingen stenen, sintels, wolken en modder te bekijken en hun vermogen te ontwikkelen om in deze saaie vormen 'de beeltenis te zien van hemelse landschappen... en van oneindig veel dingen'. Dat te zien, schrijft hij 'ontstaat net als bij klokgelui, waarin je elke naam en elk woord kunt horen die je maar kunt bedenken.'

> '*Bestudeer de wetenschap van de kunst en de kunst van de wetenschap.*'
>
> LEONARDO DA VINCI

Deze opdracht is meer dan een advies om de fantasie van een kunstenaar te stimuleren; het is een doorbraak in de evolutie van menselijk denken. Da Vinci bracht een traditie op de wereld die uiteindelijk resulteerde in het moderne 'brainstormen'. In de tijd vóór Da Vinci bestond het begrip 'creatief denken' als intellectuele discipline niet.

## ARTE/SCIENZA EN JIJ

Alle principes in dit boek kunnen je helpen je hemisferen in evenwicht te brengen en je latente DaVinciaanse capaciteiten wakker te roepen, maar je kunt je ook op dat evenwicht concentreren door een eenvoudige, enorm werkzame methode te gebruiken om een samenwerking tussen *arte* en *scienza* te brengen in je dagelijks denken, plannen en probleem-oplossen. Deze methode heet mind mapping oftewel een mentale landkaart maken.

Mind mapping is een methode om ideeën te genereren en te organiseren die is bedacht door Tony Buzan en voor een groot deel geïnspireerd is op Da Vinci's aanpak van het aantekeningen maken. Je kunt mind mapping gebruiken om persoonlijke doelen te stellen, voor een dagelijkse planning en bij interper-

## ARTE/SCIENZA OP HET WERK

Ned Hermann, oprichter van de Whole Brain Corporation, ontwikkelde een test om de hemisfeerdominantie te bepalen. In zijn workshops gebeurde het wel dat Hermann mensen die scoorden als 'ultra-links' en 'ultra-rechts' apart nam om hun een speciale opdracht te geven. Ze krijgen twee uur om de opdracht uit te voeren. De groep bij wie de linkerhemisfeer sterk domineert, komt precies op tijd terug en heeft een uitgetypt rapport gemaakt, keurig gecorrigeerd. Het zit uitstekend in elkaar en is akelig saai en ongeïnspireerd. De groep met sterke rechterhemisfeerdominantie stort zich in een filosofisch debat over de betekenis van de opdracht. Zij komen op verschillende tijdstippen terug met op papiertjes gekrabbelde ideeën, ongeordend en meestal onbruikbaar.

Vervolgens worden de twee groepen samengevoegd, met iemand die hen begeleidt terwijl ze gezamenlijk aan een andere opdracht werken. Ze komen op tijd terug met een evenwichtig, georganiseerd, creatief stuk. De les: Voor effectiviteit is het nodig teams te vormen waarin de dominerende hersenhelften evenwichtig verdeeld zijn.

Vaak zullen individuen echter gepolariseerd raken op grond van hemisferische stijl. De mensen met linkerhemisfeerdominantie van de financiële afdeling staan op een kluitje bij hun koffieautomaat te kijken naar de rechterhemisfeerlui van marketing en denken: 'Die zweverige dromers zitten met hun hoofd in de wolken. Ze begrijpen de cijfers niet zoals wij.' Intussen nemen de rechterhemisfeerders bij de rechterhemisfeervriendelijke waterkoeler de linkerhemisfeerders eens op en denken: 'Wat zijn dat toch een bekrompen centtentellers. Zij zien niet het hele beeld zoals wij.'

Individuen lopen vaak innerlijk in een soortgelijke val. Linkerhersenhelfters denken: 'Het spijt me, mijn linkerhersenhelft is dominant. Ik kan onmogelijk creatief of fantasierijk zijn.' En rechterhersenhelfters maken de fout zichzelf te programmeren: 'Tja, mijn rechterhersenhelft is dominant – ik kan onmogelijk op tijd op een vergadering komen.'

Sinds 1978 heb ik met duizenden managers op alle niveaus gewerkt. Sommigen zijn analytische, serieuze, grondige planners; anderen zijn intuïtieve, speelse, spontane improviseerders. De besten zijn degenen die een evenwicht vinden tussen analyse en intuïtie, serieus en speels zijn, planning en improvisatie, *arte* en *scienza*.

soonlijk probleem-oplossen. Het kan je helpen bij je werk, met je kinderen of met elke onderneming. Maar de mooiste toepassing van mind mapping is dat je als je het regelmatig toepast, leert meer in evenwicht te denken, à la Leonardo.

Laten we het toneel gereed maken voor mind mapping door te denken aan de methode die de meesten van ons hebben geleerd voor het genereren en ordenen van ideeën: een synopsis maken. De traditionele synopsis begint met 'Romeins cijfer I'. Heb je ooit wel eens ontiegelijk lang op idee Romeins cijfer I zitten wachten? Misschien komt het na een minuut of twintig en kun je verder met je synopsis tot en met punt IIId, wanneer je beseft dat punt IIId beter punt IIb kan zijn. Je streept het door en tekent een pijl. Nu begint je synopsis een beetje knoeierig te worden. En we weten allemaal dat een synopsis er *netjes* uit moet zien. Gefrustreerd begin je te droedelen of weg te dromen. Je onderdrukte rechterhemisfeer probeert zich te uiten, maar met droedelen maak je je synopsis nog knoeieriger, en je voelt je schuldig omdat je zit te dromen. Je zit vast in een intracorticaal conflict, verkreukelt je vel papier tot een prop en probeert opnieuw te beginnen.

Hoewel het maken van een synopsis waardevol is als hulpmiddel om ideeën op een formele, geordende manier te presenteren, is het alleen nuttig *nadat het echte denkwerk al is gedaan*. Als je ideeën probeert te genereren door een synopsis te maken, zul je merken dat het je afremt en je vrijheid tot denken smoort. Het is gewoon erg onlogisch om te proberen je ideeën te ordenen voordat je ze hebt gekregen.

Bovendien sluiten het maken van een synopsis en andere lineaire notatiesystemen de capaciteit van je brein om in kleur, dimensie, synthese, ritme en beeld te denken uit. Door je van tevoren één kleur en één vorm op te leggen staat het maken van een synopsis garant voor monotonie. Het maken van een synopsis benut maar één helft van je geest, en een halve geest weggooien is een verschrikkelijke verspilling.

Mind mapping bevrijdt je van de tirannie van de voortijdige ordening die het genereren van ideeën smoort. Mind mapping bevrijdt je conceptuele vermogens door evenwicht te brengen tussen genereren en organiseren terwijl alle aspecten van mentale expressie de ruimte krijgen.

Denk aan het laatste boek dat je gelezen hebt of aan de laatste werkgroep waaraan je hebt deelgenomen. Stel je voor dat je een verslag moet schrijven

*Pagina's zoals deze uit de aantekeningenboeken van Leonardo hebben geholpen het idee van het moderne mind mapping op te roepen.*

over dat boek of die werkgroep. Begin met je de informatie te herinneren. Observeer terwijl je dat doet de werking van je geest die hiermee bezig is. Werkt je geest door hele alinea's te construeren of door geordende synopsissen aan je geestesoog te presenteren? Waarschijnlijk niet. Alle kans dat je indrukken, sleutelwoorden en beelden voor de geest komen, waarbij het een associatief tot het ander leidt. Mind mapping is een methode om dit natuurlijke denkproces op papier voort te zetten.

*De metafoor van de linker- en rechterhemisfeer van de cerebrale cortex.*

Leonardo bond kunstenaars en wetenschappers op het hart om 'naar de natuur te kijken' bij het zoeken naar kennis en inzicht. Als je naar de structuur van een boom of een plant zoals de ster-van-Bethlehem kijkt, kun je zien dat dit een netwerk van leven is, dat zich in alle richtingen uitbreidt vanuit de stam of stengel. Maak een helikoptervlucht boven een grote stad; het is een uitgestrekte structuur van onderling verbonden centra en wegen, hoofdaders die in verbinding staan met zijwegen. Onze grondwaterspiegel, ons mondiale telecommunicatiesysteem en ons zonnestelsel zijn soortgelijke netwerken van verbindingen. De communicatiestructuur in de natuur is niet-lineair en zelforganiserend; ze werkt door middel van netwerken en systemen.

Misschien wel het meest verbazingwekkende natuurlijke systeem zit bij jou in je schedel. De fundamentele structurele eenheid van de hersenfunctie is het neuron. Elk van de miljarden neuronen die wij bezitten, vertakt zich vanuit een centrum, de nucleus genaamd. Elke tak, of dendriet (van dendron, wat 'boom' betekent) is bedekt met kleine knoppen, dendritische stekels genaamd. Wanneer wij denken, springt elektrochemische 'informatie' over de kleine opening tussen de stekels. Deze overgang wordt synaps genoemd. Ons denken is een functie van een gigantisch netwerk van synaptische patronen. Een mind map is een grafische expressie van deze natuurlijke patronen in het brein.

Het hoeft daarom geen verbazing te wekken dat de stijl van aantekeningen maken van tal van de grootste breinen uit de geschiedenis – zoals Charles Darwin, Michelangelo, Mark Twain en natuurlijk Leonardo da Vinci, – een vertakte, organische structuur vertoont, aangevuld met veel tekeningetjes, creatieve krabbels en sleutelwoorden.

Hoe linker- of rechterhersenhelftig ben jij? Voor je gaat leren om door middel van mind mapping tot denken met beide hersenhelften te komen, vraag ik je de bladzijde om te slaan en een paar minuten te gebruiken om na te denken over je eigen 'hemisferische geneigdheden'. Welke uitspraken zijn voor jou van toepassing?

Welke lijst op de volgende pagina beschrijft jou het beste? De eerste lijst is een klassieke beschrijving van iemand bij wie de linkerhersenhelft domineert. In de tweede lijst staan eigenschappen die horen bij een meer door de rechterhersenhelft gedomineerd persoon. Natuurlijk zijn de meeste mensen complexer dan dit eenvoudige model zou doen denken. Toch is de metafoor over rechts en links een bruikbaar hulpmiddel om over evenwicht te denken.
Wat jouw hemisferische inslag ook mag zijn, de sleutel tot het verwezenlijken van je volle potentieel is verder te gaan met het evenwicht te ontdekken.

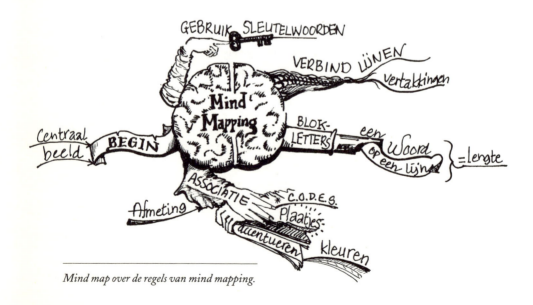

*Mind map over de regels van mind mapping.*

## *Arte/Scienza: Zelfbeoordeling*

- [ ] Ik houd van details.
- [ ] Ik kom bijna altijd op tijd.
- [ ] Ik ben goed in wiskunde.
- [ ] Ik vertrouw op logisch redeneren.
- [ ] Ik schrijf duidelijk.
- [ ] Vrienden zeggen dat ik goed kan formuleren.
- [ ] Analyseren is een van mijn sterke kanten.
- [ ] Ik ben georganiseerd en gedisciplineerd.
- [ ] Ik houd van lijstjes.
- [ ] Als ik een boek lees, begin ik met bladzijde een en lees verder door.

- [ ] Ik heb veel fantasie.
- [ ] Ik ben goed in brainstormen.
- [ ] Ik zeg of doe vaak iets onverwachts.
- [ ] Ik houd van droedelen.
- [ ] Op school was ik beter in meetkunde dan in algebra.
- [ ] Ik lees een boek hap-snap, hier en daar een stukje.
- [ ] Ik let liever op het grote geheel en laat de details aan een ander over.
- [ ] Ik heb vaak geen besef van de tijd.
- [ ] Ik vertrouw op mijn intuïtie.

# Arte/Scienza:
## *Toepassingen en oefeningen*

### Leer de regels van mind mapping

Aan het einde van de *Verhandeling over de schilderkunst* schreef Leonardo: 'Deze regels zijn bedoeld om u te helpen een vrij en juist oordeel te vormen, want een goed oordeel komt voort uit een goed begrip, en een goed begrip komt voort uit de rede, geleid door goede regels, en goede regels zijn de kinderen van gedegen ervaring, die de gemeenschappelijke moeder is van alle wetenschappen en kunsten.'

De regels van mind mapping zijn 'bedoeld om u te helpen een vrij en juist oordeel te vormen'. Ze zijn 'de kinderen van gedegen ervaring', want ze zijn de afgelopen dertig jaar uitvoerig getest en bijgeschaafd.

Alles wat je nodig hebt om met mind mapping te beginnen is een onderwerp, een paar gekleurde pennen en een groot vel papier. Ga aan de slag volgens deze regels:

1) Begin je mind map met een *symbool* of een beeld (hiermee geef je je onderwerp weer) in het *midden* van je vel papier.
   Door in het midden te beginnen kan je geest over de volle 360 graden associaties vormen. Beelden en symbolen zijn gemakkelijker te onthouden dan woorden en versterken je vermogen om creatief over je onderwerp na te denken.
2) Schrijf sleutelwoorden op.
   Sleutelwoorden zijn de informatierijke 'brokjes' die de

herinnering en creatieve associaties activeren.
3) Verbind de sleutelwoorden met lijnen die van je centrale beeld uitgaan.
Door woorden met lijnen te verbinden ('takken') kun je duidelijk laten zien hoe het ene sleutelwoord zich verhoudt tot het andere.
4) Gebruik blokletters om je sleutelwoorden op te schrijven.
Blokletters zijn gemakkelijker te lezen en te onthouden dan lopend schrift.
5) Schrijf *één* sleutelwoord per lijn op.

Door dit te doen geef je jezelf de vrijheid om een maximaal aantal creatieve associaties bij elk sleutelwoord te ontdekken. De discipline van één woord per lijn leert je ook om het meest passende sleutelwoord te zoeken, wat de precisie van je denken bevordert en rommeligheid vermindert.
6) Zet je sleutelwoorden op de lijnen en zorg dat een woord even lang is als de lijn waar het op staat.
Hiermee wordt de helderheid van de associaties vergroot en wordt de ruimte zuinig gebruikt.
7) Gebruik kleuren, tekeningetjes, dimensies en codes voor meer associatie en om accenten te leggen.
Markeer belangrijke punten en illustreer relaties tussen verschillende takken van je mind map. Je zou bijvoorbeeld je belangrijke punten naar voren kunnen halen door middel van een kleurcode, waarbij je de allerbelangrijkste punten met geel markeert, de secundaire punten met blauw, enzovoort. Tekeningetjes en afbeeldingen, liefst in sprekende kleuren, moeten worden gebruikt waar mogelijk; die stimuleren je creatieve associaties en helpen je geheugen enorm.

## Maak je eigen mind map

Als je gaat experimenteren met mind mapping zullen de voordelen je steeds duidelijker worden. Mind mapping stelt je in staat snel te beginnen en in minder tijd meer ideeën te genereren; je zult merken dat denken, werken en problemen oplossen veel leuker worden. Alle synopsissen zien er zo'n beetje hetzelfde uit, maar elke mind map is weer anders. Het grootste voordeel van mind mapping is misschien wel dat het door ruimte te geven aan je unieke, individuele zelfexpressie, je helpt je eigen oorspronkelijkheid te ontdekken. Het geregeld toepassen van mind mapping zal je helpen een 'inventore' te worden.

De volgende eenvoudige mind mapping-oefening zal je op weg helpen:

1) Begin met een groot vel blanco, wit papier en zes of meer gekleurde pennen. Je kunt ook fluorescerende markers gebruiken voor een fellere kleur. In geval van nood gaat het natuurlijk ook met één pen of potlood en een klein blaadje papier.

Hoewel je mind maps kunt maken op een bierviltje, in je handpalm of op een Post-it-blaadje, is het beter om een groot vel papier te gebruiken; flipoverformaat is aan te bevelen. Hoe groter het papier, hoe meer vrijheid om je associaties uit te drukken.

Leg het papier plat voor je neer. Zo is het gemakkelijker om al je sleutelwoorden rechtop te schrijven, en zijn ze gemakkelijk te lezen.

2) Laten we zeggen dat het onderwerp voor deze mind map de Renaissance is.

- Begin je mind map door midden op het papier iets te tekenen dat de Renaissance vertegenwoordigt.
- Teken dit zo levendig als je kunt, en gebruik verschillende kleuren.
- Doe het met plezier; het maakt niet uit of de tekening klopt.

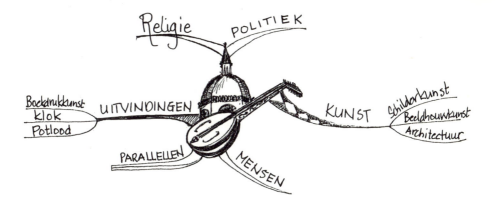

3) Schrijf nu sleutelwoorden in blokletters of teken plaatjes op lijnen die als stralen van de afbeelding in het midden uitgaan. (Denk erom dat je op de lijnen schrijft, één sleutelwoord of beeld per lijn, en dat de lijnen met elkaar verbonden blijven.)

- Het genereren van ideeën in de vorm van sleutelwoorden is gemakkelijk. Wanneer je aan de Renaissance denkt zou een sleutelwoord bijvoorbeeld kunst kunnen zijn, dat weer andere sleutelwoord-associaties zou kunnen oproepen zoals *schilderkunst, beeldhouwkunst, architectuur*. Een andere sleuteltak zou kunnen zijn uitvindingen, wat associaties oproept zoals *boekdrukkunst, klok, potlood*. Andere hoofdtakken zouden kunnen zijn mensen, politiek, godsdienst, parallellen.
- Als je het gevoel hebt dat je niet verder kunt, kies je een sleutelwoord op je mind map en noteert meteen de eerste associatie die dat woord bij je oproept – zelfs als het raar of irrelevant lijkt. Laat je associaties de vrije loop en maak je er niet druk over of elk woord wel 'goed' is.

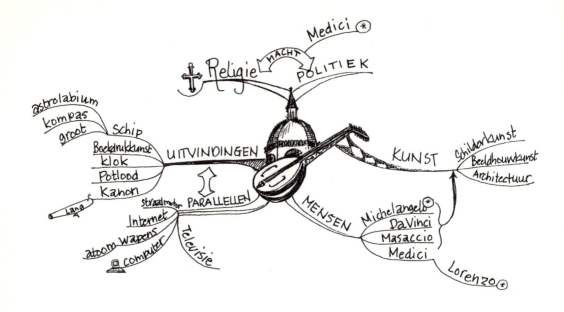

4) Wanneer je denkt dat je genoeg materiaal hebt gegenereerd door middel van vrij associëren, kijk je naar het resultaat: al je ideeën verspreid over dit ene vel papier.

- Wanneer je je mind map bekijkt, zul je verbanden zien die je helpen je ideeën te organiseren en te integreren.
- Kijk uit naar woorden die herhaaldelijk voorkomen op de mind map. Vaak verwijzen die naar belangrijke thema's.

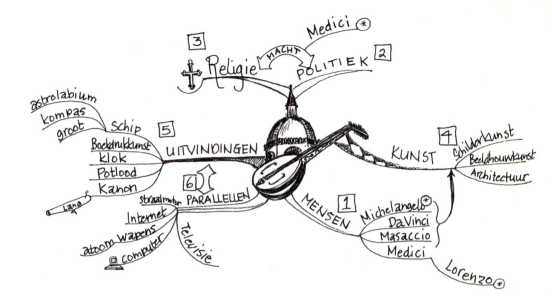

5) Verbind verwante delen van je mind map met pijlen, codes en kleuren.

- Verwijder elementen die er niet in lijken te passen. Breng je mind map terug tot alleen de ideeën die je voor je doel nodig hebt.
- Zet ze dan op volgorde, als dat nodig is. Dit kun je doen met getallen, of door de mind map nog eens te tekenen met de klok mee.

Hoe weet je dat je mind map klaar is? In theorie is er nooit een einde aan een mind map. Zoals Da Vinci benadrukte: 'Alles is verbonden met al het andere.' Als je er de tijd, de energie en de zin voor had, genoeg gekleurde pennen en een groot genoeg vel papier, zou je kunnen doorgaan verbindingen te leggen tussen al je kennis en uiteindelijk tussen alle menselijke kennis. Als je bezig bent een voordracht voor te bereiden of voor een examen studeert, zul je vermoedelijk geen tijd hebben om verbanden te leggen tussen alle menselijke kennis. Het antwoord is eenvoudig dat je mind map af is wanneer de informatie die je hebt gegenereerd voldoende is voor de opdracht die je onder handen hebt.

## Oefen je in het maken van mind maps

Hoewel mind mapping een waardevol hulpmiddel is om ingewikkelde taken zoals strategisch plannen, het voorbereiden van een presentatie, het leiden van een vergadering, de voorbereiding op een examen en systeemanalyse te

---

Een paar tips om je mind map netjes, leesbaar en overzichtelijk te houden. Zorg dat je centrale beeld midden op het vel papier staat en maak het niet te groot. Gebruik zo nodig geknikte en gebogen lijnen om al je sleutelwoorden rechtop te kunnen schrijven, zodat ze gemakkelijk te lezen zijn. Gebruik slechts één woord per lijn en schrijf de sleutelwoorden in blokletters. Maak de lijnen iets dikker bij hun oorsprong en maak de letters ongeveer een centimeter hoog zodat ze goed te lezen zijn. Sommige letters kun je nog groter maken om ze te accentueren. Maak elk woord even groot als de lijn eronder. Dit spaart ruimte en maakt het mogelijk duidelijker verbanden te zien. Gebruik zo mogelijk grote vellen papier. Een groot vel is niet zo gauw vol en het helpt je groot te denken. Maak je niet bezorgd als je eerste poging rommelig lijkt. Je kunt een tweede of derde versie maken om er meer helderheid in te krijgen.

vereenvoudigen, is het waarschijnlijk het beste als je je eerste paar mind maps maakt over betrekkelijk eenvoudige, luchtige onderwerpen. Kies een van de volgende onderwerpen om te beginnen je te oefenen in het maken van mind maps, in je eentje. Neem een minuut of twintig voor deze eerste oefen-mind map.

- Maak een mind map van je eerstvolgende vrije dag – Begin met een eenvoudig tekeningetje dat voor een vrije dag staat (b.v. een lachend zonnetje, een kalenderblaadje). Schrijf sleutelwoorden in *blokletters* en maak tekeningetjes die een aantal dingen uitdrukken die je op je eerstvolgende vrije dag zou willen doen. Denk erom dat de sleutelwoorden en tekeningetjes op lijnen moeten staan die als stralen van het symbool in het midden uitgaan.
- Maak een mind map van je droomvakantie – Verken de verrukkelijke fantasie van een droomvakantie door middel van een mind map. Begin met een symbool van je paradijs in het midden (b.v. oceaangolven, besneeuwde bergtoppen, de Eiffeltoren) en teken dan de takken met sleutelwoorden en beelden die de elementen van je ideale vakantie vertegenwoordigen.
- Maak een mind map van een fantastische avond voor een vriend(in) – Gebruik een mind map om na te gaan hoe je een volmaakte avond organiseert voor iemand die je dierbaar is. Begin met een tekeningetje in het midden dat voor je vriend(in) staat. Vorm dan met sleutelwoorden of beelden de takken met alles wat je kunt bedenken om het je vriend(in) naar de zin te maken. Denk erom dat je je geest associatief laat werken, in plaats van te proberen alles in volgorde op te schrijven. Bedenk gewoon van alles waarmee je je vriend(in) een plezier zou kunnen doen. Nadat je zo een grote hoeveelheid mogelijkheden hebt bedacht, kun je ze op volgorde gaan zetten.

Bekijk je mind map van je vrije dag, droomvakantie of leuke avond. Controleer je mind map om te zien of je je goed aan de regels hebt gehouden:

– Heb je levendige, veelkleurige tekeningetjes gemaakt?
– Heb je eraan gedacht niet meer dan één woord per lijn te gebruiken?
– Heb je de sleutelwoorden in blokletters geschreven?
– Heb je de lijnen met elkaar verbonden?

Als je van de regels bent afgeweken, kun je je mind map op de juiste manier overmaken.

*Zoals je ziet zijn er allerlei manieren waarop je mind mapping kunt gebruiken. De twee laatste oefeningen in dit hoofdstuk laten je dit denkhulpmiddel gebruiken op manieren die vooral geïnspireerd zijn door de maestro.*

## Maak een mind map over mind mapping

Goed, nu ben je opgewarmd. Probeer nu een mind map te maken over alle mogelijke manieren waarop je mind mapping kunt gebruiken. Begin met een tekeningetje in het midden dat het begrip mind mapping voor jou vertegenwoordigt. Teken dan takken en zet woorden in blokletters of tekeningetjes op verbonden lijnen. Streef ernaar ten minste twintig specifieke mogelijke toepassingen van mind mapping in je persoonlijke leven en werk te bedenken. Als je je mind map af hebt, markeer je de volgens jou meest waardevolle toepassingen. Kijk dan naar de Toepassingenkaart op de vorige bladzijde om te zien voor welke doeleinden mind mapping door veel mensen graag wordt gebruikt.

## Maak een mind map van je geheugen

Leonardo's ongelooflijke vermogen tot leren en creëren was gebaseerd op zijn geheugentraining, wat hij noemde 'uit het hoofd leren'. Na zorgvuldige observatie van zijn onderwerp vanuit verschillende gezichtshoeken tekende Leonardo een visueel beeld ervan. Dan liet hij 's avonds laat of 's morgens vroeg, wanneer hij in bed lag, het beeld de revue passeren en riep het tot leven voor zijn geestesoog. Vervolgens vergeleek hij zijn geestelijke beeld met zijn beste tekening tot hij de volmaakte afbeelding kon onthouden.

Mind mapping is een geweldig hulpmiddel om dingen uit het hoofd te leren. Probeer de volgende oefening om iets in je geheugen te prenten die op Leonardo's methode gebaseerd is:

- Bedenk iets dat je graag zou willen onthouden – misschien de inhoud van een boek dat je erg mooi vindt; een presentatie die je gaat geven; of alle stof voor een examen op school of de universiteit.

- Maak een uitgebreide mind map van je onderwerp en leg de nadruk op levendige beelden van de belangrijkste punten. Afhankelijk van de omvang en de ingewikkeldheid van je materiaal is het misschien nodig meerdere versies te maken om je onderwerp te organiseren, te integreren en duidelijk uit te drukken.
- Wanneer je je 'master mind map' af hebt, leg je hem weg. Neem een blanco vel papier en probeer, zonder het origineel te raadplegen, je master-map uit je hoofd opnieuw te maken. Doe dit tot je je origineel tot in details kunt overmaken.
- Haal je wanneer je rustig in bed ligt, je master-map voor de geest. Oefen dit visualiseren tot je mentale beeld klopt met de master-map.
- Geef nu je presentatie of doe je examen en je zult je de stof perfect herinneren.

## Maak een mind map van creativiteit

Mind mapping is een fantastisch hulpmiddel om je creativiteit op te wekken en, in Leonardo's woorden, 'de uitvindersgeest aan te sporen'. Denk aan een idee waar je nader op in zou willen gaan, of een vraag of uitdaging waarover nog eens moet worden nagedacht. Neem een groot vel blanco papier en teken in het midden een abstracte voorstelling van je onderwerp. De maestro raadde leerlingen aan vrij te associëren naar aanleiding van 'bepaalde muren met vochtvlekken of stenen van ongelijke kleur', en op dezelfde manier ga jij nu vrij associëren naar aanleiding van je abstracte afbeelding, waarbij je je associaties vastlegt op de takken van je mind map. Als je je geest de vrije loop laat, zul je in de woorden van de maestro 'in staat zijn... on-

# ARTE/SCIENZA VOOR OUDERS

Veel cliënten en vrienden van mij die meer dan één kind hebben, zeggen dat hun kinderen verschillende 'stijlen' van hersenwerking hebben, en dat ze moeten oppassen dat ze de vooroordelen van de hersenhelft die bij henzelf domineert, niet doorgeven. Een 'links-dominante' ouder zei het volgende: 'Ik heb het verkeerd aangepakt. Ik heb twee jongens; de ene lijkt precies op mij – goed in rekenen en met cijfers, gedisciplineerd en geconcentreerd. Mijn andere zoon is volkomen anders – een echte dromer, erg artistiek aangelegd maar een groot warhoofd. Vannacht lag ik te piekeren en kwam tot het besef dat ik mijn meer door zijn rechterhersenhelft gedomineerde jongen heb gediscrimineerd. Als ik meer voor hem had opengestaan, en hem had aangemoedigd om met met zijn broer en mij te praten over zijn manier om de dingen te zien, dan zouden we allemaal beter af zijn geweest.'

Net als op de werkplek waar we op het punt van hemisfeerdominantie evenwichtig verdeelde teams samenstellen, is het belangrijk dat thuis ook te doen. Veel ouders geven onbewust hun corticale vooroordelen door aan hun kinderen. Steun je kinderen bij het gelijktijdig ontwikkelen van vaardigheden in Arte en Scienza. Als je kind een voorkeur aan de dag legt voor denken met de rechter hersenhelft, kun je geschiedenislessen aanpakken door scènes uit het verleden na te spelen. Wiskunde kun je benaderen door theorema's en vergelijkingen in felle kleuren uit te schrijven. Help je kind opdrachten op tijd af te hebben door een tijdschema in kleurcodes en met plaatjes op te stellen. Neigt je kind daarentegen meer naar de linker hersenhelft, dan kun je haar helpen evenwicht te ontwikkelen door de nadruk te leggen op de waardering van beeldende kunst, toneel en muziek. Welke hersenhelft bij jouw kind ook dominant is, ze zal zich evenwichtiger ontwikkelen als je haar aanmoedigt gebruik te maken van mind maps; besteed speciale aandacht aan het bevorderen van het vermogen van je kind dingen 'uit het hoofd' te leren door geheugen-mind maps over het schoolwerk te maken.

eindig veel dingen te zien, die je vervolgens zult kunnen terugbrengen tot hun volledige en juiste vorm'.

Kom je op een idee dat je 'al te dol' lijkt, zet het op je mind map en ga gewoon door. Absurde en ongewone associaties leiden vaak tot een creatieve doorbraak. Bedenk dat zelfs het grootste genie aller tijden bang was dat zijn 'nieuwe en speculatieve idee... triviaal en bijna lachwekkend zou kunnen lijken'. Maar daar liet hij zich niet door weerhouden, en jij moet dat ook niet doen.

- Neem wanneer je flink, zo niet oneindig, veel associatieshebt gegenereerd, een pauze om ze te laten rijpen.
- Ga dan terug naar je mind map en genereer een tweede golf associaties.
- Neem weer een pauze en bekijk dan het grote beeld van je associaties, waarbij je let op verbanden en thema's die naar voren komen.
- Breng ze vervolgens 'terug tot hun volledige en juiste vorm'. Met andere woorden, haal dingen uit je mind map weg tot je je meest overtuigende inzichten overhoudt, en rangschik de takken zo dat ze een nieuwe organisatie van je gedachten weerspiegelen.

Na het toepassen van de mind-map-methode voor 'uit het hoofd leren' schreef een twaalfjarige jongen uit Soweto, Zuid-Afrika: 'Eerst... dacht ik niet dat ik erg slim was. Nu weet ik dat ik fantastische hersens heb. De school is nu veel gemakkelijker voor me!' Een manager van een Japans computerbedrijf gebruikte mind mapping om ideeën voor een strategisch plan te genereren en schreef: 'Heel erg bedankt, want u heeft mijn brein wakker gemaakt.' Een chemisch ingenieur van een vooraanstaand concern gebruikte deze benadering om een nieuwe uitvinding te doen, waarop hij octrooi kon aanvragen; de hofdichter van Groot-Brittannië gebruikt het om nieuwe gedichten te laten rijpen. Jij kunt het ook gebruiken om je geheugen te versterken, je brein in evenwicht te brengen en 'je uitvindersgeest op te wekken'.

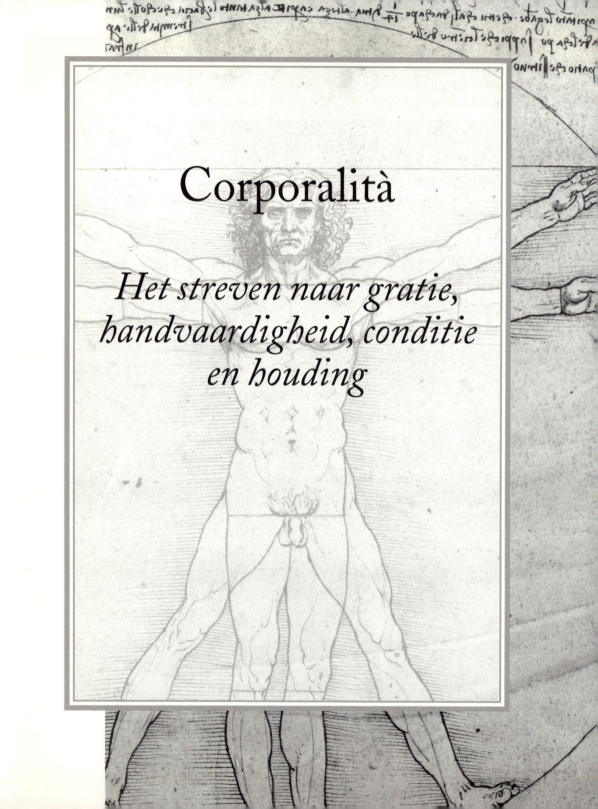

# Corporalità

## Het streven naar gratie, handvaardigheid, conditie en houding

Hoe ziet een genie er volgens jou uit? Ben je net als ik opgegroeid met het stereotype van de magere, bebrilde geleerde? Het is eigenlijk vreemd dat veel mensen een hoge intelligentie automatisch in verband brengen met lichamelijke zwakheid. Op een paar uitzonderingen na waren de grote genieën uit de geschiedenis begiftigd met een opmerkelijke lichamelijke energie en kracht, en niemand was dat meer dan Leonardo da Vinci.

Leonardo's buitengewone fysieke gaven vulden zijn intellectuele en artistieke genie aan. Vasari geeft hoog op van zijn 'grote fysieke schoonheid... en meer dan oneindige gratie in al zijn handelingen'. Bij de burgers van Florence was Leonardo vermaard om zijn houding, gratie en sportieve prestaties. Hij was een ruiter van hoog niveau. En zijn lichaamskracht was legendarisch. Getuigen beschrijven hoe Leonardo paarden in volle galop liet stilstaan door hun teugels te grijpen, en hoe hij met blote handen hoefijzers en deurkloppers verboog! Zoals Vasari meldt: 'Met zijn grote lichaamskracht kon hij elk fysiek geweld bedwingen; hij kon met zijn rechterhand de ijzeren ring van een deurklopper of een hoefijzer samenknijpen alsof ze van lood gemaakt waren.' Vasari voegt hieraan toe: 'Zijn grote persoonlijke kracht ging gepaard met handigheid...'

Sommige geleerden hebben het vermoeden geuit dat Leonardo's hartstocht voor anatomie een afspiegeling was van zijn eigen bijzondere lichaamsbouw. Dr. Kenneth Keele, schrijver van 'Leonardo da Vinci, the Anatomist' noemt

> 'Hij was knap en had een schitterende lichaamsbouw; hij leek een toonbeeld van menselijke volmaaktheid.'
>
> GOETHE OVER DA VINCI

---

*De proporties van de mens: Dit is Leonardo's tekening van de ideale proporties van de menselijke figuur, gebaseerd op* De Architectura *van Vitruvius uit de eerste eeuw n.C. Deze prent wordt internationaal gebruikt als een symbool van menselijke mogelijkheden.*

> *'De dood bij oude mensen, indien niet te wijten aan koorts, wordt veroorzaakt door de aderen... waarvan de wanden zoveel dikker worden dat ze afgesloten raken zodat het bloed er niet door kan passeren.'*
>
> LEONARDO DA VINCI

hem 'een unieke genetische mutatie' en benadrukt dat zijn 'benadering van het menselijk lichaam in belangrijke mate beïnvloed was door zijn eigen opmerkelijke lichamelijke eigenschappen'. Wandelen, paardrijden, zwemmen en schermen waren geliefde vormen van lichaamsbeweging van de maestro. In zijn anatomische aantekeningenboeken beredeneerde hij dat aderverkalking tot versnelde veroudering leidt en het gevolg is van gebrek aan lichaamsbeweging. Da Vinci was vegetariër en kon uitstekend koken, en hij was ervan overtuigd dat een doordacht dieet een sleutel was tot gezondheid en welzijn. Da Vinci streefde ook een evenwichtig gebruik van beide lichaamshelften na door zowel met de linker- als de rechterhand te schilderen, te tekenen en te schrijven. Hij was psychofysiek tweehandig.

Da Vinci was van mening dat we zelf de verantwoordelijkheid voor onze gezondheid en ons welzijn op ons dienen te nemen. Hij zag in dat mentaliteit en emoties hun uitwerking hebben op de fysiologie (en liep daarmee vooruit op de wetenschap van de psychoneuroimmunologie) en raadde de mensen aan niet afhankelijk te worden van artsen en medicijnen. Hij beschouwde ziekte als 'de disharmonie van de elementen die in het levende lichaam zijn opgenomen' en zag genezing als 'het herstel van conflicterende elementen'.

Leonardo spoorde de mensen aan: 'Leer je gezondheid te behouden!' en gaf de volgende specifieke adviezen om je goed te blijven voelen:

*'Om de gezondheid te behouden, zijn deze regels verstandig:*

- Wacht je voor boosheid en vermijd sombere stemmingen.
- Geef je hoofd rust en houd je geest opgewekt.
- Zorg dat je 's nachts goed bedekt bent.
- Neem met mate lichaamsbeweging.
- Vermijd losbandigheid en besteed aandacht aan je dieet.
- Eet alleen wanneer je honger hebt en houd het avondmaal licht.
- Houd je lichaam rechtop wanneer je van tafel opstaat.
- Lig niet met de buik omhoog of het hoofd omlaag.

- Laat je wijn vermengd zijn met water, drink er per keer weinig van, niet tussen de maaltijden en niet op een lege maag.
- Eet eenvoudig (d.w.z. vegetarisch) voedsel.
- Kauw goed.
- Ga geregeld naar het toilet!'

## CORPORALITÀ EN JIJ

Wat doe jij er zelf aan om fit te blijven en coördinatie tussen geest en lichaam te ontwikkelen? Wat is je beeld van je eigen lichaam? In welke mate laat je je beïnvloeden door uitwendige factoren - zoals tijdschriftartikelen, de mode-industrie, televisiebeelden, de mening van andere mensen – bij het bepalen van dat lichaamsbeeld? Welke sterke of zwakke punten je ook hebt meegekregen, je kunt de kwaliteit van je leven drastisch verbeteren door middel van een allesomvattende benadering van Corporalità. Begin met de zelfbeoordelingslijst op de volgende bladzijde door te nemen.

## *Corporalità:* zelfbeoordeling

- ☐ Ik ben aerobisch fit.
- ☐ Ik word steeds sterker.
- ☐ Mijn soepelheid wordt beter.
- ☐ Ik weet wanneer mijn lichaam gespannen of ontspannen is.
- ☐ Ik weet het een en ander over voeding en voedingsgewoonten.
- ☐ Vrienden zouden mij beschrijven als gracieus.
- ☐ Ik kan steeds meer dingen zowel met mijn linkerhand als met mijn rechterhand doen.
- ☐ Ik ben me bewust van de manieren waarop mijn lichamelijke toestand mijn mentale instelling beïnvloedt.
- ☐ Ik ben me bewust van de manieren waarop mijn mentale instelling mijn lichamelijke toestand beïnvloedt.
- ☐ Ik heb een goed begrip van de praktische anatomie.
- ☐ Ik ben goed gecoördineerd.
- ☐ Ik houd ervan in beweging te zijn.

# Corporalità:
## Toepassing en oefeningen

### Ontwikkel een fitnessprogramma

Da Vinci's leven was een uiting van het ideaal van de oude klassieken *'mens sana in corpore sano'*, een gezonde geest in een gezond lichaam. Modern wetenschappelijk onderzoek bevestigt veel van Da Vinci's aanbevelingen, gewoonten en intuïties. Hoewel het een beetje moeilijk is je de maestro in een moderne aerobicsles voor te stellen, is een persoonlijk fitnessprogramma niettemin een hoeksteen van lichamelijke gezondheid, geestelijke frisheid en emotioneel welzijn. Zorg om je potentieel als renaissanceman of -vrouw te realiseren voor een evenwichtig fitnessprogramma dat je aerobische capaciteit, kracht en flexibiliteit ontwikkelt.

*Aerobics:* Leonardo vermoedde dat arteriosclerose ('aderverkalking') een oorzaak was van vroegtijdige veroudering, en kon worden tegengegaan door geregeld lichaamsbeweging te nemen. Dr. Kenneth Cooper en veel andere moderne wetenschappers hebben dit vermoeden van de maestro bevestigd. Cooper, de man die het begrip aerobics bedacht, merkte dat geregelde, gematigde lichaamsbeweging buitengewoon heilzaam werkt op lichaam en geest. Aerobische ('met zuurstof') oefeningen versterken je bloedsomloop, zodat het bloed en dus de zuurstof beter naar je lichaam en hersenen stromen. Je hersenen maken gemiddeld minder dan 3 procent van je lichaamsgewicht uit, maar gebruiken meer dan 30 procent van de zuurstof in je lichaam. Wanneer je aerobisch fit wordt, verdubbel je je capaciteit om zuurstof op te nemen.

> *Da Vinci stond zeer kritisch tegenover de geneesheren van zijn tijd. Hij schreef: 'Iedere man wil geld verdienen om aan de artsen te geven, die vernietigers van leven: daarom moeten ze wel rijk zijn.' En hij raadde aan: '... mijd artsen, want hun medicijnen zijn een soort alchimie... hij die medicijnen neemt is misleid.'*

> *'Compenserende verkeerde bewegingen'*
> Als je ooit een jogger moeizaam over straat hebt zien zwalken, of een gewichtheffer zich in bochten hebt zien wringen bij zijn pogingen een te zwaar gewicht te tillen, weet je wat de filosoof John Dewey bedoelde met 'compenserende verkeerde bewegingen'. Met andere woorden, lichaamsbeweging zonder lichaamsbewustzijn en een goede houding kan soms meer kwaad dan goed doen.

Een geregeld uitgevoerd aerobisch oefenprogramma leidt tot aanmerkelijke verbeteringen in alertheid, emotionele stabiliteit, geestelijke scherpte en uithoudingsvermogen. Iemand die 'uit vorm' is moet over het algemeen gedurende zes weken vier keer per week twintig minuten oefeningen doen (waarbij de hartslag wordt opgevoerd tot ongeveer 120 slagen per minuut) om duidelijke resultaten te boeken. (Vraag je huisarts om je te adviseren bij het beginnen van je eigen programma.) Het geheim van een succesvol aerobisch trainingsprogramma is, activiteiten te zoeken die je leuk vindt. Je kunt een combinatie maken van wandelen in een stevig tempo, hardlopen, dansen, zwemmen, roeien of trainen voor vechtsporten om je ideale programma samen te stellen.

*Krachttraining:* Leonardo's legendarische vermogen om met blote handen hoefijzers te buigen en op hol geslagen paarden tegen te houden ligt waarschijnlijk buiten het bereik van zelfs de meest ambitieuze bezoeker van de sportschool. Toch is gematigde krachttraining een waardevol onderdeel van een uitgebalanceerde benadering van fitness. Training met gewichten prikkelt en versterkt de spieren en bevordert de taaiheid van bindweefsel en bot. Recent onderzoek lijkt aan te tonen dat krachttraining helpt het atrofiëren van spieren en osteoporose bij ouderen te voorkomen. En het is ook de meest doeltreffende manier om overtollig lichaamsvet te verbranden. Zoek om aan je eigen krachttrainingsprogramma te beginnen een goede coach of trainer en vraag advies over het ontwikkelen en handhaven van een goede vorm.

*Soepelheidsoefeningen:* Vasari vertelt ons dat Leonardo's opmerkelijke kracht 'samenging met handigheid'. Je kunt je handigheid vergroten met geregelde soepelheidsoefeningen. Doe eenvoudige stretchoefeningen voor en na aerobics en krachttraining en na het opstaan. Goed stretchen voorkomt blessures en is heilzaam voor je bloedsomloop en je immuunsysteem. Het geheim van goed stretchen is er de tijd voor te nemen, het bewust te doen en de spiergroepen de gelegenheid te geven zich te ontspannen in harmonie met lange uitademingen. Springen of geforceerd stretchen is uit den boze. Je kunt leren hoe je meer uit je stretchoefeningen haalt in een ballet- of vechtsportcursus of, nog beter, door je op yoga toe te leggen.

## Ontwikkel je lichaamsbewustzijn door praktische anatomie te bestuderen

Een gezonde voeding en oefeningen in aerobics, kracht en soepelheid zijn de voornaamste elementen om je goed te voelen en te blijven voelen; maar je fitnessprogramma is niet compleet zonder een constructieve benadering van lichaamsbewustzijn, houding en tweehandigheid. Deze elementen vormen de 'missing link' in veel fitnessprogramma's.
Op de weg van hun zelf-ontwikkeling denken mensen meestal na over de klassieke vraag: 'Wie ben ik?' Je kunt aanzienlijke vooruitgang in zelfrealisatie bereiken door een nog fundamentelere vraag te stellen: 'Waar ben ik?'
Lichaamsbeeld en lichaamsbewustzijn spelen een belangrijke rol bij het bepalen van het zelfbeeld en het bewustzijn van jezelf. In het hoofdstuk Sensazione heb je kennisgemaakt met een oefenprogramma om de vijf zintuigen te scherpen: het gezicht, het gehoor, de reuk, de smaak en de tastzin. Het opbouwen van het lichaamsbewustzijn begint met het aanscherpen van het zesde zintuig: kinesthesie. De kinesthetische zin is je gevoel van zwaarte, positie en beweging. Hij zegt je of je ontspannen of gespannen bent, stuntelig of gracieus.
Je kunt beginnen je kinesthetische zin te scherpen en je bewustzijn van jezelf te vergroten door te experimenteren met de volgende oefeningen.

# HET DA VINCI DIEET

Naast aerobics, krachttraining en soepelheidsoefeningen zal een gezonde voeding je helpen een langer, gelukkiger en meer uitgebalanceerd leven te leiden. Hoewel er voortdurend nieuwe diëten komen en gaan, zijn er enkele fundamentele waarheden over intelligent eten die de toets van de tijd en wetenschappelijk onderzoek doorstaan:

- Probeer voedsel te eten dat vers, natuurlijk en gezond is. Leonardo hoefde er geen moeite voor te doen om fabriekmatig geproduceerde, met additieven verrijkte etenswaren te vermijden, maar wij wel.
- Eet vezelrijke voeding. Rauwe en kort gekookte groenten, granen, bonen en andere vezelrijke voedingsmiddelen vormden de basis van Leonardo's dieet. Deze voedingsmiddelen 'vegen' je spijsverteringskanaal, geven het iets te doen en houden het zo actief en gezond.
- Vermijd te veel eten. Leonardo gaf de raad: 'Eet een licht avondmaal.' Wen je aan op te houden met eten vlak voordat je verzadigd bent. Je zult je beter voelen en waarschijnlijk langer leven (talrijke experimenten van dr. MacCay, dr. Masaro en anderen hebben aangetoond dat ratten die ietwat ondervoed zijn twee keer zo lang leven als ratten die hun buikje vol eten.)
- Drink voldoende water. Op elke traditionele Italiaanse tafel staan verscheidene flessen zuiver mineraalwater. Je lichaam bestaat voor tachtig procent uit water, en heeft een geregelde toevoer van nieuw water nodig om afvalstoffen weg te spoelen en nieuwe cellen op te bouwen. Zorg daarom dat waterrijke voedingsmiddelen (groenten en vers fruit) een integraal bestanddeel van je dagelijkse warme maaltijd vormen. Drink wanneer je dorst hebt zuiver (gedistilleerd of bron-) water of vers vruchten- of groentesap. Vermijd het achteroverslaan van colaatjes en andere zogenaamde frisdranken. Ze zitten vol met kleur- en smaakstoffen en lege calorieën.
- Gebruik zo weinig mogelijk extra zout en suiker. Met een evenwichtige voeding krijg je meer dan genoeg natuurlijke zouten en suikers naar binnen. Te veel zout kan leiden tot hoge bloeddruk en andere kwalen; een overmaat aan suiker gooit je metabolisme in de war en zadelt je op met nutteloze calorieën. Laat je niet verleiden door de snelle energiegolf die een suikerig tussendoortje lijkt op te leveren; als je erop gaat letten, zul je merken dat daar even later meestal een dip in vitaliteit op volgt. Probeer ermee op te houden je eten te bestrooien met zout of suiker; je kunt op zijn minst eerst je eten proeven voor je dat doet.

- Matig je inname van vetten, en gebruik zo weinig mogelijk verzadigde vetten. Gebruik koudgeperste, gezonde oliën zoals olijfolie (Leonardo was er dol op), canola en vlaszaadolie, en laat margarine helemaal weg.
- Eet alleen scharrelvlees, maar weinig. De maestro was vegetariër. Als dagelijkse maaltijd at hij bij voorkeur minestrone, een soep bestaand uit groenten, bonen en rijst of pasta. Maar beperk je als je wel vlees eet, tot één portie per dag als aanbevolen maximum. Vermijd het vlees van dieren die met groeihormonen, antibiotica en andere schadelijke stoffen zijn behandeld.
- Eet gevarieerd. Een gevarieerde voeding zal eerder evenwichtig van samenstelling zijn en het is leuker en lekkerder om gevarieerd te eten.
- Geniet bij het eten van een glaasje wijn. Leonardo gaf de raad bij het eten met mate wijn te drinken; maar te veel drinken en dronkenschap keurde hij af. Uit verzekeringsstatistieken blijkt dat matig alcoholgebruik (waarmee bedoeld wordt tot twee glazen wijn of twee biertjes per dag) de gemiddelde levensduur met twee jaar schijnt te verlengen. Er is ook veel dat erop wijst dat het dagelijks drinken van een glaasje rode wijn bij het eten de bloedsomloop bevordert en hartkwalen kan voorkomen. Onmatig drinken heeft natuurlijk, zoals de maestro wist, een tegenovergesteld effect; het verkort de levensduur en tast het zenuwstelsel aan.
- Eet niet, maar dineer. 'Gauw een hapje eten tussendoor' leidt gewoonlijk tot een minder gunstige keuze van voedingsmiddelen en geeft vaak achteraf indigestie. Neem daarom de gewoonte aan om voor elke maaltijd te gaan zitten en er echt van te genieten. Creëer net als de maestro een esthetisch aangename omgeving: een gezellig gedekte tafel, bloemen op tafel, een kunstzinnige schikking van zelfs de eenvoudigste etenswaren. Een prettige sfeer en een ongehaast tempo zijn goed voor de spijsvertering, voor je gemoedsrust en voor de kwaliteit van je leven.
- Heel belangrijk: luister voor elke maaltijd naar je lichaam en bepaal wat je werkelijk wilt eten. Leonardo zei het met nadruk: 'Met tegenzin eten is schadelijk voor de gezondheid'. Weet je het niet precies, stel je dan voor hoe je je zult voelen nadat je het voedsel in kwestie hebt opgegeten. Neem dan voor je begint te eten een paar minuten pauze en concentreer je bewust op het moment van nu. Geniet van de geur, de smaak en de textuur van elke hap die je neemt. Maak van elke maaltijd een Sensazione-ervaring.

## Observatie in de spiegel

Ga voor een spiegel staan waarin je jezelf van top tot teen kunt zien (als je durft, doe je dit naakt). Weersta de neiging je verschijning te beoordelen of te evalueren maar kijk alleen objectief naar je spiegelbeeld. Staat je hoofd een beetje scheef? Is je ene schouder hoger dan de andere? Is je bekken naar voren gekanteld of naar achteren getrokken? Is je gewicht gelijk verdeeld over je voeten of steun je meer op het ene been dan op het andere? Welke delen van je lichaam lijken erg gespannen? Staan je bekken, torso en hoofd in balans boven elkaar? Noteer je waarnemingen in je aantekenboek.

## Maak een tekening van je eigen lichaam

Maak in je schrift een schets van je hele lichaam. Het hoeft geen meesterwerk te worden, dus maak in vijf minuten een vlugge schets, desnoods alleen met streepjes als armen en benen.
Nadat je je hele lichaam hebt geschetst, kleur je de plekken rood waar je de meeste spanning en stress voelt. Geef vervolgens met een zwarte marker de punten in je lichaam aan waar je energie geblokkeerd lijkt, de delen waar je het minste voelt. Gebruik dan een groene kleur om de gebieden van je lichaam aan te geven die het meest levend aanvoelen, waar de energie het meest vrijelijk stroomt.
De meeste mensen hebben duidelijke gebieden in rood en zwart. Veel van onze onnodige spanning en stress is het gevolg van onwetendheid en verkeerde informatie omtrent de natuurlijke bouw en functie van ons eigen lichaam. Onjuiste 'lichaamsplattegronden' leiden tot verkeerd gebruik van het lichaam, waardoor de stress verergert en het bewustzijn wordt gedempt.

*Rugaanzicht*

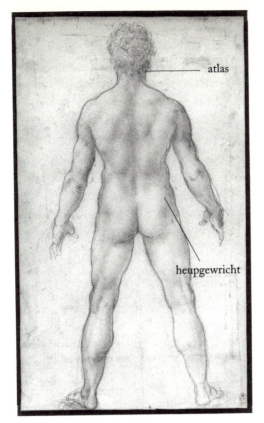

atlas

heupgewricht

## Exploreer je lichaamsplattegrond

Ga weer voor de spiegel staan en wijs met de wijsvinger van elke hand de volgende plaatsen aan:

- de plaats waar je hoofd op je nek balanceert;
- je schoudergewrichten;
- je heupgewrichten.

Kijk nu naar Leonardo's tekening van het menselijk lichaam om erachter te komen waar deze punten in werkelijkheid liggen.

*De balans van het hoofd:* Zoals je op de illustratie ziet, rust het hoofd bovenop de wervelkolom, op het atlanto-occipitale gewricht. De meeste mensen localiseren het evenwichtspunt van het hoofd te laag omdat ze de onbewuste gewoonte hebben hun nekspieren korter te maken wanneer ze bewegen.

*Schoudergewrichten:* Je hebt aan elke kant twee schoudergewrichten, het ene op de plaats waar het sleutelbeen met het borstbeen verbonden is, het andere op het verbindingspunt tussen de bovenarm en het schouderblad. De meeste mensen wijzen een punt aan dat ongeveer halverwege tussen de eigenlijke gewrichten zit. Deze onjuiste 'lichaamsplattegrond' gaat vaak samen met de neiging de hele schoudergordel onbeweeglijk te houden, hetgeen erg ongemakkelijk is.

*Heupgewrichten:* Zoals er onderscheid moet worden gemaakt tussen 'de schouders' en het schoudergewricht, is er ook verschil tussen 'de heupen' en het heupgewricht. Als je kijkt naar een peuter die zich bukt om een speeltje op te rapen, zul je het natuurlijke gebruik van het heupgewricht zien. Observeer vervolgens een gemiddelde volwassene die zich bukt om iets op te rapen en je zult zien dat hij of zij zich waarschijnlijk vanuit 'het middel' buigt. Het middel is echter geen gewricht en buigen vanuit het middel in plaats van vanuit het heupgewricht is een belangrijke oorzaak van lage rugpijn.

## Je wervelkolom

Breng meer nuance in je lichaamsplattegrond door na te gaan wat je over je wervelkolom denkt te weten. Hoe breed denk je dat je wervelkolom is? Teken in je aantekenboek de geschatte breedte van de wervelkolom. Denk nu over de natuurlijke vorm van de wervelkolom. Maak in je aantekenboek een tekeningetje van de vorm van een ge-

zonde wervelkolom. Zorg dat beide tekeningen af zijn voor je verder leest.
Je wervelkolom is breder dan je misschien denkt.

## Zware gedachten

Hoeveel weegt je hoofd? Maak een schatting en noteer die.

Neem de volgende keer dat je in de sportzaal bent een halter van zeven kilo in je hand, of til in de supermarkt een zak aardappelen van zeven kilo op. Zoveel weegt het gemiddelde hoofd ongeveer. Deze bol van zeven kilo bevat je hersenen, ogen, oren, neus, mond en evenwichtsorgaan. Wat gebeurt er met je hele lichaam als deze bol niet in evenwicht is? Wat gebeurt er met je bewustzijn en de scherpte van je zintuigen als je hoofd niet in rust bovenop je wervelkolom balanceert? Wist je dat 60 procent van de receptoren voor je kinesthetisch bewustzijn in de nek gelocaliseerd is? Wat gebeurt er met het lichaamsbewustzijn als de nekspieren steeds aangespannen worden om een hoofd dat niet in balans is rechtop te houden?

Het zal duidelijk zijn dat een uitgebalanceerd hoofd voor de renaissancemens in spe van het grootste belang is. Je kunt je begrip van deze evenwichtskwestie verder uitwerken met de volgende oefening.

## Beleef de evolutie van de rechtopgaande houding

Deze oefening is geïnspireerd door het werk van de grote anatoom en antropoloog professor Raymond Dart, met wie ik een aantal gesprekken mocht hebben. Ik heb deze oefening in de loop van de jaren met vele groepen gedaan, onder andere met directeuren van bedrijven, judoka's, psychologen, leraren en politiebeambten. Hoewel het erg leuk is om deze oefening in een groep te doen, werkt hij evengoed als je hem alleen doet. Je hebt er alleen een schone, met tapijt beklede plek op de vloer voor nodig en een handdoek.

- Ga om te beginnen met je gezicht omlaag op de vloer liggen, met je voeten bij elkaar en je handen langs je zijden. (Leg de handdoek onder je gezicht.) Merk op dat het nu onmogelijk is om te vallen. Blijf enkele minuten met je gezicht omlaag liggen en denk na over het bewustzijn van een schepsel dat zich op deze wijze verhoudt tot de zwaartekracht. Experimenteer met over de vloer kronkelen naar een denkbeeldig brokje voedsel.
- Maak je nu gereed voor een evolutiesprong. Je gaat muteren. Schuif de ruggen van je handen langs je over de vloer tot ze omklappen, zodat nu je handpalmen voor je op de vloer staan. Druk je zojuist geëvolueerde voorpoten tegen de grond om je hoofd en bovenlichaam van de grond op te heffen. Kijk om je heen en denk na over de sprong van het bewustzijn die mogelijk is geworden door je vergrote horizon. Experimenteer met het gebruiken van je voorpoten om je te helpen je omgeving te onderzoeken en bij voedsel te komen.
- Evolueer vervolgens naar een viervoetig zoogdier. Kies een lievelingsdier uit: paard, hond, panter, gazelle, waterbuffel... Ga op vier poten staan en doe voor de grap de gang, geluiden en andere gedragingen van het dier dat je hebt gekozen na. Hoe zijn je gedragsmogelijkheden en potentiële bewustzijn in deze houding veranderd?
- De volgende enorme evolutiesprong is je van je voorpoten te verheffen en een mensaap te worden. Kies de mensaap van je voorkeur – chimpansee,

orang-oetan, gorilla – en vermaak je door je op de wijze van een aap voort te bewegen. Wat is de verandering die dit voor het bewustzijn meebrengt? Is de veranderende verhouding tot de zwaartekracht van invloed op je mogelijkheden tot communicatie en sociaal gedrag?
- Verhef je nu in je volle lengte als Homo sapiens. Welke kwetsbaarheden brengt een tweevoetige, geheel rechtopgaande houding mee? Wat zijn de implicaties van deze houding voor de ontwikkeling van intelligentie en bewustzijn? Zie je in het dagelijks leven verband tussen de lichaamshouding van mensen en hun bewustzijnsniveau en alertheid?

Professor Dart zag, net als veel van zijn collega's, in dat ons potentieel voor bewustzijn en intelligentie nauw verbonden is met de evolutie van onze volledig rechtopgaande houding. Maar door de verschillende vormen van druk die ons leven meebrengt – het zitten in stoelen, het werken achter de computer, het rijden in het spitsuur – raken we vaak het contact met dit aspect van ons geboorterecht kwijt. De meesten van ons moeten de fiere, rechtopgaande lichaamshouding opnieuw aanleren.

## Het opnieuw aanleren van een fiere houding: de Alexandertechniek

Leonardo was befaamd om zijn moeiteloze fiere houding en gratie. De burgers van Florence kwamen in drommen naar buiten, alleen om hem door de straat te zien lopen. Vasari geeft hoog op van de 'meer dan oneindige gratie in elke beweging' van de maestro. Het is bijna onmogelijk om je een slungelig rondhangende Leonardo da Vinci voor te stellen.
Deze DaVinciaanse eigenschappen: een fiere houding,

evenwicht en gratie kun je aanleren door je te verdiepen in de techniek die werd ontwikkeld door een ander genie, F. Matthias Alexander. Alexander, in 1869 geboren in Tasmanië, was een Shakespeareaanse acteur die zich gespecialiseerd had in eenmansvoorstellingen van tragedies en komedies. Zijn veelbelovende carrière werd onderbroken doordat het regelmatig gebeurde dat hij halverwege zijn optreden zijn stem kwijt raakte.

Alexander raadpleegde de vooraanstaande doktoren, spraakleraren en toneelleraren van zijn tijd en volgde hun adviezen nauwgezet op. Niets hielp. De gemiddelde persoon zou het hebben opgegeven en een ander beroep hebben gezocht. Maar net als Leonardo geloofde Alexander meer in ervaring dan in gezag. Hij besloot zelf zijn probleem te overwinnen, ervan uitgaande dat het veroorzaakt werd door iets dat hij zelf deed. Maar hoe kon hij achter de specifieke oorzaak komen?

Alexander besloot een manier te zoeken om objectieve feedback te krijgen. Hij begon zichzelf te observeren in speciaal geconstrueerde spiegels. Na maandenlange grondige en gedetailleerde observatie merkte hij een patroon op dat zich voordeed wanneer hij iets ging voordragen:

1) hij spande zijn nekspieren, waardoor hij zijn hoofd naar achteren trok;
2) hij drukte zijn strottenhoofd naar beneden; en
3) hij hapte naar adem.

Bij verdere observatie zag Alexander dat dit spanningspatroon samenging met een neiging om:

4) zijn borst op te zetten;
5) zijn rug hol te trekken; en
6) alle belangrijke gewrichten van zijn lichaam te spannen.

Alexanders voortgezette observaties bevestigden dat dit patroon elke keer dat hij sprak in wisselende mate aanwezig was.

Toen hij zag dat dit patroon van verkeerde bewegingen zich al voordeed zodra hij maar aan voordragen dacht, besefte hij dat hij dit patroon moest 'afleren' en dat hij zijn geest en lichaam als een totaalsysteem moest heropvoeden om te veranderen. Hij ontdekte dat de sleutel hiertoe was een pauze te nemen voor hij iets deed, zijn gewone patroon van spanning creëren af te remmen en zich vervolgens te concentreren op specifieke 'richtlijnen' die hij ontwikkelde om een meer gestrekte houding te bevorderen. Alexander beschreef deze richtlijnen als volgt: 'Laat de nek vrij zijn om het hoofd de gelegenheid te geven naar voren en omhoog te komen en de rug langer en breder te laten worden'. Alexander creëerde een Australische versie van een zenkoan door te benadrukken dat deze aanwijzingen 'tegelijkertijd en achtereenvolgens' moesten worden toegepast.

Nadat hij deze nieuwe methode een aantal malen had toegepast, waren de resultaten opzienbarend: Alexander herkreeg niet alleen de volledige beheersing over zijn stem, maar hij herstelde tevens van een aantal kwalen waar hij al lang aan leed en werd in het theater beroemd om de kwaliteit van zijn stem, zijn ademtechniek en zijn présence op het toneel.

Er begonnen mensen toe te stromen die les wilden hebben van Alexander, onder wie een groep artsen die een amateurtoneelgezelschap hadden. De artsen begonnen hun patiënten met chronische klachten naar Alexander toe te sturen – mensen met kwalen ten gevolge van stress, ademhalingsmoeilijkheden, rugpijn en nekpijn. Alexander bleek in een verrassend aantal gevallen iets voor deze mensen te kunnen doen door hen te helpen de verkeerde bewegingsgewoonten die voor hun kwalen verantwoordelijk waren, af te schaffen.

## Alexander en Saper vedere

'Weten hoe te zien' was een essentieel aspect van Alexanders genie. Zijn ontdekking berustte op nauwgezette, gedetailleerde, verbluffend scherpe observatie. Maar toen zijn aanhangers geld bijeenbrachten om hem in 1904 naar Engeland te sturen, kwamen ze een paar honderd pond tekort.

Hoe kon Alexander dit aanzienlijke bedrag bijeen krijgen? Evenals Leonardo was Alexander gek op paarden. Vertrouwend op zijn studie van de praktische anatomie van het paard, ging Alexander naar de renbaan, zette een flink bedrag in op een fraaie outsider... en won.

De artsen waren zo onder de indruk van Alexanders werk dat ze in 1904 geld bijeenbrachten om hem naar Londen te laten reizen om de wetenschappelijke gemeenschap van de wereld over zijn werk te vertellen. Hij kwam in Londen aan en maakte snel naam als de 'beschermer van het Londense toneel', omdat hij lesgaf aan topactrices en -acteurs van die tijd. Alexanders werk had ook een grote invloed op verscheidene schrijvers en wetenschappers.

Voor Alexander in 1955 overleed, leidde hij een aantal mensen op om zijn werk voort te zetten. De Alexandertechniek wordt al vele jaren onderwezen aan de Royal Academy of Dramatic Arts, de Royal Academy of Music, de Juilliard School en andere vooraanstaande academies voor musici, acteurs en dansers. Je kunt wel stellen dat deze techniek een soort 'geheim van de smid' is geworden voor mensen in de uitvoerende kunsten. De Alexandertechniek wordt ook toegepast door sportprofs, Olympische sporters, bij de Israëlische luchtmacht, door captains of industry en door individuen van allerlei slag.

De Alexandertechniek begint met verscherpte zelfobservatie. Houd in je aantekenboek een dagboek bij over onnodige inspanning bij dagelijkse activiteiten. Let op onnodige inspanning bij activiteiten zoals zitten, bukken, tillen, lopen, autorijden, eten en praten. Houd je je nek stijf en trek je je hoofd naar achteren, trek je je schouders op, maak je je rug smaller, zitten je knieën op slot of houd je je adem in als je je tandenborstel pakt? achter de computer werkt? in gesprek bent aan de telefoon? een pen pakt om iets op te schrijven? iemand voor het eerst ontmoet? in het openbaar spreekt? een tennis-, golf- of squashbal wegslaat? je veters vastmaakt? aan het stuur van je auto draait? je bukt om iets op te rapen? een hap eten in je mond steekt?

Het is erg moeilijk om deze dagelijkse gewoonten te observeren en te veranderen zonder feedback van buitenaf. Het

kan al veel helpen als je een spiegel of een video gebruikt, maar de beste manier om sneller vooruit te komen is privéles te nemen bij een gekwalificeerde leraar in de Alexandertechniek. Alexanderleraren hebben in hun opleiding geleerd hun handen te gebruiken op een buitengewoon subtiele en gevoelige manier om jou te leiden bij het vrijmaken van je nek, het herontdekken van je natuurlijke houding en het wekken van je kinesthetische waarneming.
Ondertussen kun je alvast de volgende, op Alexanders werk geïnspireerde procedure volgen, om aan je dagelijkse houding en evenwicht te werken.

## De uitgebalanceerde rusttoestand

Om baat te hebben van deze procedure heb je alleen een betrekkelijk rustig plekje nodig, een stukje met tapijt beklede vloer, enkele paperbacks en tien à twintig minuten.

- Leg om te beginnen de boeken op de vloer. Ga op ongeveer een lichaamslengte afstand van de boeken staan met je voeten een schouderbreedte uit elkaar. Laat je handen rustig langs je zijden hangen. Je staat met je gezicht van de boeken af en kijkt recht voor je uit, met een zachte, oplettende blik.
- Laat je nek bewust vrij zijn zodat je hoofd naar voren en omhoog kan komen en je hele torso langer en breder kan worden. Adem rustig door en word je bewust van het contact dat je voeten met de vloer maken. Let op de afstand van je voeten tot de bovenkant van je hoofd. Houd je ogen open en levend en luister naar de geluiden om je heen.
- Houd deze bewuste toestand aan terwijl je met een snelle, lichte beweging op één knie komt te steunen. Ga dan zo op de vloer zitten dat je op je handen achter je steunt, met de knieën gebogen en de

voeten vlak op de vloer. Blijf soepel ademen.
- Laat je hoofd iets voorover vallen om er zeker van te zijn dat je niet je nekspieren spant en je hoofd naar achteren trekt.
- Rol dan voorzichtig je ruggengraat over de vloer tot je hoofd op de boeken komt te rusten. De boeken moeten zo geplaatst zijn dat ze je hoofd ondersteunen op de plek waar je nek eindigt en je hoofd begint. Ligt je hoofd niet goed, reik dan met een hand naar achteren en steun je hoofd terwijl je de andere hand gebruikt om de boeken goed te leggen. Leg er boeken bij of neem er weg tot het stapeltje een hoogte heeft die het zacht rekken van je nekspieren bevordert. Je voeten blijven plat op de vloer staan, terwijl je knieën naar het plafond wijzen en je handen op de vloer liggen of losjes gevouwen op je borstkas rusten. Voel hoe het gewicht van je lichaam volledig ondersteund wordt door de vloer.

- Om de heilzame werking van deze procedure te ondervinden blijf je tien tot twintig minuten in deze houding liggen. Terwijl je rust, zal de zwaartekracht je ruggengraat langer maken en de houding van je lichaam herstellen. Houd je ogen open zodat je niet in slaap valt. Misschien vind je het prettig aandacht te besteden aan je ademhaling en aan het zachte kloppen in je hele lichaam. Wees je bewust van de vloer die je rug ondersteunt en je schouders de gelegenheid geeft te rusten terwijl je rug breder wordt. Laat je nek vrij zijn terwijl je hele lichaam zich verlengt en verbreedt.
- Nadat je zo tien tot twintig minuten hebt gerust, kom je langzaam overeind, waarbij je ervoor oppast je lichaam niet stijf te houden of in te korten terwijl je weer terugkomt in een staande houding. Om de overgang soepel te maken, besluit je wanneer je zult

gaan bewegen en rolt dan voorzichtig om op je buik terwijl je het nieuwe gevoel van integratie en expansie vasthoudt. Kom geleidelijk tot kruiphouding en vervolgens weer tot steun op één knie. Laat je hoofd de beweging naar boven beginnen en sta dan op.

- Wacht enkele ogenblikken... luister, met wakkere ogen. Voel weer je voeten op de vloer en let op de afstand tussen je voeten en de bovenkant van je hoofd. Misschien merk je tot je verbazing dat die afstand groter is geworden. Terwijl je overgaat tot je dagelijkse activiteiten stel je je voor dat je beweegt met de gratie van een door de maestro geschilderde figuur.

## CORPORALITÀ VOOR OUDERS

Leg je hand op het ruggetje van een klein kind en voel de heelheid, de soepelheid en het vibrerende leven onder je vingertoppen. Kleine kinderen hebben van nature een goede houding. Ze bewegen met een verbluffende gratie en coördinatie. Wat gebeurt er met die houding wanneer ze ouder worden? In de eerste groep van de basisschool is er bij de meeste kinderen nog niets aan de hand. Kijk maar eens naar je eigen schoolfoto van de eerste groep en je zult zien dat de meeste kinderen keurig rechtop staan. Maar kijk dan naar de houding van derde- en vierdegroepers; daar is al het begin te zien van ingezakte en verwrongen houdingen, en allerlei spanningen. En voor veel kinderen zijn de tienerjaren één groot rondhangen. Ga nu naar een winkelcentrum of een kerk, of ergens anders waar je hele gezinnen kunt observeren. Let op ouders en kinderen die je samen ziet lopen en je zult opvallende overeenkomsten zien in hun houding, bewegingen en tics. Hoewel we onze kinderen niet kunnen beschermen tegen de belastingen en spanningen die het leven meebrengt en die tot ingezakte en verwrongen houdingen kunnen leiden, kunnen we er wel naar streven een positief voorbeeld te geven door zelf een goede houding aan te nemen.

## DE ZICHTBARE UITDRUKKING VAN GRATIE

'Om vereeuwigd te worden in de beeldende kunst moet een beweging van een speciaal soort zijn. Ze moet de zichtbare uitdrukking van gratie zijn. Hoewel de schrijvers van de Renaissance ons geen formele definitie van dat woord hebben nagelaten, zouden ze het erover eens zijn geweest dat het een reeks soepele overgangen impliceerde. Volmaakte voorbeelden ervan waren te vinden in vloeiende gebaren, zwevende draperieën, krullend of golvend haar. Een abrupte overgang was grof; het sierlijke was één lang lijnenspel. Leonardo had deze traditie van beweging en gratie in de onderdelen meegekregen, en breidde haar uit tot het geheel.'

Kenneth Clarks opmerkingen over gratie in de beeldende kunst weerspiegelen de eigenschappen die door de Alexandertechniek in het dagelijks leven worden aangekweekt: gratie, doorgaande bewegingen en heelheid, waarmee 'soepele overgangen' in alledaagse bewegingen worden gebracht, zoals van zitten naar staan of van staan naar lopen.

Het beste resultaat bereik je als je de Uitgebalanceerde Rusttoestand twee keer per dag toepast. Dit kun je doen wanneer je 's morgens wakker wordt, wanneer je thuiskomt van je werk, of voordat je 's avonds naar bed gaat. Het werkt vooral goed wanneer je een overwerkt of gestresst gevoel hebt, of voor of na het sporten of gymmen. Geregelde toepassing zal je helpen een soepele, kaarsrechte houding te ontwikkelen die bevorderlijk is voor evenwicht en gratie in alles wat je doet.

### Werk aan tweehandigheid

Toen Michelangelo aan de Sixtijnse kapel werkte, verbaasde hij toeschouwers door zijn penseel onder het werken van de ene hand over te nemen in de andere. Leonardo, die van nature linkshandig was, beoefende dezelfde tweehandigheid en nam het penseel geregeld in de andere hand toen hij aan *Het laatste Avondmaal* en andere meesterwerken werkte. Toen ik professor Raymond Dart interviewde en hem vroeg wat hij kon aanbevelen voor de ontwikkeling van het menselijk potentieel, antwoordde hij: 'Breng evenwicht in het lichaam, breng evenwicht in de hersenen. De toekomst is aan de tweehandige mens!' Dart benadrukte dat de rechterhemisfeer van de cortex cerebri de linkerkant van het lichaam stuurt, en de linkerhemisfeer de rechterkant. Zijn gedachte was dat het coördineren van de twee lichaamshelften de coherentie en het evenwicht van de twee hemisferen zou bevorderen.

Begin je onderzoek naar tweehandigheid door te bekijken wat je met je niet-dominante hand kunt doen. Probeer de volgende oefeningen:

*Omkeringen* – Probeer je vingers te verstrengelen en je armen en benen over elkaar te slaan met de andere kant boven. Kun je met je niet-dominante oog knipogen? Rol je tong naar beide kanten.

*Gebruik je niet-dominante hand* – Probeer een dag lang, of

om te beginnen een dagdeel lang, je niet-dominante hand te gebruiken. Het licht aandoen, je tanden poetsen, je ontbijt opeten met je andere hand. Noteer je gevoelens en observaties in je dagboek.

*Experimenteer met schrijven* – Probeer je handtekening te zetten met de andere hand. Schrijf het alfabet op. Schrijf vervolgens iets op over een onderwerp naar keuze volgens het 'stream of consciousness'-procédé (misschien merk je dat schrijven met je niet-dominante hand tevens tot een andere manier van denken leidt, een manier van denken die toegang geeft tot je intuïtie).

*Experimenteer met schrijven en tekenen met twee handen tegelijk* – Nadat je een beetje hebt geoefend in het schrijven met je niet-dominante hand, kun je gaan experi-

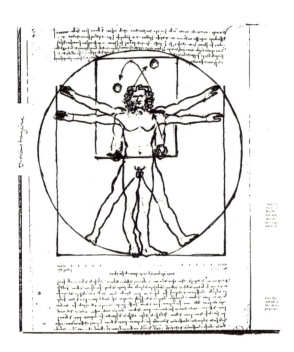

*Da Vinci jongleur*

menteren met het schrijven en tekenen met beide handen tegelijk. Probeer dit zo mogelijk op een schoolbord te doen. Teken cirkels, driehoeken en vierkanten. Zet vervolgens je handtekening met beide handen tegelijk.
*Experimenteren met spiegelschrift* – Het zal je verbazen hoe gemakkelijk dit te leren is; je hoeft alleen maar wat te oefenen. Hier is een voorbeeld:

*Verkwikkende cross-laterale oefening* – Om je aandacht op te frissen wanneer je studeert, werkt of met een creatieve uitdaging worstelt: reik met je linkerhand achter je rug en raak je rechtervoet aan, en vervolgens je linkervoet met je rechterhand. Doe dit tien keer. Of hef je linkerknie op om je rechterhand aan te raken en daarna je rechterknie om je linkerhand aan te raken. Doe dit tien keer.

## Leer jongleren

Leren jongleren is een schitterende manier om tweehandigheid, evenwicht en coördinatie tussen geest en lichaam aan te kweken. Antonina Valentin, schrijfster van een biografie over Da Vinci, bevestigt dat de maestro ook kon jongleren. Deze kunst vormde een onderdeel van de optochten en feesten die hij voor zijn broodheren ontwierp, en ging hand in hand met zijn liefde voor de goochelkunst. Het eenvoudige patroon dat je zult leren is bovendien een fantasie de vinci – een knoop oftewel een symbool van het oneindige.
Neem drie ballen (het mogen gewoon tennisballen zijn) en probeer het volgende:

1. Neem één bal en gooi die in een boog vlak over je hoofd heen en weer, van de ene hand naar de andere.
2. Neem twee ballen, in elke hand een. Gooi de bal in je

rechterhand op zoals je tevoren met één bal deed; wanneer de bal zijn hoogste punt bereikt, gooi je de bal in je linkerhand op precies dezelfde manier op. Concentreer je op het soepel en ontspannen opgooien en laat beide ballen op de grond vallen.

3. Als stap 2, alleen vang je ditmaal de bal die je het eerst opgooide op. Laat de tweede bal op de grond vallen.
4. Hetzelfde als stap 2, maar ditmaal vang je beide ballen op.
5. Nu ben je eraan toe om het met drie ballen te proberen. Neem twee ballen in de ene hand en een in de andere. Gooi de voorste bal in de hand die twee ballen vasthoudt op. Wanneer hij zijn hoogste punt bereikt, gooi je de enkele bal in je andere hand op. Wanneer die op zijn hoogste punt is, gooi je de overgebleven bal op. Laat alle ballen op de grond vallen.
6. Hetzelfde als stap 5, alleen vang je nu de eerstgegooide bal op.
7. Hetzelfde als stap 5, alleen vang je ditmaal de eerste twee opgegooide ballen op. Als je de eerste twee ballen vangt en eraan denkt de derde op te gooien, zul je opmerken dat er nog maar één bal in de lucht is overgebleven, en één bal kun je vangen. Vang de derde bal en je hebt voor het eerst gejongleerd. Reden voor een feestje!

Wanneer het je eenmaal is gelukt te jongleren, wil je het natuurlijk vaker doen. Let bij het verder oefenen op de soepelheid en de juiste richting van het opgooien, en trek het je niet aan wanneer er ballen vallen. Als je je aandacht vooral op het opgooien gericht houdt en soepel blijft ademhalen, zul je zeker succes hebben.

# CORPORALITÀ OP HET WERK

De toestand van je lichaam is van invloed op je geest. Als je lichaam stijf en verkrampt is, of ingezakt en slap, zal je geest vaak ook zo zijn. Onze taal zit vol uitdrukkingen die erop wijzen dat men dit verband heel goed zag, zoals: 'Ze houdt haar poot stijf', 'De regering werd een slappe houding verweten,' en uit de bijbel: 'Zij verhardden hun nek en luisterden niet naar Uw geboden'.

Het woord 'corporatie', een minder gangbare term voor een groot bedrijf, is afgeleid van de wortel corpus, wat lichaam betekent. Zo zitten bij veel vergaderingen en brainstormingssessies de mensen uren achtereen in min of meer dezelfde houding om een tafel terwijl ze proberen nieuwe ideeën te bedenken of problemen op te lossen. En dan vragen ze zich af: waarom komen we niet verder?

Veel organisaties lassen tegenwoordig korte massagesessies, yoga- en aikidolessen in om hun mensen te helpen fysiek en geestelijk soepeler te functioneren. Daarnaast kun je de volgende oefening proberen om je volgende vergadering of brainstormingssessie op te fleuren (als je alleen bent, kun je het voor een spiegel doen). Het gaat erom tegelijkertijd zoveel mogelijk lichaamsdelen op een nieuwe manier te bewegen. De oefening brengt je ertoe ingesleten houdingen van geest en lichaam te veranderen door te bewegen op een andere manier dan je ooit hebt bewogen.

Zoek een partner en ga tegenover haar staan. Jij gaat de bewegingen die je partner maakt, nadoen. Je partner begint bijvoorbeeld met haar rechterhand op te heffen en op haar hoofd te kloppen, waarna ze haar hand weer langs haar zij laat vallen. Voor de volgende beweging zou je partner met haar linkerhand haar linkervoet kunnen aantikken. Doe deze beweging na terwijl je blijft doorgaan met de vorige. Nu draait je partner met haar schouders. Doe dit na terwijl je de twee voorgaande bewegingen voortzet. Dan voegt je partner er een geluid aan toe, bijvoorbeeld het kakelen van een kip. Doe het geluid na en ga door met de voorgaande bewegingen. Vervolgens laat ze haar hoofd een grote cirkel beschrijven, en zo verder.

Streef ernaar tenminste vijf verschillende bewegingen tegelijk te maken. Maak ze zo ongewoon en gek mogelijk. Draai dan de rollen om en geef bewegingen aan die je partner moet nadoen, nog mallotiger dan de bewegingen die jij zo-even maakte. Deze oefening is altijd goed voor veel vrolijkheid. Hij haalt oude patronen omver, maakt een hoop energie vrij en creëert de mogelijkheid nieuwe verbindingen te vormen.

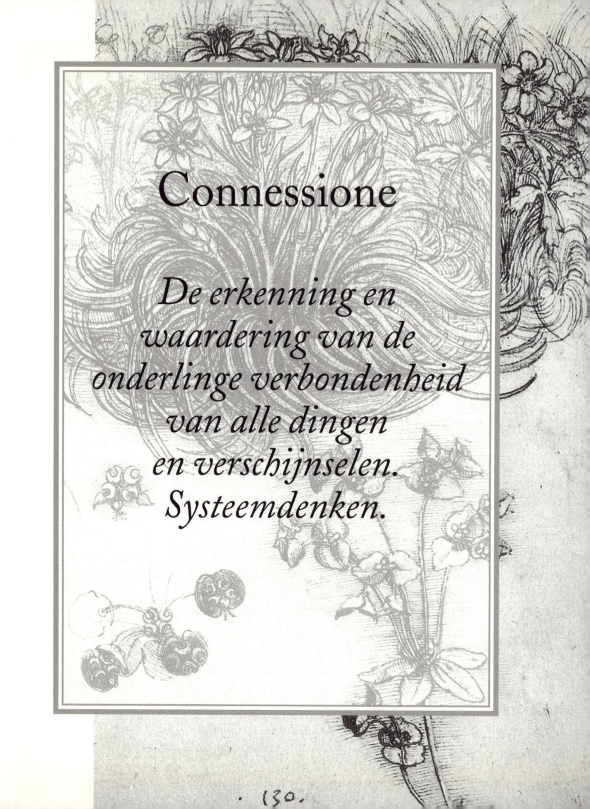

# Connessione

*De erkenning en waardering van de onderlinge verbondenheid van alle dingen en verschijnselen. Systeemdenken.*

Wanneer je een steen in een stille vijver gooit, golft het water rondom weg in een reeks steeds wijder wordende cirkels. Vorm je hiervan een beeld voor je geestesoog; vraag je af hoe de ene golf de andere beïnvloedt, en waar de energie van de golfjes blijft: dan denk je zoals de maestro. De steeds wijder wordende cirkel is een mooie metafoor voor het principe van Connessione, dat duidelijk tot uiting komt in Leonardo's veelvuldige observaties van patronen en verbanden in de wereld om hem heen:

- 'Waar de steen het wateroppervlak raakt, veroorzaakt hij rondom cirkels die buitenwaarts reizen tot ze verdwenen zijn; op dezelfde wijze beweegt de lucht, die getroffen wordt door een stem of een geluid, ook cirkelvormig, zodat hij die er het verst van verwijderd is, het niet kan horen.'
- 'Zie hoe de bewegingen van het wateroppervlak gelijken op die van haar, dat twee bewegingen kent, waarvan de ene voortvloeit uit het gewicht van het haar en de andere uit de golven en krullen. Op dezelfde wijze heeft het water zijn turbulente krullen, waarvan een deel meegaat met de kracht van de hoofdstroom, en een ander deel gehoorzaamt aan de beweging van de toevallige reflectie.'
- 'Zwemmen in water leert mensen hoe vogels op de lucht vliegen. Zwemmen illustreert de methode van het vliegen en laat zien dat het grootste gewicht in de lucht de meeste weerstand ondervindt.'
- 'Bergen worden gemaakt door het stromen van rivieren. Bergen worden afgebroken door het stromen van rivieren.'
- 'Elk deel is geneigd zich te verenigen met het geheel, om aldus te ontsnappen aan zijn eigen onvolledigheid.'

Velen van ons zijn weleens een variatie van de volgende retorische stelling tegengekomen, die ten doel heeft lezers te inspireren in termen van Connessione

> Als een gedicht waarvan het geheel groter is dan de som van zijn delen, roept het volgende DaVinciaanse lijstje met 'dingen die ik moet doen' de geest van Curiosità en Connessione op:
>
> Laten zien hoe wolken zich vormen en weer oplossen,
> hoe waterdamp van de aarde opstijgt naar de lucht,
> hoe nevelen zich vormen en de lucht zich verdikt,
> en waarom de ene golf blauwer lijkt dan een andere;
> het luchtruim beschrijven,
> en de oorzaken van sneeuw en hagel,
> hoe water neerslaat, en zich verhardt tot ijs,
> en hoe nieuwe figuren zich vormen in de lucht,
> en nieuwe bladeren aan de bomen,
> en ijspegels aan de stenen van koude plekken...

te denken: 'Is het van invloed op het weer in New York wanneer een vlinder in Tokio met zijn vleugels slaat?' Hedendaagse systeemtheoretici beantwoorden deze klassieke vraag graag met een enthousiast 'ja!'. Vijf eeuwen geleden schreef Leonardo, de oorspronkelijke systeemdenker: 'De aarde wordt uit haar positie gebracht door het gewicht van een vogeltje dat erop rust.'

Leonardo noteerde deze buitengewone observaties vaak in de marges van zijn aantekeningenboeken. In de loop van de tijd hebben sommige geleerden kritiek geuit op Leonardo omdat zijn aantekeningenboeken zo wanordelijk zijn. Hij heeft nooit een inhoudsopgave gemaakt, een samenvatting, of een index. Hij noteerde zijn aantekeningen schijnbaar lukraak, sprong van de hak op de tak en verviel dikwijls in herhalingen. Maar de verdedigers van de maestro wijzen erop dat Leonardo zozeer het gevoel had dat alles met alles in verband stond dat zijn observaties altijd geldig zijn, in welk verband ze ook genoteerd zijn. Met andere woorden, hij hoefde ze niet in categorieën onder te brengen, of ze samen te vatten, omdat hij zag hoe alles met al het andere te maken had. Een geheim van Leonardo's ongeëvenaarde creativiteit is zijn levenslange gewoonte afzonderlijke elementen te combineren en te verbinden om nieuwe patronen te vormen. Vasari vertelt over een gebeurtenis in Leonardo's jeugd, toen hem gevraagd was het schild voor een boer te beschilderen. In zijn verlangen een afbeelding te ontwerpen die 'iedereen die hem tegenkwam zou afschrikken' bracht de jonge Leonardo in zijn kamer een verzameling bijeen van 'kruipende reptielen, groene hagedissen, krekels, slangen, vlinders, sprinkhanen, vleermuizen en meer van dergelijke vreemde schepselen, en door verschillende delen van deze veelheid samen te voegen schiep hij een gruwelijk, angstaanjagend monster met een giftige adem die de lucht in vuur veranderde.'

Vasari vertelt verder dat toen Leonardo deze creatie onthulde aan zijn vader, die hem de opdracht ervoor had gegeven, Ser Piero zo geschokt en verbaasd was over Leonardo's wonderbaarlijke talent dat hij de dankbare boer een ander schild gaf, zodat hij het werk van zijn zoon voor honderd dukaten kon verkopen aan een Florentijns koopman (die het op zijn beurt voor driehonderd dukaten aan de hertog van Milaan verkocht).

*Een van Leonardo's draken*

Vele jaren later schreef Leonardo een korte handleiding genaamd 'Hoe men een denkbeeldig dier echt doet lijken.' Zijn raad luidde: 'Als ge derhalve wenst een van uw denkbeeldige dieren natuurlijk te laten lijken – laten we veronderstellen dat het een draak is – neemt ge als kop die van een buldog of setter, als ogen die van een kat, als oren die van een stekelvarken, als neus die van een windhond, met de wenkbrauwen van een leeuw, de wangen van een oude haan en de hals van een waterschildpad.' Toen hij in het Belvédère in het Vaticaan woonde, nam Leonardo een keer een levende hagedis en maakte daar een hoorn, vleugels en een sik voor. Hij hield het dier in een speciaal kistje en liet het, volgens Vasari 'aan zijn vrienden zien om hen verschrikt te zien vluchten'. Leonardo's draken zijn een prachtige metafoor voor zijn creatieve recept van combineren en verbinden. Hij bestudeerde het wezen van schoonheid in duizenden menselijke gezichten en combineerde vervolgens de verschillende elementen die hij had waargenomen om in zijn schilderijen volmaakte gezichten te creëren. Zijn inzicht in de geluidsleer kwam voort uit verbanden die hij legde met zijn observaties van water. Op één enkele pagina van zijn aantekeningenboek vergelijkt Leonardo de snelheid en richting van lichtstralen, de kracht van trommelslagen, de stem van een echo, de lijnen van een magneet en de beweging van geur.

Veel van zijn uitvindingen en ontwerpen sproten voort uit de speelse, fantasierijke combinaties die hij van verschillende vormen in de natuur maakte. Hoewel er niet genoeg nadruk kan worden gelegd op de ernst en bevlogenheid waarmee Leonardo zijn studies verrichtte, was hij tevens buitengewoon speels, zoals uit zijn voorliefde voor grappen, raadsels en draakjes in kistjes bleek. Freud zei dan ook: 'De grote Leonardo is in feite zijn hele leven als een kind gebleven… Zelfs als volwassene bleef hij spelen en dat was een van de redenen waarom hij zijn tijdgenoten vaak geheimzinnig en onbegrijpelijk voorkwam.' Leonardo's ernst bracht hem ertoe tot het wezen van de dingen door te dringen, en zijn speelsheid maakte het hem mogelijk oorspronkelijke verbindingen te leggen die nog niemand waren opgevallen.

Voor Leonardo begon Connessione met zijn liefde voor de natuur, en door zijn onderzoekingen naar de anatomie van mens en dier werd ze verdiept. Zijn vergelijkende anatomiestudies betroffen onder meer het ontleden van paarden, koeien, varkens en tal van andere dieren. Hij merkte verschillen op en legde verbanden tussen de tong van een specht en de kaak van een krokodil. Hij vergeleek de poten van een kikker, de voet van een beer, de ogen van een leeuw en de pupillen van een uil met die van de mens. Het was duidelijk dat zijn studies veel verder gingen dan nodig was om een schilder voldoende kennis te verschaffen voor een juiste weergave. Leonardo bestudeerde het menselijk lichaam als een totaal systeem, een gecoördineerd patroon van onderling afhankelijke relaties. In zijn eigen woorden: '... Ik zal spreken over de functies van elk onderdeel in elke richting en voor uw ogen een beschrijving geven van de hele vorm en substantie van de mens...'

Leonardo noemde zijn anatomische studies een 'cosmografia del minor mondo', een 'kosmografie van de microkosmos'. Zijn waardering voor de na-

## LEONARDO EN DE OOSTERSE FILOSOFIE

Ondanks het door sommige geleerden geopperde vermoeden dat Leonardo een reis naar het Verre Oosten zou hebben ondernomen, bestaat hiervoor geen concreet historisch bewijsmateriaal. Niettemin formuleerde de maestro begrippen die ook de kern vormen van veel Aziatische wijsheid. Bramly vergelijkt sommige van zijn neergeschreven uitspraken met Zen-koans. In de *Mona Lisa* heeft hij het principe van yin en yang op schitterende wijze tot uitdrukking gebracht. Hij was de eerste westerse schilder die een landschap als centraal onderwerp van een kunstwerk nam, iets wat in het Oosten al veelvuldig werd gedaan. Leonardo's vegetarische leefwijze en zijn vermaning je niet te hechten aan materiële zaken doen denken aan het hindoeïsme en waren uitermate ongebruikelijk in het Florence of Milaan van het cinquecento. Ook gaf hij in westerse termen iets weer van de boeddhistische leerstelling van de leegte: 'Het niets heeft geen middelpunt, en het wordt begrensd door het niets.' Hij voegde hieraan toe: 'Temidden van de grootse dingen die onder ons aangetroffen worden is het bestaan van het Niets het grootste... het wezen ervan ligt wat de tijd betreft tussen het verleden en de toekomst, en bezit niets van het heden. Van dit niets is het deel gelijk aan het geheel, en het geheel gelijk aan het deel, het deelbare aan het ondeelbare, en het blijft steeds evenveel, of we het nu delen of vermenigvuldigen, erbij optellen of ervan aftrekken...'

tuurlijke verhoudingen van het lichaam kwam tot uiting in zijn studies over architectuur en stedenbouw. Zijn inzichten over het lichaam vormden een metafoor voor zijn ideeën over de aarde als levend systeem. Hij schreef:

> De mens werd door de antieken de microkosmos genoemd, en deze term was zekerlijk goed gekozen: want net zoals de mens is samengesteld uit aarde, water, lucht en vuur, is het lichaam van de aarde dat ook. Zoals de mens beenderen heeft als steun en basis voor het vlees, zo heeft de aarde rotsen als steun voor de grond; zoals de mens in zich een meer van bloed draagt waarin de longen ademend zwellen en slinken, zo heeft het lichaam van de aarde de oceaan die om de zes uur zwelt en slinkt in een kosmische ademhaling; zoals de aderen vanuit dat meer van bloed uitgaan en zich door het hele lichaam vertakken, zo vult de oceaan op dezelfde wijze het lichaam van de aarde met een oneindige hoeveelheid wateraderen.

Vijfhonderd jaar voordat de natuurkundige David Bohm zijn theorie van het holografische universum lanceerde (waarin gesteld wordt dat elk atoom de 'genetische code' van het gehele universum bevat, zoals een sliertje DNA de hele genetische code van een individu bevat) schreef Leonardo: 'Elk lichaam dat in de lichtende lucht wordt geplaatst breidt zich in cirkels uit en vult de omringende ruimte met oneindig veel beeltenissen van zichzelf en verschijnt geheel in alles en geheel in elk deel.' Hij voegde hieraan toe: 'Dit is het werkelijke wonder, dat alle vormen, alle kleuren, alle beelden van elk deel van het universum in één enkel punt geconcentreerd zijn.' Bohms stelling houdt onder meer het concept in van een 'impliciete ordening', een 'dieptestructuur' van verbondenheid die het universum bijeen houdt. In 1980 schreef Bohm: 'Alles omvat alles.' Vijf eeuwen eerder had Leonardo geschreven: 'Alles vloeit voort uit alles, en alles is samengesteld uit alles, en alles keert terug tot alles...'
Gewapend met visie, logica, verbeelding en een niet aflatend verlangen om waarheid en schoonheid te kennen onderzocht Leonardo de oneindige verscheidenheid van de natuur. Hoe meer hij echter te weten kwam als leerling van de ervaring, hoe dieper de mysteriën werden, tot hij uiteindelijk concludeerde dat 'de natuur vol is van oneindig veel oorzaken die de ervaring nimmer heeft kunnen aantonen.' Waar hij met de wetenschap niet verder kwam, nam

Ster-van-Bethlehem

*Studie van* De Zondvloed

Draaikolk

Haar

CONNESSIONE

de kunst het over, legt Bramly uit, en hij schrijft dat 'Leonardo zo overweldigd en verbijsterd was door de mysteriën die hij kon aanschouwen maar waarin hij niet kon doordringen,... dat hij zijn ontleedmes, kompas en pen terzijde legde en weer het schilderspenseel oppakte.'

Daarom moeten we naar de schilderijen en tekeningen van de maestro kijken om te zien hoe hij Connessione tot uitdrukking bracht. Het oplettende oog zal verbanden zien die zijn hele oeuvre omspannen; zijn inzicht in een universeel patroon of een 'impliciete ordening' kan bijvoorbeeld worden teruggevonden in details van uiteenlopende werken zoals Verrocchio's *Doop* (in de haren op het hoofd van de engel), *Madonna met Kind en de heilige Anna* (in de groepering van de figuren), de *Mona Lisa* (in het landschap) en in zijn afbeeldingen van de Zondvloed (in de stromingen van het water).

Veel geleerden hebben allerlei verbanden gelegd tussen Leonardo's natuurfilosofie en zijn kunst, maar die kun je het beste zelf ontdekken. Laat je inspireren door de volgende gedachte van Plato:

'Want hij die op de juiste wijze wil handelen... dient in zijn jeugd te beginnen schone vormen op te zoeken... om daaruit mooie gedachten te creëren; dan zal hij spoedig zelf bemerken dat de schoonheid van de ene vorm verwant is aan de schoonheid van een andere, en dat schoonheid in elke vorm een en hetzelfde is.'

## CONNESSIONE EN JIJ

Nu je tot hiertoe hebt gelezen in dit boek is er een goede kans dat jij, net als Leonardo, naar verbanden zoekt. Lichamelijk zijn we op zoek naar gezondheid, genegenheid en de extase van seksuele vereniging. In emotioneel opzicht verlangen we naar het gevoel ergens bij te horen, intimiteit en liefde. In intellectueel opzicht zoeken we naar patronen en relaties en trachten we systemen te begrijpen. En wat het spirituele betreft, bidden we om één-zijn met het goddelijke.

Dit hoofdstuk is erop gericht je praktische hulpmiddelen te geven om in jouw wereld een steeds mooier tapijt van Connessione te weven. Maar kijk eerst naar de zelfbeoordelingslijst op de volgende bladzijde.

## *Connessione: zelfbeoordeling*

- [ ] Ik ben ecologisch bewust.
- [ ] Ik houd van gelijkenissen, analogieën en metaforen.
- [ ] Ik leg vaak verbanden die andere mensen niet zien.
- [ ] Op reis valt me eerder de gelijkenis tussen mensen op dan de verschillen.
- [ ] Ik streef naar een 'holistische' benadering van voeding, gezondheid en genezing.
- [ ] Ik heb een goed ontwikkeld gevoel voor verhoudingen.
- [ ] Ik kan de werking van het systeem – de patronen, verbindingen en netwerken – in mijn familie en werk beschrijven.
- [ ] Mijn levensdoelen en prioriteiten zijn duidelijk geformuleerd en zijn geïntegreerd met mijn waarden en de zin die ik aan mijn leven toeken.
- [ ] Soms heb ik het gevoel dat ik verbonden ben met de hele schepping.

> Voor Leonardo was een landschap net als een menselijk wezen onderdeel van een gigantische machine, die deel voor deel te doorgronden was, en zo mogelijk ook als geheel. Rotsen waren niet domweg decoratieve silhouetten. Ze vormden een deel van het skelet van de aarde, met een eigen anatomie, veroorzaakt door aardschokken in een ver verleden. Wolken waren niet de willekeurige krullen van het penseel van een hemelse kunstenaar, maar waren een verzameling kleine waterdruppeltjes, gevormd door de verdamping van de zee, die hun regen spoedig zouden terugstorten in de rivieren.
>
> KENNETH CLARK

# Connessione:
## *Toepassing en oefeningen*

### Over heelheid

Wat betekent heelheid voor jou? Experimenteer met het uitdrukken van jouw opvatting van heelheid in een tekening, een gebaar of een dans. Ervaar je heelheid in je dagelijks leven? Hoe is dat met vervreemding? Beschrijf het verschil. Wat zijn de verschillende delen of elementen die jouw karakter vormen? Ervaar je weleens conflicten tussen de verschillende delen van je persoonlijkheid? Met andere woorden, zijn je geest, emoties en lichaam het onderling weleens oneens? Welk deel neemt in dat geval meestal de overhand? Beschrijf iets van de dynamiek van je hoofd, hart en lichaam en probeer ze in een schema onder te brengen.

Houd een 'stream of consciousness'-schrijfsessie over Leonardo's opmerking dat 'elk deel geneigd is zich te verenigen met het geheel, om aldus te ontsnappen aan zijn eigen onvolledigheid'. Hoe is dit op jou van toepassing?

### Gezinsdynamiek

Volgens de hedendaagse psychologie is het belangrijk dat je de 'systeemwerking' van je gezin begrijpt om jezelf beter te kunnen begrijpen. In je zoektocht naar volledigheid en zelfkennis kun je waardevolle inzichten verwerven door na te denken over de volgende vragen over je gezin:

- Welke rollen speelt elk gezinslid?
- Hoe zijn de relaties tussen die rollen onderling?

- Wat zijn de voordelen van de verdeling van de gezinsrollen? Wat zijn de nadelen?
- Wat gebeurt er met de systeemwerking onder spanning?
- Welke patronen zijn al generaties lang overgeleverd?
- Wat zijn de belangrijkste krachten van buitenaf die van invloed zijn op het gezinssysteem?
- Hoe functioneerde het gezinssysteem een jaar geleden? Zeven jaar geleden? Hoe is het veranderd? Hoe zal het over een jaar functioneren? En over zeven jaar?
- Hoe zijn de patronen van functioneren die je in je gezin hebt opgemerkt van invloed op de manier waarop je deelneemt aan andere groepen?
- Probeer naar aanleiding van de inzichten die je op grond van bovenstaande vragen hebt verworven een schema te tekenen dat je gezin als systeem voorstelt.

## De lichaamsmetafoor

Gebruik Leonardo's geliefde metafoor – het menselijk lichaam – om de dynamiek van je gezinssysteem verder te onderzoeken. Vraag:

- Wie is het hoofd?
- Wie is het hart?
- Is het hoofd in evenwicht met het lichaam?
- Wat is de kwaliteit van onze voeding?
- Wordt onze voeding goed verteerd en opgenomen?
- Hoe effectief gaan we om met afvalstoffen?
- Hoe is onze bloedsomloop? Zijn onze aderen verkalkt?
- Wat is onze ruggengraat?
- Wat zijn onze gevoeligste zintuigen? En de minst

gevoelige?
- Weet de rechterhand wat de linkerhand doet?
- Hoe is onze gezondheidstoestand? Hebben we chronische kwalen, natuurlijke groeipijnen, of een levenbedreigende ziekte?
- Doen we ons best om fitter, sterker en leniger te worden en werken we aan onze houding?

## Draken maken

De kern van creativiteit ligt in het vermogen om relaties en patronen te zien en ongewone combinaties en verbindingen te vormen. Leonardo's prachtige draken en veel van

### CONNESSIONE OP HET WERK

De beweging die pleit voor 'lerende organisaties' en 'totale kwaliteit' is een poging het Connessione-denken op organisaties toe te passen. Peter Senge, auteur van *The Fifth Discipline: The Art and Practice of the Learning Organization*, benadrukt dat complexe, snel veranderende systemen vereisen dat we werken aan '... een discipline om het geheel te zien... een kader om onderlinge relaties te zien in plaats van dingen, om veranderingspatronen te zien in plaats van momentopnames.' Met een prachtig DaVinciaanse zinswending zegt Senge dan: 'De werkelijkheid bestaat uit cirkels, maar wij zien rechte lijnen.'

Je kunt je vermogen, cirkels te zien en als leider te functioneren bij het ontwikkelen van een 'lerende organisatie' versterken door het Connessione-principe toe te passen op de organisaties waar je bij betrokken bent. Kies een organisatie en stel dezelfde vragen als bij de 'gezinsdynamiek'-oefening (als het een grote organisatie is, kun je 'persoon' vervangen door 'afdeling', 'taakeenheid' of 'commerciële poot'). Probeer vervolgens een schema te tekenen dat de systeemdynamica van je organisatie voorstelt. Bekijk dan je organisatie of bedrijf vanuit het perspectief van de lichaamsmetafoor-vragen.

zijn vernieuwingen en ontwerpen kwamen voort uit de fantasierijke verbindingen die hij vormde tussen schijnbaar niet verwante zaken. Je kunt je DaVinciaanse vermogens ontwikkelen door naar dingen te kijken die op het eerste gezicht niets met elkaar te maken hebben en verschillende manieren te zoeken om die met elkaar in verband te brengen.

Welke verbindingen kun je bijvoorbeeld leggen tussen:
Een spin en het Internet?
*De spin zit in haar web; op het Internet kun je aansluiting vinden met het World Wide Web.*

Een Perzisch tapijt en psychotherapie?
*Perzische tapijten hebben ingewikkelde, terugkerende patronen en hetzelfde geldt voor je psyche.*

Snap je hoe het werkt? Probeer drie à vier verbindingen te bedenken voor elk van de volgende paren. Deze oefening is een uitstekende inkomer voor een brainstormingssessie, individueel of in groepsverband. Veel plezier.
Probeer verbindingen te leggen tussen de volgende dingen:

- Een eikenblad en een hand
- Een lach en een knoop
- Een kom minestrone en de Verenigde Staten
- Wiskunde en *Het laatste Avondmaal*
- Een varkensstaart en een fles wijn
- Een giraf en koolsla
- Tekeningen van de Zondvloed en het spitsverkeer
- Een stekelvarken en een computer
- Samoerai-krijgers en het schaakspel
- Gershwins 'Rhapsody in Blue' en regen
- Een tornado en gekruld haar

- De wereldeconomie en een champignon
- Jongleren en je carrière
- De ster-van-Bethlehem en het Connessione-principe

Om de systemen in je wereld te begrijpen kun je overdenken hoe ze onder extreme omstandigheden functioneren. Je komt bijvoorbeeld het meeste te weten over de dynamiek van je familie tijdens bruiloften, ernstige ziekten, geboorten en begrafenissen. De werkelijke visie en waarden van een organisatie worden duidelijk na een bijzonder slecht jaarverslag, een ethische crisis of een onverwachte verandering in de markt.

## Denkbeeldige gesprekken

Een paar jaar geleden werd Hillary Clinton door de pers belachelijk gemaakt omdat ze denkbeeldige gesprekken voerde met Eleanor Roosevelt. Maar 'praten' met een denkbeeldig rolmodel is een oude, beproefde manier om inzicht en perspectief te verwerven. Het werd al aanbevolen door de grote Italiaanse dichter Petrarca en werd enthousiast beoefend in de Academie van Lorenzo de' Medici.

Kies een probleem waaraan je wilt werken of een onderwerp waarover je je inzicht wilt verdiepen. Behalve dat je de opvattingen van de maestro erover kunt beschouwen, kun je je ook voorstellen welk perspectief een van je rolmodellen, 'anti-rolmodellen' of misschien een van de grote geesten uit de geschiedenis zouden kunnen bieden. Het is nog leuker, en nog stimulerender voor je creativiteit als je je een gesprek over jouw probleem of onderwerp voorstelt tussen verschillende werkelijk bestaande of denkbeeldige personages uit heden of verleden. Stel je een gesprek over jouw onderwerp voor tussen bijvoorbeeld:

# DE UITERSTEN OPZOEKEN OM VERBINDINGEN TE LEGGEN

Wat heeft *Het laatste Avondmaal* te maken met Da Vinci's studies voor de Zondvloed? De maestro zat een keer bij een stervende man, die hij troostte terwijl hij vredig en zonder moeite de dood inging. Enkele ogenblikken nadat de man de laatste adem had uitgeblazen begon Leonardo aan een autopsie, hevig geïnteresseerd in de anatomie van zo'n vredig verscheiden. In zijn zoektocht naar de waarheid, en zijn verlangen de essentie van natuurlijke systemen te begrijpen ging Leonardo soms tot het uiterste. Zijn anatomische studies van de geslachtsdaad, het diner dat hij gaf voor mismaakte en groteske personen, zijn opmerkelijk beheerste tekening van het ophangen van Bandinelli, de fantastische oorlogsmachines, ze wijzen alle op zijn intuïtieve wetenschap dat je een systeem, om het goed te begrijpen, onder extreme omstandigheden moet onderzoeken of je voorstellen. Leonardo's *Laatste Avondmaal* onderscheidt zich van vele voorgangers doordat het meest dramatische moment erop wordt uitgebeeld – namelijk wanneer Christus zegt: 'Een uwer zal mij verraden.' Zijn studies van de Zondvloed, het einde van de wereld door overstroming, geven de natuurkrachten weer terwijl ze gezamenlijk de ultieme vernietiging veroorzaken.

- De David van Michelangelo en Johannes de Doper van Leonardo
- Winona Ryder en Margaret Thatcher
- De figuur van 'de menselijke verhoudingen' en Jane Austen
- Muhammad Ali en Mona Lisa
- Charlie Chaplin en Machiavelli
- Miles Davis en Verrocchio
- Christus en Boeddha
- Bill Gates en Lorenzo il Magnifico
- Een willekeurig tweetal personages dat jou aanspreekt

## Denken over de oorsprong van dingen

In het hoofdstuk Sensazione heb ik de aanbeveling gedaan een pauze in te lassen voor je gaat eten, om je bewustzijn op het 'nu' te concentreren. Behalve dat dit je ervaring van de smaak van je eten versterkt, biedt deze gewoonte je regelmatig de gelegenheid af te stemmen op het principe van Connessione. Denk voordat je je eerste hap neemt na over de oorsprong van de maaltijd die je zo dadelijk tot je zult nemen. Gisteravond smulden mijn vrouw en ik bijvoorbeeld van een grote schaal linguine met knoflook, olijfolie, zwarte peper en pecorino, met daarbij een salade van knapperige romaine-sla, verse tomaten, peterselie en geroosterde rode paprika's met een dressing van olijfolie, citroensap, knoflook en weer pecorino. Dit typische dinsdagavonddiner werd vervolmaakt door een paar glazen Falesco Montiano 1995, een verrukkelijke Italiaanse wijn. Voordat we aan de maaltijd begonnen, namen we even

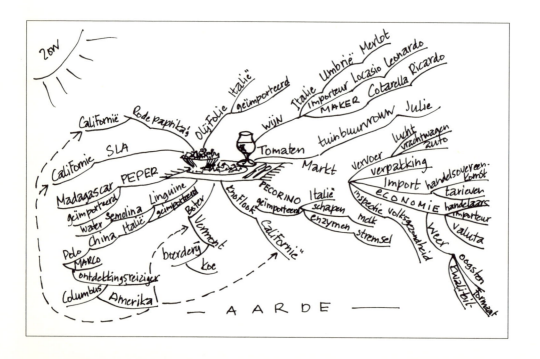

pauze om te danken en na te denken over de herkomst van de zegening die we zo dadelijk zouden ontvangen. De mind map hiernaast geeft enkele van onze gedachten weer over de bronnen van ons avondeten.

Nadenken over de herkomst van dingen is een uitstekende manier om Connessione te leren waarderen. Het moderne renaissance-genie Buckminster Fuller was befaamd omdat hij het publiek in zijn ban bracht met zijn verbluffende geïmproviseerde voordrachten. In plaats van een lezing voor te bereiden, nodigde Fuller zijn publiek uit hem een onderwerp op te geven – het gaf niet wat. Een keer kwam een student met het voorstel dat Fuller een voordracht zou houden over een polystyreen bekertje. Het publiek zat de volgende twee uur op het puntje van zijn stoel terwijl Fuller over de herkomst van dit bekertje sprak: de vernieuwingen in de chemische techniek die tot de uitvinding van polystyreen hadden geleid, de economische en sociale krachten die verband hielden met de fabricage ervan, en de gevolgen voor cultuur en milieu van die krachten.

Behalve nadenken over de oorsprong van je eten, kun je een van de volgende voorwerpen kiezen en nagaan wat er allemaal bij het ontstaansproces te pas is gekomen:

- Dit boek
- De kleren die je nu aanhebt
- Je horloge
- Je computer
- Je portemonnee of portefeuille
- Of wat je maar wilt. Als je af en toe deze oefening doet en nagaat waar dingen vandaan komen, zul je onvermijdelijk tot het besef komen dat, zoals de maestro zei, 'Alles te maken heeft met al het andere'.

## Beschouwing over microkosmos/macrokosmos

Leonardo's onderzoek naar de oorsprong van dingen leidde bij hem tot een diep besef van de betrekking tussen de microkosmos en de macrokosmos. Deze relatie, die in de loop van de tijd door vele culturen is aangevoeld en uitgedrukt, wordt door de moderne wetenschap serieus bestudeerd. Heisenberg, Mandelbrot, Prigogine, Pribram, Sheldrake, Bohm, Chopra, Pert en vele anderen hebben de weg bereid voor een modern wetenschappelijk begrip van het oude gezegde 'zoals het boven gaat, gaat het beneden ook'. Dit begrip brengt een diep ervaren van Connessione mee. De neurowetenschapper Candace Pert zegt met nadruk: 'Zoals het boven gaat, gaat het beneden ook. Wie er anders over denkt zal lijden, zal zich vervreemd voelen van onze bron, van ons werkelijk verbond.'

Wanneer je jezelf centert door bewust het stromen van je adem te beleven, wacht je en denkt na over je verbinding met de microkosmos en de macrokosmos. Om te beginnen denk je aan de gecoördineerde werking van de vele systemen in je lichaam: de spijsvertering, de interne secretie, het epitheel (de huid), het bewegingsapparaat (skelet en spieren), het zenuwstelsel, de bloedsomloop en het immuunsysteem. Verplaats je dan in de harmonieuze activiteit van de weefsels en organen die deze systemen vormen: bot, ingewanden, spieren, maag, bloed, zenuwen, alvleesklier, lever, hart en nieren. Daal nu af naar cellulair niveau en denk aan de miljarden en miljarden cellen die je organen en weefsels vormen. Ga nog dieper, naar moleculair niveau; stel je de moleculen voor die in verschillende combinaties met elkaar verbonden zijn om al je cellen te vormen. Stel je het spel van de atomen voor die je moleculen vormen. Ga dan naar sub-atomisch niveau, dat voor ongeveer 0,001% uit materie bestaat en voor 99,999% uit ruimte.

Al deze subsystemen bij elkaar maken het mogelijk dat jij er bent. En jij bent weer een subsysteem van een familiaal, sociaal, professioneel en economisch netwerk. Roep voor je geestesoog een beeld op van jouw rol in deze netwerken. Denk aan je verbindingen met systemen van informatieoverdracht: de kabels, satellieten, kabelnetten en computerchips die jou met miljoenen andere geesten verbinden via telefoon, fax, computer, televisie, radio en lectuur. Zie jezelf in de context van geopolitieke systemen, als inwoner van een stad of dorp, deel van een provincie die weer een subsysteem vormt van een land. Stel je vervolgens je rol voor in het ecosysteem van je bioregio en planeet. Zie je planeet met de ogen van de astronauten, als element in het zonnestelsel, dat weer deel uitmaakt van een melkwegstelsel in een uitdijend en inkrimpend heelal dat bestaat uit ongeveer 0,001% materie en 99,999% ruimte.

## Meditatie over Connessione

Het soms hectische tempo van ons leven kan natuurlijk tot gevolg hebben dat we het contact met microkosmos en macrokosmos verliezen. Het valt niet mee om aan kosmische waarheden te denken wanneer je probeert een deadline te halen, de rommel opruimt als je kinderen in bed liggen, of probeert je een weg te banen door het spitsuur. De volgende eenvoudige meditatie biedt nog een manier om dagelijks de ervaring van Connessione in je leven te brengen.
Zoek een rustig plekje en ga zitten met je voeten plat op de vloer en je wervelkolom gestrekt. Sluit je ogen en richt je aandacht op het stromen van je ademhaling. Voel bewust de lucht door je neusgaten gaan terwijl je inademt. Adem uit door je neus en voel de lucht naar buiten stromen. (Als je een verstopte neus hebt, mag je ook door je

mond uitademen.) Houd je aandacht gericht op het stromen van je adem, zonder te proberen er iets aan te veranderen. Blijf tien tot twintig minuten zitten terwijl je alleen je ademhaling volgt. Dwaalt je geest af, richt hem dan weer op het gevoel van de ademhaling.

De meeste mensen krijgen bij deze meditatie een duidelijk gevoel van kalmte en welzijn. De ademhaling is altijd iets wat nu gebeurt, en onze zorgen en angsten hebben meestal te maken met problemen in verleden of toekomst. Bovendien legt de ademhalingscyclus een link met de ritmen van de schepping, met eb en vloed, de overgang van nacht en dag. De lucht die je inademt, deel je met alle levende wezens. Je liefsten, je hond of kat, Republikeinen en Democraten – allemaal ademen we dezelfde lucht. Oude mannen die zuchten in Azerbaidzjan, pasgeboren meisjes die huilen in Myanmar; beursspeculanten die lachen in een suite in Wall Street, tieners die joelen op het strand in Malibu, geliefden die schreeuwen in extase, en

## CONNESSIONE VOOR OUDERS

Stel jezelf, naarmate je door de oefeningen Gezinsdynamiek en Lichaamsmetaforen inzicht verwerft in de patronen en systemen van je eigen gezin, de vraag: Hoe kan ik mijn groeiende inzicht in gezinssystemen zo toepassen dat ik een bewustere, liefdevollere ouder word? Hoe kan ik vermijden dat ik de onopgeloste problemen en onbewuste grondslagen van de gezinsdynamiek waarin ik zelf ben opgevoed, aan mijn kinderen doorgeef?

Luchtiger van toon zijn de oefeningen Draken maken en Denkbeeldige gesprekken. Ze zijn gemakkelijk aan te passen voor kinderen, en erg geschikt om de creativiteit van kinderen op te wekken. De oefening Denken over de oorsprong van dingen is vooral van waarde om bij je kind de gedachte aan te kweken dat 'alles te maken heeft met al het andere'.

bedelaars die jammeren in Calcutta – allemaal delen we dezelfde lucht.

Twintig minuten rustig zitten en mediteren op de stroom van je ademhaling heeft een weldadige uitwerking. Maar twintig minuten zijn niet altijd gemakkelijk te vinden. Probeer daarom steeds wanneer je er in de loop van je dag aan denkt, je bewust te worden van je ademhaling. Streef er op drukke dagen naar een of twee keer even te stoppen en je zeven ademteugen lang op je ademhaling te concentreren. Wanneer je het heel erg druk hebt, kun je er nog naar streven in de loop van je dag tenminste één volledige ademhaling bewust te beleven. Deze kleine oases van bewust beleven helpen je contact te maken met jezelf, met de natuur, met de schepping.

> 'Hij ontdekte... God in de wonderbaarlijke schoonheid van het licht, in de harmonieuze beweging van de planeten, in de ligging van spieren en zenuwen in het menselijk lichaam, en in dat onuitsprekelijke meesterwerk, de menselijke ziel.'
>
> SERGE BRAMLY OVER DE SPIRITUALITEIT VAN LEONARDO.

## Tijdschaal – Rivier van het leven

In geschiedenisboeken vind je vaak tijdschalen van belangrijke gebeurtenissen, waarmee een belangrijk tijdperk in het leven van een grote figuur wordt toegelicht. Een persoonlijke tijdschaal maken is een mooi hulpmiddel om zicht te krijgen op de grote lijn van je leven. Maak een tijdschaal voor je leven en geef daarop alle gebeurtenissen een plaats die je belangrijk vindt, voor jezelf en voor de wereld.

Nadat je de tijdschaal van je eigen bestaan hebt getekend, zou je je een beeld kunnen vormen van je leven als een rivier. Stel je een bron voor, misschien de sneeuwkristallen op een berg. Je bestemming, voor dit leven, is de oceaan. Beschrijf de dijken, sluizen, kolken, wervelingen, stroomversnellingen en watervallen van je leven tot nu toe. Wat zijn de belangrijkste plaatsen waar jouw rivier samenkomt met andere rivieren en wateren? Hoe diep is je rivier? Hoe zuiver? Bevriest hij ooit, staat hij weleens bijna droog, of treedt hij buiten zijn oevers? Hoeveel ervan stroomt ondergronds? Krioelt hij van leven, en is hij een bron van le-

vensonderhoud voor degenen die op zijn oevers leven? Kijk naar je levensloop. Leonardo schreef: 'In een rivier is het water dat je aanraakt het laatste van wat voorbij is gestroomd en het eerste van dat wat nog komt: zo is het ook met de huidige tijd.'
Gebruik je vermogen om te kiezen in dit huidige moment, om de loop en de kwaliteit van de rivier van je leven te sturen.

## 'Denk goed ten einde'

Het is moeilijk om geloof te hechten aan Vasari's bewering dat Leonardo op zijn sterfbed vervuld was van berouw en dat hij zich verontschuldigde tegenover 'God en de mensen omdat hij zoveel ongedaan had gelaten'. We weten echter dat de maestro in een ogenblik van wanhoop schreef: '*Dimmi se mai fu fatto alcuna cosa?*' 'Zeg mij of er ooit iets gedaan is?' Hoewel hij veel ongedaan liet, zal zelfs Leonardo, toen hij in de armen van de Franse koning stierf, zich niet hebben kunnen voorstellen hoeveel hij het nageslacht heeft nagelaten.

Leonardo was de 'ideeënman' bij uitstek. Hoewel zijn praktische vaardigheden op elk gebied onovertroffen zijn, lag zijn grootste kracht niet in de uitvoering. Niettemin legde hij naarmate hij ouder werd en zich bewust werd van zijn eigen sterfelijkheid, steeds sterker de nadruk op het stellen van duidelijke doelen en het nastreven daarvan tot ze voltooid zijn. In zijn latere jaren schreef hij herhaaldelijk: 'Denk goed ten einde' en 'Bezin je eerst op het einddoel.' Hij maakte zelfs een tekening van zijn persoonlijke doelen. Je kunt je doelen meer effectief bepalen en bereiken met behulp van een eenvoudige lettercombinatie – zorg dat al je doelen smart zijn.

S – Specifiek: Bepaal precies en gedetailleerd wat je wilt bereiken.

M – Meetbaar: Stel vast hoe je je vorderingen zult meten en vooral hoe je zult weten dat je je doel hebt bereikt.

A – Aansprakelijkheid: Neem je voor zelf persoonlijk aansprakelijk te zijn voor het bereiken van je doel. Zorg wanneer je met een groep een doel nastreeft, dat het duidelijk is wie erop aangesproken kan worden.

R – Realistisch en Relevant: Stel doelen die een uitdaging vormen maar wel bereikbaar zijn; Leonardo schreef: 'We zouden niet moeten verlangen naar het onmogelijke.' Ga na of je doelen relevant zijn voor je algehele stelsel van doelen en waarden.

T – Tijdpad: Bepaal een duidelijk tijdpad voor het bereiken van je doelen.

Laten we, voor je aan de laatste oefening begint, waarin je onder andere een richtlijn vindt om doelen voor je leven te stellen die smart zijn, het toneel inrichten door 'goed door te denken tot het einde'. Bedenk wat je het nageslacht graag zou willen nalaten. Schrijf in je schrift op wat je zou willen dat er bij je begrafenis wordt gezegd door familie, vrienden, collega's en leden van je gemeenschap. Hoe wil je in de herinnering voortleven?

## Maak een mind map als blauwdruk voor je leven

Een van de dingen die dit boek beoogt is jou de hulpmiddelen te verschaffen om je leven te leven als een kunstwerk. Om je te helpen dit doel te realiseren, kun je de volgende oefening proberen: een kunstwerk over je leven maken.

In deze laatste oefening zul je je leven – je doelen, waarden, prioriteiten en bestemming – bekijken vanuit het perspectief van Connessione. Het is maar al te gemakkelijk om door het leven te gaan zonder een allesomvattende visie te hebben op wat we willen. We denken natuurlijk allemaal van tijd tot tijd aan onze carrière, onze relaties en onze financiën. En veel mensen wijden flink wat tijd aan het ontwikkelen van visies, doelen en strategieën op het werk. Maar we staan zelden stil bij al onze persoonlijke doelen en de samenhang daartussen.

De voordelen van het maken van een mind map-blauwdruk voor je leven zijn:

- Door al je doelen, prioriteiten en waarden bij elkaar te zetten op een vel papier, kun je de Connessione, of het ontbreken daarvan, in je leven zien.
- Wanneer je duidelijker ziet hoe alles in je leven samenhangt met al het andere, zul je beter in staat zijn de ontregelingen, conflicten en 'blinde vlekken' die het bereiken van je doelen en dromen in de weg staan te overwinnen.
- Door je doelen en prioriteiten aan te duiden met sleutelwoorden en beelden, zul je je vermogens van *arte* en *scienza* samenbrengen om energie te geven aan je creatieve visioen.

Om maximaal te profiteren van deze oefening die je leven zou kunnen veranderen, raad ik je aan gedurende zeven dagen tenminste een uur per dag eraan te besteden. Die zeven dagen hoeven niet op elkaar te volgen, maar het is wel raadzaam de hele oefening binnen drie weken te voltooien. Richt je eigen equivalent van het atelier van de maestro in: in plaats van penselen en linnen gebruik jij gekleurde viltstiften en grote vellen blanco wit papier. Werk op de klanken van inspirerende muziek en vul de lucht met je lievelingsgeuren.

## Dag Eén: Maak een schets van het totaalbeeld van je dromen

- *Ontwerp je eigen 'impresa'* (impresa: embleem) – Een impresa was het persoonlijke 'logo' van geleerden, edelen en vorsten tijdens de Renaissance. Bedenk je eigen persoonlijke impresa of logo. Neem er de tijd voor en laat een sprekend beeld van binnenuit opkomen. Dit impresa zal het centrale beeld zijn van de mind map van je leven.

- *Maak een 'Sprezzatura'-map van je doelen* (sprezzatura: nonchalance) - Teken je impresa in het midden van een groot vel blanco papier. Op lijnen die vanuit dit centrale beeld uitwaaieren schrijf je in drukletters sleutelwoorden, of je tekent een symbool voor alle belangrijke levensgebieden, zoals: mensen, carrière, financiën, huis, bezittingen, spiritualiteit, plezier, gezondheid, dienen, reizen, leren en zelf. (Je kunt voor deze gebieden elke term gebruiken die je wilt; je kunt de hier genoemde categorieën natuurlijk aanvullen, weglaten of veranderen.) Maak van deze eerste versie een *sprezzatura* oftewel een nonchalante schets van het 'totaalbeeld' van je leven. Stel jezelf voor elk van deze gebieden de vraag: 'Wat wil ik?'

## Dag Twee: Preciseer je doelen

- Teken om te beginnen je impresa in het midden van een nieuw vel papier. Maak nu een meer georganiseerde mind map van je levensdoelen, met levendige, kleurige plaatjes voor elk van je belangrijkste levensgebieden. Schrijf op

aftakkingen van elk van je hoofdtakken (financiën, gezondheid, enz.) sleutelwoorden of teken andere afbeeldingen die je doelen voor elke tak meer gedetailleerd weergeven. Ga voor elke tak na:

- Mensen – Welke relaties zijn voor mij de belangrijkste? Hoe zou voor mij een ideale relatie eruitzien?
- Carrière – Wat is het uiteindelijke doel dat ik in mijn carrière wil bereiken? Wat zijn tussentijdse doelen? Wat zou mijn ideale baan of carrière zijn?
- Financiën – Hoeveel geld heb ik nodig om al mijn andere doelen en prioriteiten te kunnen nastreven?
- Huis – Wat is mijn ideale woonomgeving?
- Bezittingen – Welke spullen zijn belangrijk voor mij?
- Spiritualiteit – Wat voor relatie zou ik met God willen hebben? Hoe kan ik meer vatbaar worden voor genade?
- Gezondheid – In welke conditie zou ik willen zijn? Hoe wil ik mijn energie kunnen besteden?
- Plezier – Wat zou mij het grootste plezier geven?
- Dienen – Wat zou ik het liefste voor anderen willen doen?
- Reizen – Waar wil ik naartoe?
- Leren – Als ik iets zou mogen leren, wat zou dat dan zijn?
- Persoonlijkheid – Wat voor iemand zou ik willen zijn? Welke eigenschappen zou ik willen ontwikkelen?

Gebruik al je zintuigen om een levendig beeld te creëren van wat je in elk gebied wilt. Misschien wil je een afzonderlijke mind map maken voor sommige of alle belangrijke levensdoelen. Breng die dan weer aan in de grote mind map van je leven.

## Dag Drie: Krijg je diepste waarden duidelijk

Je doelen vertegenwoordigen je antwoord op de vraag: 'Wat wil ik?' Inzicht in je waarden krijg je door je af te vragen: 'Waarom wil ik het?' Bekijk elk van je doelen met in je achterhoofd de vraag: 'Waarom wil ik dit?' 'Waarom is het belangrijk?' en 'Wat zal het realiseren van dit doel betekenen voor mijn leven?'

Stel jezelf de vraag: 'Hoeveel van wat ik wil wordt bepaald door mijn conditionering: de geïnternaliseerde boodschappen van ouders, geestelijken en autoriteiten? Hoeveel van wat ik wil wordt bepaald door mijn reactie op of rebellie tegen mijn conditionering? Hoeveel van wat ik wil komt voort uit mijn wezen en is onafhankelijk van conditionering of reactie?'

Wanneer je nadenkt over de diepere motivaties die aan je doelen ten grondslag liggen, begin je zicht te krijgen op je diepste waarden. Deze oefening heeft tot doel dat zicht te verhelderen. De volgende lijst bevat een aantal sleutelwoorden die waarden vertegenwoordigen. (Voeg wanneer je maar wilt eigen sleutelwoorden aan de lijst toe.) Lees de hele lijst door en let op je reactie op elk sleutelwoord. Welke spreken je het meeste aan? Kies er je eigen toptien uit, en plaats die in volgorde van belangrijkheid voor jou.

| | | |
|---|---|---|
| avontuur | familie | innerlijke rust |
| bewust leven | fantasie | integriteit |
| competitie | geld | inzicht |
| creativiteit | genot | kennis |
| discipline | gerechtigheid | leiderschap |
| echtheid | gevoeligheid | leren |
| ecologie | groei | lesgeven |
| eerlijkheid | gulheid | liefde |
| erkenning | hartstocht | loyaliteit |
| expressie | humor | macht |

*Het begin van een mind map van je leven*

| | |
|---|---|
| mededogen | stabiliteit |
| mode | status |
| naastenliefde | subtiliteit |
| natuur | tijd |
| nederigheid | traditie |
| nieuwheid | uitmuntendheid |
| onafhankelijkheid | vaderlandsliefde |
| oorspronkelijkheid | verantwoordelijkheid |
| orde | verscheidenheid |
| plezier | volmaaktheid |
| prestatie | vriendelijkheid |
| religie | vriendschap |
| respect | vrijheid |
| samenleving | waarheid |
| schoonheid | werken |
| sensatie | wijsheid |
| speelsheid | winnen |
| spiritualiteit | zekerheid |
| spontaniteit | |

Bekijk je lijst van tien waarden. Hoe komen je waarden tot uiting in je doelen? Welke gebieden voeren je weg van wat je belangrijk acht?
Bedenk nu een beeld of symbool dat elk van je diepste waarden vertegenwoordigt.

### Dag Vier: Denk na over je bestemming

Sommige mensen lijken geboren te zijn met een duidelijk idee van hun bestemming. Leonardo bijvoorbeeld organiseerde zijn leven altijd rondom de centrale zoektocht naar waarheid en schoonheid. Maar de meeste mensen moeten veel nadenken om de zin en de bestemming van hun leven te begrijpen. Het geheim van het ontdekken van de bestemming in je leven is, de vraag: 'Wat is mijn bestemming?' in je hoofd en hart vast te houden tot je een licht opgaat. In afwachting daarvan kun je het volgende proberen om gevoeliger te zijn voor dat licht:

- Besteed een 'stream of consciousness'-schrijfsessie aan 'Wat niet mijn bestemming is!' Dit zal je helpen de 'negatieve ruimte' te bepalen rondom wat wel je bestemming is.
- Experimenteer met het schrijven van een 'Verklaring van bestemming' in vijfentwintig woorden of minder. Doe er gewoon een gooi naar. Herschrijf de verklaring dan een keer per maand tot je een huivering van gerichte energie door je lichaam voelt stromen wanneer je hem leest.
- Je weet dat je goed zit wanneer al je cellen zeggen: 'Ja!'

**Dag Vijf: Stel de huidige realiteit vast**

Bekijk je belangrijke levensgebieden en stel zo objectief mogelijk vast hoe je er op dit moment voorstaat. Voor een extra perspectief kun je de mening vragen van iemand die je vertrouwt. Vraag:

- Mensen – Hoe zijn mijn relaties nu?
- Carrière – Hoe staat mijn carrière er nu voor?
- Financiën – Hoe is mijn financiële toestand? Wat zijn mijn activa, schulden, inkomsten en verdienpotentieel?
- Huis – Hoe is mijn woonsituatie nu?
- Bezittingen – Wat voor spullen heb ik?
- Spiritualiteit – Hoe is mijn relatie met God?
- Gezondheid – Hoe is mijn conditie? Hoe staat het

# LEONARDO'S WAARDEN EN LEVENSADVIES

Behalve artistieke en wetenschappelijke wijsheid had Leonardo ook waarnemingen, inzichten en adviezen te bieden over allerlei onderwerpen waaronder ethiek, menselijke relaties en spirituele vervulling. Bij het samenstellen van de blauwdruk-mind map voor je leven vind je het misschien nuttig een paar van zijn richtlijnen voor het leven te bekijken.

*Over materialisme en ambitie*
'Beloof jezelf geen dingen en doe geen dingen als je ziet dat je materieel zult lijden als je ze moet missen.'
'Een landgoed is welvarend, als het bezien wordt door het oog van de meester.'
'Ambitieuze lieden, die noch door 's levens zegeningen, noch door de schoonheid van de wereld tevreden te stellen zijn, moeten eronder lijden dat het leven aan hen verspild is, en dat ze noch de voordelen, noch de schoonheid van de wereld bezitten.'
'Hij die het meeste bezit, is het meest bevreesd voor verlies.'

*Over ethiek en persoonlijke verantwoordelijkheid*
'Gerechtigheid vereist macht, inzicht en wil.'
'Je kunt geen groter noch geringer heerschappij bezitten dan de heerschappij over jezelf.'
'Hij die het kwade niet bestraft, beveelt aan dat het gepleegd wordt.'
'Hij die recht loopt, zal zelden vallen.'
'De mens kan alleen geprezen of gelaakt worden met betrekking tot handelingen die het in zijn vermogen ligt te doen of na te laten.' (Deze gedachte ontleende Leonardo aan Aristoteles.)

*Over relaties*
'Vraag advies aan hem die zichzelf goed bestuurt.'
'Het geheugen voor weldaden is te zwak om ondankbaarheid tegen te gaan.'
'Maak een vriend in stilte verwijten, maar prijs hem in het bijzijn van anderen.'
'Geduld biedt bescherming tegen belediging zoals kleren bescherming bieden tegen de koude.'

*Over liefde*
'Genieten – iets liefhebben om wat het is en nergens anders om.'
'De liefde voor iets is de vrucht van onze kennis ervan, en groeit naarmate onze kennis zich verdiept.'

Verder mocht Leonardo graag het oude Latijnse gezegde 'Amor vincit omnia' aanhalen: 'Liefde overwint alles.'

met mijn energie?
- Plezier – Geniet ik van het leven?
- Dienen – Wat doe ik voor anderen?
- Reizen – Waar ben ik geweest?
- Leren – Wat zijn de grootste lacunes in mijn ontwikkeling?
- Persoonlijkheid – Wat voor iemand ben ik nu? Wat zijn mijn sterke en zwakke punten?
- Waarden – Wat is het verschil tussen de waarden die ik zou willen hebben en de waarden die ik, te oordelen naar mijn handelen en gedrag, nu heb?

### Dag Zes: Zoek naar verbanden

Maak een nieuwe mind map waarop al je doelen voorkomen, en vertakkingen voor Waarden en Bestemming. Teken je impresa en andere beelden met zorg. Maak ze zo levendig en mooi mogelijk. Nadat je je levensdoelen, waarden en bestemming op een groot vel papier hebt uitgedrukt kun je deze versie van je blauwdruk-mind map thuis of op kantoor aan de muur hangen. Denk dan na over de volgende vragen:

- Zijn er sleutelwoorden die herhaaldelijk op mijn mind map voorkomen? Verwijzen ze naar een thema?
- Zijn mijn doelen relevant voor mijn bestemming en waarden?
- Is mijn leven geproportioneerd – passen mijn doelen, waarden en bestemming in elkaar, ondersteunen ze elkaar? De maestro schreef: 'Proportie is niet alleen te vinden in getallen en maten, maar ook in klanken, gewichten, tijden en plaatsen, en in elke bestaande macht.' Vraag: 'Hoe

is de invloed van mijn carrière op mijn gezondheid en energieniveau? Hoe zijn mijn gezondheid en energieniveau van invloed op mijn relaties? Hoe komt mijn spiritualiteit tot uiting in mijn relaties? Wat is het verband tussen mijn spiritualiteit, financiën en bezittingen? Hoe zijn mijn financiën van invloed op mijn instelling ten aanzien van leren en reizen? Zoek ik een evenwicht tussen altruïsme en plezier?
- Wat zijn mijn prioriteiten?
- Levert de manier waarop ik nu werk, relaties onderhoud, leer, liefheb, ontspan en mijn tijd en geld besteed een bijdrage aan het bereiken van mijn doelen en het vervullen van mijn bestemming?

Wanneer je klaar bent met het vaststellen van het verband en het evenwicht van je doelen en je leven nu, kun je trachten de volgende vragen te beantwoorden: Waar gapen de grootste kloven tussen wat ik wil en wat ik heb? Lig ik 'op koers' voor het realiseren van mijn belangrijkste doelen? Welke 'koerswijzigingen' moet ik aanbrengen om mijn leven in evenwicht te brengen?
Nu de belangrijkste vraag voor levenskunstenaars: Ben ik bereid om de creatieve spanning tussen mijn idealen en mijn huidige realiteit te handhaven? Het is natuurlijk veel gemakkelijker om die spanning te handhaven als je een strategie hebt om de kloof te dichten.

### Dag Zeven: Ontwerp een strategie voor verandering

Je bepaalt je doelen en toekomstbeeld door na te denken over de vraag: 'Wat wil ik?'

Je maakt je waarden en je bestemming duidelijk door na te denken over de vraag: 'Waarom wil ik dat?'

Je ontwerpt een strategie door een antwoord te bedenken op de vraag: 'Hoe bereik ik het?'

Terugwerkend vanaf wat je zou willen dat aan je graf over je gezegd wordt, neem je je doelen door en denkt na over de hulpmiddelen en investeringen die je nodig hebt om elk ervan te realiseren.

- Vertaal nu je levens-mind map in een vijfjarenplan. Maak vervolgens een plan voor één jaar.
- Wanneer je de mind map van plannen voor een jaar af hebt, ga je je doelen na om te zien of ze voldoen aan de lettercombinatie SMART. Creëer dan een bevestiging voor elk van je belangrijke levensgebieden.
- Beslis nu welke stappen je deze week, vandaag zult doen naar het realiseren van elk van je doelen.
- Reserveer twintig of dertig minuten aan het begin van elke week om een mind map te maken van je doelen, prioriteiten en plannen voor die week. Als je het leuk vindt, kun je elk belangrijk levensgebied een eigen kleur toekennen. Hiermee krijg je steeds in een oogopslag visuele feedback over het evenwicht tussen je prioriteiten.
- Bekijk het hele plaatje van je geplande week. Is je week een evenwichtige regenboog of een monochrome vlek? Heb je genoeg tijd ingeruimd om aandacht te besteden aan je relaties, je gezondheid, je persoonlijke en spirituele ontwikkeling?
- Vraag je bij het bekijken van je wekelijkse mind map af hoe elke activiteit die je hebt gepland het realiseren van je bestemming en waarden ondersteunt.

- Maak ten slotte dagelijks een mind map van je dagplanning. Als je aan het begin van je dag, of de avond tevoren, tien minuten of een kwartier kunt besteden aan het mind mappen van je doelen en prioriteiten, zul je de uitdagingen van elke dag beter vanuit een Connessione-perspectief kunnen benaderen.

## Bepaal je koers aan de hand van een ster

De meest zorgvuldig ontworpen strategieën werken zelden precies zo uit als gepland. Maar mensen die goed improviseren doen niet gewoon maar wat, zij beginnen met een goed opgezet plan en passen zich dan soepel aan veranderende omstandigheden aan.

Jij bent de kapitein op je eigen schip, maar het weer heb je niet in de hand. Soms brengt het leven een kalme vaart mee; op andere momenten krijgen we rukwinden, orkanen en vloedgolven. Leonardo gaf de raad: 'Hij die zijn koers bepaalt aan de hand van een ster, verandert niet.' Bepaal je koers aan de hand van een ster en wees erop voorbereid dat je door stormen en om niet op de kaart aangegeven ijsbergen heen moet navigeren.

Sinds 1975 heb ik duizenden mensen over de hele wereld gebruik zien maken van mind mapping om hun doelen te verhelderen en te realiseren. In de loop van de jaren heb ik het procédé verfijnd en natuurlijk op mijn eigen leven toegepast. In 1987, toen ik vijfendertig was, heb ik extra energie besteed aan mijn blauwdruk-mind map, met speciale aandacht voor wat ik wilde creëren tegen dat ik veertig was. Ik kreeg de wind in de rug, en bijna alles wat ik me voorstelde – op professioneel, financieel en persoonlijk gebied – werd werkelijkheid. Toen ik veertig was, werkte ik de hele oefening weer af, met speciale aandacht voor de volgende vijf jaren, en weer kwamen mijn dromen bijna helemaal uit. Nu ben ik vijfenveertig en ben ik er weer mee bezig.

Het maken van een blauwdruk-mind map heeft me natuurlijk niet beschermd tegen de teleurstellingen, angsten en verdrietigheden die iedereen in zijn leven ontmoet. Ik heb mijn portie rukwinden, orkanen en soms zelfs vloedgolven gehad. Maar deze werkwijze is voor mij van enorme waarde geweest, en naar ik hoop is ze dat ook voor jou, om je koers te blijven bepalen aan de hand van een ster.

## Da Vinci checklist

Bekijk je levens-mind map vanuit het perspectief van de zeven DaVinciaanse principes:

*Curiosità* – Stel ik de goede vragen?
*Dimostrazione* – Hoe kan ik mijn vermogen om van mijn fouten en ervaringen te leren, verbeteren? Hoe kan ik onafhankelijk leren denken?
*Sensazione* – Hoe neem ik me voor mijn zintuigen te scherpen naarmate ik ouder word?
*Sfumato* – Hoe kan ik mijn vermogen versterken om creatieve spanning vast te houden, om de grote paradoxen van het leven te omhelzen?
*Arte/Scienza* – Zorg ik thuis en op mijn werk voor evenwicht tussen arte en scienza?
*Corporalità* – Hoe kan ik het evenwicht tussen lichaam en geest in stand houden?
Connessione – Hoe passen alle bovenstaande elementen in elkaar? Hoe heeft alles te maken met al het andere?
Bekijk de zelfbeoordelingsvragen in elk hoofdstuk en vraag je af hoe je antwoorden wellicht veranderd zijn sinds je met dit boek bent begonnen.

# Besluit:

## *Leonardo's nalatenschap*

In een zeldzame uiting van zijn persoonlijke gevoelens, die doet denken aan de grote platonische metafoor van de grot, schreef Leonardo eens: 'Gedreven door een vurige wens, het verlangen de grote verwarring te zien van de verschillende vreemde vormen die door de vernuftige natuur geschapen zijn, zwierf ik een tijdlang door de diepe, schaduwrijke kloven, en kwam bij de ingang van een grote grot. Ik bleef er een tijdlang voor staan, stomverbaasd, daar ik niet wist dat zoiets bestond, met mijn rug gebogen en mijn linkerhand op mijn knie, mijn ogen met mijn rechterhand afschermend terwijl ik mijn oogleden half gesloten hield, en me veelvuldig naar alle kanten boog om te zien of ik in die grot iets kon onderscheiden; maar dit lukte me niet ten gevolge van de grote duisternis daarbinnen. En nadat ik daar zo enige tijd had gezeten, kwamen er twee gevoelens in me op, vrees en verlangen – vrees vanwege de dreigende, zwarte grot, en verlangen om te zien of er daarbinnen wonderbaarlijke dingen waren.'

De kern van Leonardo's nalatenschap is de overwinning van het verlangen naar wijsheid en licht over vrees en duisternis. In zijn nooit eindigende zoektocht naar waarheid en schoonheid werden kunst en wetenschap in de echt verbonden door ervaring en waarneming. De unieke synthese van logica en verbeelding, van rede en romantiek die hij tot stand bracht, heeft geleerden door de eeuwen heen uitgedaagd, geïnspireerd en perplex doen staan. De grootste meester van wetenschap en kunst uit de geschiedenis heeft een mythische status bereikt. In een tijd van specialisatie en fragmentatie blijft Leonardo da Vinci stralen als een baken van compleetheid, dat ons eraan herinnert wat het kan betekenen naar het beeld van onze Schepper geschapen te zijn.

---

De nimf Matelda uit Dantes Paradiso, *door Leonardo da Vinci. In zijn Paradiso schreef Dante een zin die goed van toepassing lijkt op de magnetische fascinatie die leerlingen van de maestro ondervinden: 'Wie heeft mij met zulke zoete banden geketend?' 'Che mi ligasse con si dolci vinci?'*

# Deel drie

# De Da Vinci
tekencursus voor beginners

Leonardo legde er altijd de nadruk op dat tekenen de basis was van de schilderkunst en van het leren zien. Voor de maestro was tekenen veel meer dan illustratie, het was de sleutel tot het begrijpen van de schepping en van het scheppen. Daarom is leren tekenen voor aankomende DaVincianen de beste manier om hun vermogen om te zien en te creëren te scherpen.

Veel mensen voelen er weinig voor om met tekenen te experimenteren omdat ze ervan overtuigd zijn dat ze 'niet artistiek' zijn. Ik weet dat, omdat ik ook zo iemand was. Op de lagere school hadden we twee keer per week 'tekenles'. Ik had er een gloeiende hekel aan. Ik had geen talent en kromp in elkaar wanneer de onderwijzer kritiek leverde op mijn onhandige pogingen om een vliegtuig of een huis te tekenen. Ik groeide op met de overtuiging: Ik kan niet tekenen, ik ben niet kunstzinnig, en jarenlang maakte deze gedachte zichzelf waar. Toen begon ik als onderdeel van mijn eigen renaissance-trainingsprogramma met tekenlessen. Ik ontdekte, en ik weet zeker dat jij dat ook zult ontdekken, dat tekenen leuk is en dat het een geweldige uitbreiding van je perspectief op het leven biedt.

*'O wonderbaarlijke noodzakelijkheid! O krachtige werking! Welke geest kan jouw aard doorgronden? Welke taal kan dit wonder weergeven? Geen enkele natuurlijk. Hier moet de menselijke rede overgaan tot de beschouwing van het goddelijke.'*
LEONARDO OVER HET WONDER VAN HET MENSELIJKE OOG

Lees eerst de volgende zeven stellingen, dan heb je meer plezier en ga je sneller vooruit:

1. *Je kunt tekenen.* Als je kunt zien, kun je ook tekenen. Tekenen is eenvoudig, natuurlijk en leuk. Net als voor elke andere vaardigheid is ervoor nodig dat je het wilt leren, dat je er gerichte aandacht aan besteedt, en dat je oefent.

2. *Het doel van tekenen is dingen te ontdekken.* Leonardo's tekeningen zijn weerspiegelingen van zijn experimenten in zien. Het zijn pogingen om achter de aard van dingen te komen. Benader je tekenexperimenten met de verwachting dat je dingen zult ontdekken.
3. *Tekenen doe je voor jezelf.* Leonardo tekende niet om anderen een plezier te doen. Hij tekende omdat hij het heerlijk vond. En te oordelen naar het feit dat de meeste van zijn tekeningen in zijn dikke, ongepubliceerde aantekeningenboeken staan, hechtte hij meer waarde aan het tekenen als zodanig dan aan het voltooide product. Wanneer je leert voor jezelf te tekenen, zul je merken dat je diepere inzichten en vreugde ontleent aan het doen.
4. *Het is mogelijk dat je eigenlijk niet weet hoe dingen eruitzien.* Om iets nieuws te ontdekken, moet je bereid zijn je greep op het oude los te laten. Een van de grootste hindernissen voor het tekenen is de code 'zo ziet het eruit' die we hebben ontwikkeld voor wat dingen zijn. 'Ik ken dit als mijn handrug [broekzak in het Nederlands, vert.]' staat voor: 'Ik kijk hier niet meer naar, omdat ik er een beeld van in mijn hoofd heb dat goed genoeg is.' Maar als je nu even een moment neemt om echt te kijken naar de rug van de hand waarmee je dingen doet, zul je misschien iets nieuws zien... de dwarslijntjes over de huid die asymmetrische netpatronen vormen. Of een littekentje of moedervlek, of het patroon van de aderen onder de huid, en hoe die over de beenderen bewegen wanneer je je vingers beweegt. Misschien zie je ook subtiele kleurgradaties die je nog niet eerder had opgemerkt. Kijk nu naar je andere hand. Kun je verschillen zien tussen je beide handen? Dit zijn allemaal elementen die verloren gaan wanneer we in ons hoofd op de knop 'replay' drukken in plaats van echt te kijken zoals Da Vinci deed.
5. *Je 'kunstcriticus' moet tijdens de tekenoefeningen op de gang staan.* Je innerlijke 'kunstcriticus' kan heel nuttig zijn wanneer je beslist welke van je werken op je volgende expositie komen te hangen, maar voor de beginner is kritiek nog niet op zijn plaats. Bovendien weten ervaren kunstenaars dat het opschorten van kritiek juist van groot belang is voor het scheppingsproces. Laat dus terwijl je met de volgende oefeningen experimenteert een oordeel over de kwaliteit van je tekening achterwege. Denk niet aan de etiketten 'goed' of 'slecht' en teken gewoon.

6. *Lessen helpen.* Wanneer heb je voor het laatst tekenles gehad? Als je geen bijzonder tekentalent leek te hebben, is de kans groot dat je je laatste tekenles hebt gehad toen je tien of elf jaar oud was. Stel je voor dat het bij andere vakken ook zo ging! 'Jammer, je lijkt geen speciale aanleg te hebben voor geschiedenis, dus we houden maar op bij de Middeleeuwen.' De meeste tekentechnieken zijn eenvoudig en gemakkelijk te leren, maar het is nodig dat je er tenminste even les in hebt gehad. Ons recept voor een geslaagde Da Vinci-tekencursus is dus: Je brengt een positieve, experimentele instelling in, en daarbij gerichte aandacht, oefening en de unieke elementen van je zelfexpressie, dan bieden wij een eenvoudige, stapsgewijze reeks aanwijzingen die je zullen leiden naar het ontwikkelen van je vaardigheid en plezier.
7. *Tekenen is een levenslang proces van een frisse kijk op dingen.* 'Gevestigde' kunstenaars zijn altijd op zoek naar een frisse kijk en de instelling van een beginner. Als je al een tijd niet getekend hebt, is de 'kunstenaar' in je nog jong, fris en niet blasé. Als 'beginner' zul je meer plezier beleven aan het onderzoeken van deze kant van jezelf. Heb geduld met jezelf en bedenk dat je de tekening van vandaag kunt gebruiken om morgen je vooruitgang aan af te meten.

## *Het materiaal*

Het is mogelijk dat je veel van de volgende 'ingrediënten' al in huis hebt. Anders zul je een bezoek aan een winkel in teken- en kunstschildersmaterialen moeten brengen. Verzamel de volgende dingen:

*Papier*
1. *Krantenpapier* is ideaal voor snelle schetsen.
2. Een groot schetsblok zal goed van pas komen voor de rest van de oefeningen. Hoe groter hoe beter.
3. *Je aantekenboek* – Leonardo wist dat de inspiratie overal kan komen, en daarom had hij altijd een

ongelinieerd aantekenboek bij zich. Voor veel van de volgende oefeningen zul je buiten de muren van je werkruimte en in de buitenwereld moeten gaan kijken. Je weet nooit wanneer de inspiratie zal toeslaan, maar naarmate je de oefeningen uitvoert zul je merken dat je vaker inspiratie krijgt. Neem dus net als Leonardo je aantekenboek overal mee naar toe.

*Tekenmaterialen:*

- *Grafiet:* Verschillende hardheidsgraden geven fijnere of zachtere lijnen. Probeer potloden van drie verschillende hardheden: 2B, 3B en nog een naar keuze. Probeer ze uit en kijk welke hardheid jou het meest aanspreekt.
- *Conté-krijt:* Conté-krijt is samengesteld uit grafiet of pigment, klei en water, vermengd tot een pasta, die tot pijpjes wordt geperst en vervolgens gebakken. Er zijn vier kleurgroepen: sanguine (vier tinten rood), bistre (sepia), wit en zwart (in zacht, middel en hard). Conté-krijt werkt goed op vele soorten papier. Het geeft diepe tinten en soepele lijnen. Het effect doet denken aan dat van Leonardo's zelfportret in rood krijt.
- *Houtskool:* Houtskool geeft diepe, donkere lijnen die zich goed laten verdoezelen voor een atmosferische werking.
- *Pennen:* Variërend van ballpoints, technische tekenpennen en viltstiften tot allerlei pennen met speciale punten, van het type vulpen. Probeer er een aantal uit: Viltstiften kunnen leuk en handig zijn voor snelle schetsen (zorg dat ze in water oplosbaar zijn). Kies een ballpoint die je bevalt. En zoek een vulpen of tekenpen met een aantal verschillende pennen. De tekenpen lijkt nog het

meest op wat Da Vinci gebruikte. (Voor een tekenpennetje heb je ook inkt nodig; vraag advies aan het personeel van de winkel in kunstschildersmaterialen.)

- *Penseel:* Dit wordt meestal beschouwd als een hulpmiddel voor gevorderden, maar soms is een penseelstreek onweerstaanbaar. Houd daarom een paar lekkere penselen bij de hand (en dan ook waterverf of inkt). Bedenk dat alles waarmee je een lijn kunt trekken een middel is tot zelfexpressie; lippenstift op de spiegel, een teen in het zand en een vliegtuig in de lucht zijn dus ook 'tekenmateriaal'.

- *Wat je het liefst gebruikt:* Experimenteer met potlood, Conté-krijt, houtskool, krijt, pastel, viltstiften of kalligrafeerpennen. Het is belangrijk dat je met verschillende media speelt om te ontdekken wat jou het beste bevalt.

*Wismateriaal*
- Vlakgom: Een wit vlakgom werkt goed en schoon. Neem je voor, dit niet vaak te gebruiken. Het roze gummetje aan de achterkant van een potlood is eerder een handig hulpmiddel om harde lijnen te verdoezelen... probeer het maar eens, dan zie je het wel.
- Vloeibaar papier: niet doen.
- Vinger: Ook een handig hulpmiddel om uit te vegen of te verdoezelen.

*Linealen:*
- Een lineaal is nuttig om perspectieven op te zetten.
- Met een tekenhaak kun je rechte hoeken construeren.

## *Voorbereiding*

### Creëer een omgeving die de geest voedt

Leonardo's atelier was een zintuiglijke schatkamer vol muziek, bloemen en heerlijke geuren. Zoek in navolging van de maestro een rustige, mooie, goedverlichte ruimte voor je tekenwerk.

### Tekenen met lichaam en geest

Tekenen is een activiteit waarbij lichaam en geest worden gebruikt. Je zult sneller leren en er meer plezier aan beleven als je een paar warming-up-oefeningen voor lichaam en geest doet voor je begint te tekenen. Alle oefeningen die je in het hoofdstuk Corporalità hebt geleerd, zijn geschikt als voorbereiding op het tekenen. Jongleren en de andere oefeningen voor tweehandigheid zijn evenals de Uitgebalanceerde Rusttoestand erg nuttig om je lichaam en geest af te stemmen op het tekenen. Verder bevelen we uit het hoofdstuk Sensazione het afdekken van de ogen met de handpalmen, het instellen op dichtbij en veraf en de oefening 'Zachte ogen' aan, en de Connessione-meditatie uit het hoofdstuk Connessione.
Daarnaast presenteren we de volgende warming-ups voor het tekenen. Elk ervan maakt je op een andere manier 'open' voor het tekenen.

### Warming-up 1: Regenbogen met het hele lichaam

Welke delen van je lichaam gebruik je om te tekenen?
De meeste mensen kijken naar hun hand en zeggen: 'Mijn hand.' Maar dat is alleen het topje van de ijsberg. Je tekent met de meeste voldoening en expressiviteit als het hele li-

chaam er actief bij betrokken is. Je hand zit vast aan je hele arm, de arm zit vast aan je lichaam dat wordt ondersteund door je voeten op de vloer. Om je hele lichaam actief bij het tekenen te betrekken, kun je het volgende proberen:

- Begin met elk van je vingers kleine cirkels in de ruimte te beschrijven.
- Maak dan vanuit de pols cirkelbewegingen met je handen.
- Maak dan grotere cirkels met je onderarmen.
- Zwaai tenslotte met je armen in grote cirkels.
- Maak nu al deze cirkels opnieuw, maar stel je nu voor dat er vanaf de grond lijnen van kleur door je lichaam opstijgen die via je vingertoppen naar buiten komen. Vul het hele universum met schitterende regenbogen.

## Warming-up 2: Zelfmassage

Ga gemakkelijk zitten en adem een paar keer ontspannen in en uit. Begin nu je dominante hand te masseren. Masseer de vingers, knokkels, handpalm en pols en ga dan verder omhoog langs de onderarm, elleboog, bovenarm naar de schouders. Voel de onderliggende structuur van bot, spieren en pezen. Doe dan hetzelfde met de andere kant. Eindig met een voorzichtige massage van je gezicht, nek en schedelhuid, waarbij je er speciaal op let dat je spanningen in je voorhoofd en kaken laat verdwijnen.

## Warming-up 3: Krabbels maken

Wie zegt dat het de eerste keer meteen goed moet zijn? Dat zeggen we zelf, in ons hoofd. Krabbeloefeningen helpen ons van dat idee af te komen:

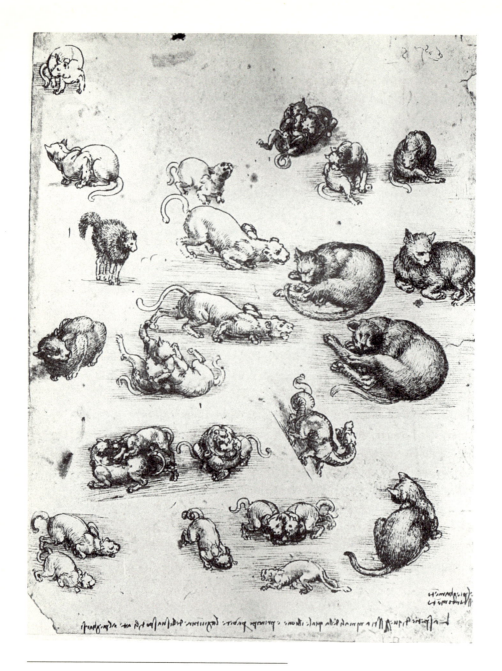

*Schetsen uit een van de aantekeningenboeken van de maestro*

- Neem een schoon vel papier en krabbel de vormen, lijnen en texturen van de gevoelens die je op dit moment hebt. Voel je iets van angst, geef daaraan dan in vrije vorm uiting op het papier. Ga hiermee door tot al je spanningen op het vel papier staan, terwijl je lichaam ontspannen is en vrij om te tekenen.
- Je kunt ook je lievelingsmuziek draaien en daarbij krabbelen.

## *Het echte tekenen*

### Een eenvoudig begin: patronen die we kennen

Neem een ogenblik om ergens naar te kijken – dit boek, een voorwerp dat aan de muur hangt, iets buiten je raam – het doet er niet toe wat. Probeer al kijkend of je driehoeken, cirkels, rechthoeken, lijnen, krullen of stippen ziet. Zijn er vormen die niet kunnen worden opgedeeld in dit soort basisvormen?

Nu zullen we een mooi geheim verklappen dat je zal helpen inzien hoe simpel tekenen in wezen is: Alles wat je ziet is samengesteld uit cirkels, driehoeken, rechthoeken, lijnen, krullen en stippen (maar niet per se in deze volgorde). De Da Vinci-kenner Martin Kemp beschrijft Leonardo's overtuiging dat '... de organische complexheid van de levende natuur, tot de kleinste nuances van beweeglijke vorm, berust op het onuitputtelijk rijke samenspel van geometrische motieven in de context van de natuurwetten.'

Neem driehoeken, cirkels en rechthoeken als dagthema voor je observaties. Neem op een andere dag lijnen, krullen en stippen als thema. Let op de manier waarop deze

*(Je ziet wel dat ze allerminst 'volmaakt' zijn... dit is geen cursus technisch tekenen; onze vormen zullen organisch zijn.)*

*(Een 'rechthoek' is iets met vier hoeken.)*

vormen een rol spelen in het dagelijks leven: in de gezichten van mensen, architectuur, meubels, kunst en natuur. Noteer je waarnemingen in je aantekenboek.
Neem intussen een stuk papier en teken snel deze vormen na:
Tekenen bestaat altijd uit combinaties van deze eenvoudige basiselementen.

## Nieuwe manieren van zien

We denken dat we kunnen zien, maar zoals Leonardo al zei: 'Mensen kijken zonder te zien...'
Zien voor tekenen betekent dat je naar dingen kijkt alsof je ze nog nooit eerder gezien hebt. In plaats van af te gaan op herkenning en benoeming – bijvoorbeeld: 'Dat is een appel' – zal een schilder die gaat tekenen het begrip 'appel' opzijzetten en de hoedanigheden van een onderwerp op een meer elementaire manier bekijken: als vormen, tinten en texturen.
Hier volgen enkele oefeningen om deze manier van zien te onderzoeken.

## Kijkoefening 1: Ondersteboven tekenen.

Bij het ondersteboven tekenen zijn we bevrijd van waarnemingen uit gewoonte. Bekijk de lijnen en vormen hieronder. Teken deze lijnen en vormen na zoals je ze ziet, op een schoon vel papier.

*De regels zijn:*
*a) Blijf terwijl je tekent denken dat je niet weet wat dit is.*
*b) Draai het boek niet ondersteboven tot je klaar bent.*
*c) Je bent nog niet klaar.*
*d) Neem een stretch-pauze waarin je fris rondkijkt met 'zachte' ogen.*
*e) Wanneer je alles wat je ziet hebt nagetekend, draai je je papier om en ontdekt wat je hebt getekend.*

## Kijkoefening 2: Tekenen met je andere hand

Doe nu met je niet-dominante hand hetzelfde en teken weer het portret van Leonardo da Vinci. Let op de uitwerking op je waarneming, je bewustzijn en gevoeligheid wanneer je ondersteboven en/of met je 'verkeerde hand' tekent. Als deze oefeningen je een ietwat vreemd gevoel geven, ben je in de wereld van de kunstenaar doorgedrongen.
Wat was het verschil tussen de eerste en de tweede keer?

*Gebruik je niet-dominante hand om bovenstaande afbeelding na te tekenen.*
*De regels zijn:*
*a) Zeg al tekenend hardop de naam van wat je ziet/tekent.*
*b) Verander niet van hand.*

## Kijkoefening 3: Licht en donker

Een van de grote bijdragen van Leonardo aan de kunst was de ontwikkeling van het chiaroscuro, het gebruik van contrast tussen licht en donker voor een dramatisch effect. Vóór de Renaissance legden schilders meestal de nadruk op het licht, en lieten de schaduw weg. De beginnende kunstenaar is nog altijd gauw geneigd deze fout te maken.  In de kunst is het net als in het leven zelf noodzakelijk om moedig te putten uit de schaduwen van het donkerder palet. En juist door de diepte van zijn schaduw en het donker eromheen krijgt een figuur vorm, dimensie en diepte. Zoals de maestro zei: 'Schaduwen hebben hun begrenzingen op bepaalde, duidelijk vast te stellen punten. Hij die dit niet weet, zal werk maken zonder diepte; en de diepte is het toppunt en de ziel van de schilderkunst.'
Deze eenvoudige oefeningen zullen je waardering voor 'chiaroscuro' in het dagelijks leven verdiepen.

- Let op schaduwen. Maak schaduwen tot thema voor de dag. Let erop hoe de aard van de schaduw gedurende de dag verandert met de stand van de zon. Noteer je waarnemingen in je aantekenboek.
- Vorm impressies van donker en licht. Maak een wandeling in het park, of ga op een terras zitten en kijk naar de mensen die aankomen en weggaan. Terwijl je de wereld ziet langskomen knijp je je ogen halfdicht zodat alles 'impressionistisch' wordt. Probeer de wereld uitsluitend in termen van licht en donker te zien, alsof je ogen filmcamera's waren die een film in zwart-wit draaiden.

Het geheim van het zien van licht en donker is dat je het donker opzoekt. Wanneer je vraagt 'Wat is er donker?' verschijnt het licht daartegen afgetekend. Met wat oefening zul je eraan wennen de wereld op deze manier te bekijken.

## Kijkoefening 4: Kaleidoscopische configuraties

Net als bij de licht/donker-oefening begin je in een interessante omgeving met je ogen halfdicht te knijpen. Stel nu echter de vraag: 'Welke vormen neemt rood hier aan?' 'Hoe zit dat met blauw?' 'Groen?' Enzovoort...
Wanneer je op zoek gaat naar de kleur/vormen, zal de wereld om je heen een verrukkelijke gebeeldhouwde, kleurige en kaleidoscopische hoedanigheid aannemen. Veel plezier!

## Kijkoefening 5: Het kader van de kunstenaar

Het universum lijkt oneindig, maar een vel papier is begrensd, en dit kan soms een beperking lijken. Maar als kunstenaar zul je leren de omgrenzing van een vel papier in je voordeel te benutten.

Maak met elk van je handen een L-vorm door je duimen zodanig te strekken dat ze een hoek van negentig graden maken met je wijsvingers. Gebruik deze hoeken om een denkbeeldige lijst te vormen. Neem de gewoonte aan om, wanneer je potentiële onderwerpen in het oog krijgt die je zou willen observeren en tekenen, deze te bekijken door de 'lijst' van je handen.

Experimenteer door de lijst groter en kleiner te maken en hem naar links, rechts, naar boven of naar beneden te verschuiven. Geniet van de macht die je hebt om je onderwerp te kiezen en in een lijst te plaatsen.

## Kijkoefening 6: Redigeren en magnetiseren

Leonardo's meesterlijk gebruik van tweeduidigheid trekt onze aandacht naar zijn onderwerp toe. Later gebruikte Cézanne zijn eigen versie van dit 'magnetiserings'proces door datgene wat niet zijn onderwerp was, onduidelijk weer te geven. Dit is misschien wel de grootste macht van de kunstenaar: de macht om te kiezen waarnaar gekeken moet worden, en om al het andere te redigeren, weg te werken, te verduisteren of op een andere manier secundair te maken.

Neem een onderwerp en zet er een 'lijst' omheen, ditmaal zonder je handen te gebruiken. Laat intussen alles wat niet tot het gekozen onderwerp behoort vervagen; 'demp' alle omringende kleuren en vormen. Werp een dunne sluier over alles wat niet het middelpunt van je aandacht is.

Laat je ogen zacht worden. Door de hele omgeving te laten 'vervagen', stel je je open voor een nieuw soort intimiteit met je onderwerp.

# Contouren:
# van buiten naar binnen tekenen

De contour is de buitenste vorm, de 'landkaart' van je onderwerp.

## Contouroefening 1: Aftastend tekenen

Kijk naar een voorwerp in je omgeving. Kies zoiets als een plant, een boek, een kopje of een stoel.

- Ga eerst met je wijsvinger langs de oppervlakken van je onderwerp.
- Beweeg nu, met gestrekte arm, je vinger, terwijl

je je nu alleen voorstelt dat je de oppervlakken van het voorwerp aanraakt.
- Vervolgens gebruik je je vinger niet meer, maar je stelt je voor dat je blik je vinger is, en dat je vinger-blik langs de buitenrand van het voorwerp gaat. Het is meer dan een omtrek, omdat het voorwerp drie-dimensionaal is; je maakt in feite een kaart van de oppervlakte van je object met je aftastende blik (deze 'buitenrand' is de contour).
- Nu kun je 'aftastend' gaan tekenen. Ga met je vinger-blik langs de buitenrand van je object, maar ditmaal is de punt van je potlood op het papier een 'verlengstuk' van je denkbeeldige aftastende blik.

*De regels zijn:*
a) Houd je ogen op het onderwerp gevestigd terwijl je er met je 'vinger-blik' langs gaat.
b) Laat je blik heel langzaam langs de contour gaan.
c) Houd de punt van je potlood op het papier en laat hem met dezelfde snelheid bewegen als je ogen langs de contour gaan.
d) Let alleen op het punt dat je op het moment aan het aftasten/tekenen bent, zonder aan eerdere of latere delen van je tekening te denken.
e) Ontwikkel de overtuiging dat je het onderwerp werkelijk aanraakt met je blik.
f) Neem je potlood niet van het papier en kijk er niet naar tot je de contour voltooid hebt.

Hoewel de tekening als ze af is vermoedelijk niet op het onderwerp zal lijken, zal ze verborgen eigenschappen van textuur en diepte onthullen. Deze oefening in aftastend tekenen is een inleiding tot de contour die kinesthetisch veel oplevert.

> Houd, zoals de maestro aanraaddde, af en toe op met tekenen en kijk van een afstand naar je tekening en naar je onderwerp. Bekijk wat je doet in een spiegel, en vanuit een andere hoek. Let op dingen die in je waarneming veranderen en ga dan weer verder met tekenen.

## Contouroefening 2: Herinner je je hand

We hadden het eerder over de idee dat je 'iets kende als je handrug'. Daarna bekeken we de hand zelf. Intussen weet je dus echt hoe je hand eruitziet, nietwaar? Mooi. Doe nu je ogen dicht zonder naar je hand te kijken en geef hem weer voor je geestesoog. Neem dan een nieuw vel papier en teken uit je hoofd de contour van je hand.

Kijk, wanneer je klaar bent, hoe de tekening eruitziet naast de hand zelf. Denk vooral niet in termen van goed of slecht. Vraag alleen: In welk opzicht lijken ze op elkaar? In welk opzicht lijken ze niet op elkaar?

## Contouroefening 3: Maak een aftast-tekening van je hand

Kijk nu naar je niet-dominante hand. Stel je voor dat je langzame, zoekende blik je aanraking is. Maak een 'aftastende tekening' van je hand. Denk erom, je aftast-tekening is een driedimensionaal sensorisch in kaart brengen (meer dan alleen een omtrek). Laat je ook niet misleiden door schaduwen; wanneer je je onderwerp 'aanraakt', zal het niet anders aanvoelen, of het nu in de schaduw is of in het licht. Volg verder de regels van aftastend tekenen zoals in Contouroefening 1.

## Contouroefening 4: De contour van je hand

Je kunt nu de contour van je hand gaan tekenen. Dit gaat precies zo als aftastend tekenen, behalve dat je dit keer met je blik heen en weer gaat tussen onderwerp en papier. Je zult nu ook de punt van je potlood van het papier af nemen.

Probeer nu een contourtekening te maken van het oorspronkelijke onderwerp van je aftastende tekening.

# Beweging tekenen

Toen Leonardo de diepten der natuur onderzocht, zag hij dat alles voortdurend beweegt en verandert. Zijn tekeningen bezitten een innerlijke dynamiek die deze fundamentele beweeglijkheid tot uitdrukking brengt, zelfs in onderwerpen die onbeweeglijk lijken te zijn.
De voorgaande tekenoefeningen vroegen meestal om een langzame, nadenkende, meditatieve benadering. Bij het tekenen van beweging schakelen we over op een snellere, meer dynamische aanpak.

## Beweging – oefening 1: Vallende voorwerpen

- Voor deze oefening kijk je naar de 'essentiële beweging' van een object terwijl het valt. Laat tissues, een sjaal, servetten, bladeren of een veer vallen... en kijk naar het vallen. Het zou ideaal zijn als je een paar uur naast een waterval kon zitten; je kunt ook een bad laten vollopen en naar het water kijken dat uit de kraan komt. Neem 'vallende voorwerpen' als thema voor de dag. Streef ernaar tenminste drie nieuwe waarnemingen omtrent vallende lichamen te doen. Noteer je observaties in je aantekenboek.
- Probeer nu de 'sporen' van de beweging van een vallend object te tekenen. Stel je voor dat je deze sporen in je eigen lichaam voelt. Leonardo had de volgende suggestie: 'Maak van karton enkele silhouetten van verschillende vorm en werp deze van bovenaf van het terras in de lucht; teken dan de bewegingen die elk ervan tijdens de verschillende stadia van zijn afdaling maakt.' Marcel Duchamps *Naakt een trap afdalend* was geïnspireerd door deze DaVinciaanse oefening in het zien.

## Beweging – oefening 2: Stilstaande beweging

Teken met snelle, flitsende bewegingen de essentie van een stilstaand object zoals een boog, een gordijn, een slapende hond of een oude schoen.

*Artistieke weergave van een rinkelende telefoon*

## Beweging – oefening 3: Bewegende mensen

Zoek een prettige zitplek in een openbare ruimte – stations en luchthavens zijn ideaal – en kijk naar bewegende mensen. Voer de volgende, door de maestro aangeraden oefening uit: '... Kijk uit naar bewegende figuren... en noteer snel de hoofdlijnen; dat wil zeggen een O voor het hoofd en rechte of gebogen lijnen voor de armen, en hetzelfde voor de benen en de romp.'

*Bewegingstekening van de auteur die een verhaal vertelt.*

*Bewegende figuren: Hoofdlijnen*

## Schaduwen en modelleren: massa van binnen naar buiten

Een teken op papier is een twee-dimensionaal verschijnsel. De schilder staat voor de uitdaging van twee dimensies drie of meer dimensies te maken. Schaduwen en modelleren zijn middelen om deze transformatie te bereiken.

## Schaduwoefening 1: Licht op een bol

Teken een paar cirkels op je vel papier en experimenteer met verschillende hoeken van licht en schaduw als volgt:

## Schaduwoefening 2: Appel in de zon

Deze oefening gaat goed met een appel, of met een andere basisvorm.
Wil een object de indruk maken dat het 'echt massa heeft', dan moeten de schaduwen kloppen in relatie tot het licht. Je herinnert je nog hoe je bij de oefening licht/donker zien je ogen halfdicht kneep en onderscheid begon te maken tussen lichte en donkere tonen? Nu kun je deze manier van bewust kijken op je appel toepassen.

Leg de appel dichtbij op een eenvoudig oppervlak. (Bijvoorbeeld op een effengekleurd bord, een vel papier, een tafel, een kleed – alles is goed als het de aandacht maar niet afleidt.) Teken nu, heen en weer kijkend tussen je onderwerp en het papier, een contouromtrek van de vorm van de appel op het bord.

(Je zult merken dat de appel, zelfs al is het dezelfde als zonet, er onder een andere hoek, of bij ander licht nooit hetzelfde uitziet; eigenlijk is het dus nooit zo dat je twee keer precies hetzelfde doet.)

Bekijk nu waar de hoofdbron van het licht is, en wat dat is (soms zijn er meerdere bronnen; kies de belangrijkste lichtbron en draai de andere zo mogelijk uit). Knijp je ogen weer halfdicht om licht en donker op de appel te onderscheiden. Heb je het? Controleer of het donker (de schaduw) precies tegenover je lichtbron ligt. Als dat niet het geval is, moet je nog eens kijken.

- Geef op je papier met een klein zonnetje aan waar het licht vandaan komt. Begin met een zacht potlood het donkere gedeelte van je appel te arceren. Arceren is een additief proces, dus arceer net als Da Vinci in dunne 'laagjes'. Geleidelijk maak je de schaduwen op de appel en op het bord donkerder.

Blijf onder het arceren steeds je ogen dichtknijpen om licht en donker te zien. Zo zul je duidelijker zien hoe donker de schaduwen werkelijk zijn.

## Schaduwoefening 4: Waardetabel

Bij het tekenen heeft waarde niets te maken met het bedrag dat dit product op een veiling zal opbrengen. Waarde duidt hier de diepte van de schaduw aan.

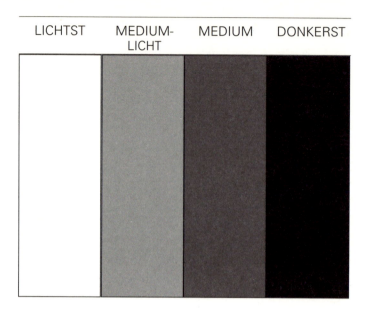

Maak onderaan je vel papier een grove waardetabel zoals hierboven.

## Schaduwoefening 5: Waarden op een bol

Ga terug naar je gearceerde tekening van een bol. Neem de waardetabel erbij en stel door met halfdicht geknepen ogen naar je bol en de tabel te kijken vast hoe jouw arcering overeenkomt met de waarden Lichtst, Medium-licht, Medium of Donkerst. In de volgende gearceerde figuur kunnen de verschillende 'niveaus' van donkerte ruwweg worden onderverdeeld in deze vier waardecategorieën. Deze oefening zal je helpen je vermogen te ontwikkelen onderscheid te maken tussen verschillende waarden en het arceren terug te brengen tot simpele partijen. Later kun je subtielere waardeverschillen aanbrengen.

## Schaduwoefening 6: Meer fruit

Verzamel een hoeveelheid appels en peren. (De gladde textuur hiervan zorgt ervoor dat je aandacht volledig gericht is op het tekenen van schaduwen, in plaats van oppervlaktepatronen.) Schik de vruchten op een bord. Bepaal de lichtbron en geef die aan met een zonnetje aan de rand van je papier. Bekijk het patroon dat de vruchten op dit oppervlak opleveren. Gaan sommige gedeeltelijk schuil achter andere? Welke springen eruit wanneer je je ogen halfdicht knijpt? Hoe zijn de patronen van de verschillende waarden?

Vorm nu een 'lijst' rond je beeld. Teken dan, met contouren en arcering, het stilleven dat voor je ligt. (Denk eraan af en toe te pauzeren en je werk van een afstand te bekijken.)

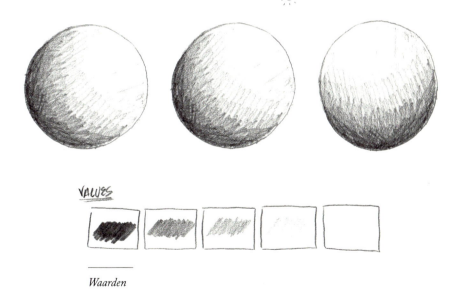

*Waarden*

# Modelleren

De schaduwtechnieken die je nu geleerd hebt, zijn zeer doeltreffend, maar om dingen een volheid van binnenuit te geven moet er nog een speciale techniek worden gebruikt, het geheim om diepte te creëren. We noemen dit geheime wapen 'massa geven' ofwel modelleren. Modelleren is een manier om de toeschouwer het gevoel te geven dat het getekende object 'massa' heeft. Zonder dit lijkt de diepte op de figuur 'aangebracht' te zijn als make-up, zodat de figuur niet aanvoelt als iets dat echt een stoffelijk object is.

## Modelleeroefening 1: Een superrode appel

Je hebt het meeste aan deze oefening als je net doet of je een kind van vier bent dat net een rood krijtje heeft gevonden.
Zoek vervolgens een felrode appel. Leg die op een prettige afstand voor je op een goedverlichte plek. Stel je voor dat je een stuwmeer van diezelfde kleur rood in je eigen denkbeeldige inktpot vormt... laat er steeds meer kleur bijkomen tot de kleur rood sappig lijkt en barstensvol leven. Neem nu een rode viltstift of een rood kleurpotlood en teken een rode stip op je papier.

*Eenvoudig stilleven*

Denk aan de appel als iets levends; met je rode kleur zoek je naar zijn kern. Begin de appel nu van binnenuit met kleur 'op te vullen'. Maak de roodste stukken echt rood, en laat de buitenranden, die niet zoveel kleur lijken te 'bevatten', dat ook weergeven. Deze oefening geeft je de basiservaring voor het modelleren.

## Modelleeroefening 2: Boetseren

In deze oefening gaan we proberen te voelen wat een beeldhouwer doet als hij boetseert in klei. Stel je dus voor dat je de beeldhouwer bent, en dat je ongeveer de juiste hoeveelheid klei hebt aangebracht op de plaats waar die moet zitten om je onderwerp af te beelden. Nu geef je vorm aan je beeld door in de klei te drukken waar de vorm een holte heeft, en de bollingen van de vorm te vormen en bij te werken.

*Een slapende hond modelleren*

Kies een onderwerp, bij voorkeur een levend wezen (bijvoorbeeld een hond, kat, echtgenoot, echtgenote, kind of vriend). Teken de vorm van je onderwerp met de vlakke kant van een zwart Conté-krijtje in plaats van met de punt of een uiteinde zoals we eerder deden.

Waar de vorm naar binnen gaat, druk je harder met het krijtje op het papier (zodat je een donkerder tint krijgt); en waar de vorm naar buiten komt, dichter naar je toe, laat je het krijtje ietwat omhoog komen zodat het het papier nog maar net aanraakt. Stel je voor dat je deze tekening 'boetseert'.

## Modelleeroefening 3: De anatomie van een appel

Dit is een gevorderd DaVinciaans experiment met een vrucht dat tot doel heeft ons wetenschappelijk inzicht te geven in wat binnenin een appel zit, en hoe die massa gestructureerd is om de appel vorm te geven.

Neem drie kleurige, sappige appels. Neem elke appel in je hand en draai hem om en om, terwijl je zijn gewicht, textuur en evenwicht voelt. Bekijk de kleur als door een vergrootglas. Let op de patronen op het oppervlak. In welk opzicht verschillen de appels van elkaar? Noteer je observaties in je aantekenboek. Let nu op de rondingen van elke contour. Let op de subtiele verschillen die deze appel uniek maken, en anders dan het gewone beeld voor 'appel' dat in je geest verschijnt wanneer je 'appel' denkt.

Nu je je appels goed hebt leren kennen, zijn we aan de autopsie toe. Het is tijd om de appels te ontleden (oftewel 'door te snijden') om hun inwendige structuur te bestuderen. Snijd een appel horizontaal doormidden, een andere verticaal, en de derde diagonaal. Zo heb je drie verschillende invalshoeken.

Leg nu de appelhelften op een bord. Zet het bord ergens

op en maak je gereed om deze 'klokhuis'-studie te tekenen. Stel de lichtbron vast. Knijp je ogen halfdicht om de waarde te meten. Zie hoe de oppervlakken verschillende 'vlakken' vormen voor de reflectie van het licht. Nu kun je je klokhuisstilleven gaan tekenen.

Teken na voltooiing van je klokhuisstilleven een hele appel. Laat je begrip van de appel van binnenuit tot uiting komen in je tekening.

## *Perspectief*

Met schaduwen en modelleren bouw je aan diepte en dimensie, en perspectief plaatst deze in een verband.

### Perspectiefoefening 1: Verre horizonten

De maestro investeerde vele uren in het observeren van de verre horizon. Hij schreef:

- 'Van objecten van gelijke afmetingen zal het object dat het verst van het oog verwijderd is, het kleinst lijken.'
- 'Van verschillende lichamen, die alle even groot en even ver verwijderd zijn, zal het lichaam dat het helderst verlicht is voor het oog het meest nabij en het grootst lijken.'
- 'Een donker object zal blauwer lijken naarmate zich meer lichtende atmosfeer tussen het object en het oog bevindt, zoals te zien is aan de kleur van de hemel.'

Vóór Leonardo werden objecten op de achtergrond en op de voorgrond gewoonlijk afgebeeld met dezelfde afmetingen, waarde en kleur. Begin je onderzoek van het perspec-

tief door de horizon te bestuderen en vervolgens naar je toe te werken. Neem perspectief als thema voor de dag en noteer je observaties.

## Perspectiefoefening 2: Overlapping

Wat komt er eerst? Dat wat vooraan staat. Het object dat een ander object overlapt, lijkt het voorste. Dit principe is zo elementair dat we er gemakkelijk aan voorbij zouden kunnen gaan. Deze eenvoudige observatie maakt duidelijk hoe de relatie tussen objecten visueel wordt overgebracht. Op de vier plaatjes hiernaast staan bijvoorbeeld dezelfde vier losjes getekende blokken. Ze zouden in elke ruimtelijke relatie tot elkaar kunnen staan. Maar door de blokken op verschillende manieren te laten overlappen lijken sommige naar achteren te gaan, terwijl andere naar voren lijken te komen.

Trek eerst de omtrek van een van de blokken over. Trek dan de lijnen van een tweede blok over (waarbij je lijnen die 'achter' het eerste blok lijken te vallen weglaat). Teken dan het derde en tenslotte het vierde blok op dezelfde manier.

Zet voor de volgende plaatjes telkens een ander blok voorop. Merk op dat de overlap de afmetingen dicteert. Het maakt ook niets uit of een blok kleiner of groter is; afhankelijk van zijn relationele positie zal het misschien alleen dichterbij of verder weg lijken.

## Perspectiefoefening 3:
## Mijn papier staat tussen mij en mijn onderwerp

Wanneer je je onderwerp 'omlijst' hebt, kan het soms een hele toer zijn steeds hetzelfde perspectief aan te houden, vooral omdat het oppervlak waarop je tekent soms vlak op een tafel ligt, of schuin staat op een ezel. Vergeet waar en hoe je papier of doek ligt of staat. Stel je in plaats hiervan altijd voor dat je papier of doek verticaal tussen jou en de voorwerpen die je tekent in staat. Stel je voor dat je door het papier of doek heenkijkt en ze domweg overtrekt. Wanneer je iets tekent, neem je dus altijd het denkbeeldige papier of doek tussen jou en je onderwerp als maatstaf.

## Perspectiefoefening 4:
## Klein – Ver... Groot – Dichtbij

Wanneer we van grote afstand naar mensen kijken, kunnen ze heel klein lijken te worden, dat hebben we allemaal vaak gezien. We gebruiken deze verschillen in grootte automatisch om de afstand te schatten. Bij de overlap-oefening hebben we geleerd dat de relatieve positie veel informatie kan geven. Maar wanneer we de volgorde van de objecten eenmaal kennen, wordt de grootte de volgende factor die ons de meeste informatie geeft. Wat gebeurt er bijvoorbeeld in de volgende afbeelding naarmate de bomen kleiner worden?

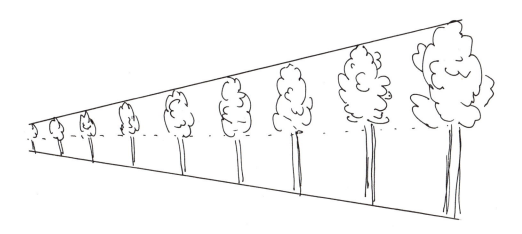

In de volgende oefeningen zul je kennismaken met de kwintessens van de perspectief: de lijn die de horizon aangeeft (ook bekend als de ooghoogte) en het altijd ongrijpbare 'verdwijnpunt'.

## Perspectiefoefening 5: Horizon – Ooghoogte

Trek langs je lineaal een horizontale lijn dwars over je papier en noem deze: 'ooghoogte'. Trek deze lijn als experiment op verschillende hoogten over je papier.
Het vaststellen van de ooghoogte is zeer belangrijk, omdat de horizon bij meer complexe tekeningen misschien schuilgaat achter bergen, gebouwen of bomen; maar alles op een tekening of schilderij wordt getekend in relatie tot de ooghoogte.

*ooghoogte (horizon)*

*ooghoogte (horizon)*

*ooghoogte (horizon)*

*ooghoogte (horizon)*

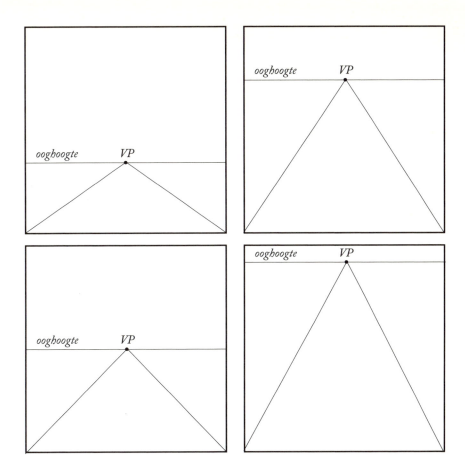

## Perspectiefoefening 6: Verdwijnpunt

Neem je 'ooghoogten' weer voor je en zet met een Contékrijtje een stip in de buurt van het midden. Noem deze stip 'VP', verdwijnpunt.

Trek vanuit deze stip een rechte lijn naar beide benedenhoeken van je papier. Je zult zien dat je nu iets hebt dat lijkt op een breed uitlopende straat. Let op het verschil dat de ooghoogte maakt voor de indruk die de straat geeft.

## Perspectiefoefening 7:
## Een rechthoek in perspectief

Neem je lineaal en trek een dunne stippellijn als horizon. Kies een verdwijnpunt en zet daar een stip. Teken dan een driehoek, een rechthoek en een cirkel binnen de omlijning. Maak de driehoek, de rechthoek en de cirkel driedimensionaal naar het verdwijnpunt toe.
Doe een stap naar achteren om te zien of je figuren lijken te 'kloppen'.

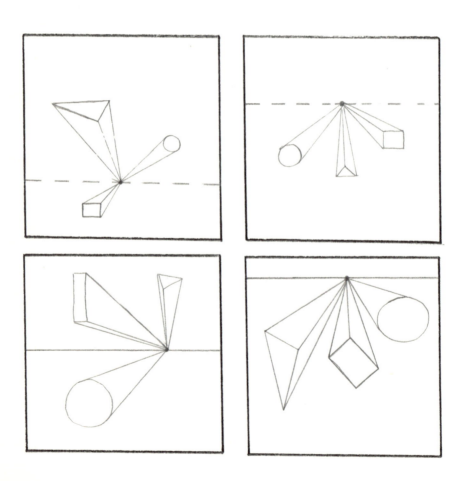

Kies op je best gelukte plaatje een lichtbron en geef die met een zonnetje aan. Neem even tijd om te 'voelen' hoe het licht valt, alsof je zelf het voorwerp was waaraan je schaduw gaat geven. Neem een zacht grafietpotlood en arceer de driedimensionale figuren met schaduwen die aan de andere kant liggen ten opzichte van de lichtbron (denk eraan in dunne laagjes te arceren).
Wanneer het bovenstaande je gemakkelijk afgaat, heb je misschien zin om te oefenen met andere vormvarianten.

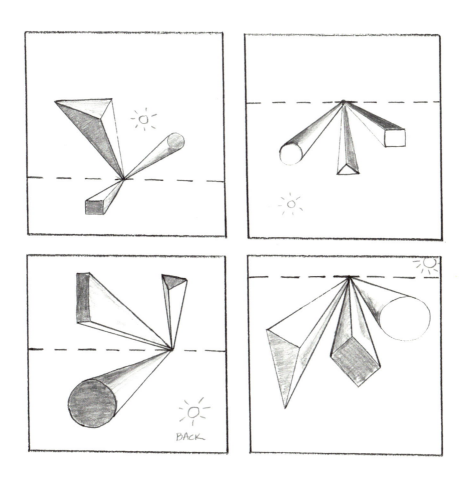

## Perspectiefoefening 8: Een interessante straat

Trek weer een horizonlijn langs je lineaal. Geef een verdwijnpunt (VP) aan. Trek vanuit het VP lijnen naar de onder- en bovenhoeken van het vierkant.

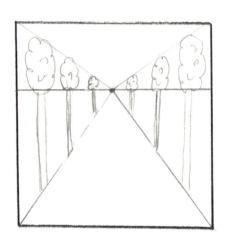

Teken nu in aflopende volgorde een rij eenvoudige bomen langs de straat waarvan je het begin hebt gemaakt. Aan de andere kant van de straat zet je, op dezelfde manier als in de oefening met de driedimensionale driehoek, rechthoek en cirkel, een aantal 'rechthoekige' gebouwen neer. Onthoud dat alle verticale lijnen (naar boven en naar beneden) precies evenwijdig zullen zijn. Bedenk ook dat er een denkbeeldige daklijn naar het verdwijnpunt moet lopen, die voor jou aangeeft hoe de grootte afneemt.

## Perspectiefoefening 9: Landschap

Kijk naar landschappen om je gevoel voor perspectief te verdiepen. Experimenteer met tekeningen in je aantekenboek.

*Gelaagdheid naar de verte*

*Verandering waarde/afstand*

## *Uit je hoofd tekenen*

### Uit het hoofd tekenen – oefening 1: Gezichten – Jezelf

Teken uit je hoofd je eigen gezicht, zonder in de spiegel te kijken. Signeer de tekening. Dateer hem. Lach.

### Uit het hoofd tekenen – oefening 2: Gezichten - Een vriend(in)

Denk aan iemand die je goed kent. Haal je het gezicht van die persoon voor de geest, en begin het te bekijken als een schilder. Let op de grondvormen en de relatie tussen de verschillende onderdelen van het gelaat. Welke trekken vallen het meest op? Waar zie je symmetrie en asymmetrie?
Denk in contouren. Zijn de wangen bol of ingevallen? Liggen de ogen diep in hun kassen? Waar zijn de hoogste en de diepste punten van het gezicht? Stel je voor dat je het met je geestesblik aanraakt en de contouren van het gezicht volgt. Denk eraan je geestesblik over het hele gezicht te laten gaan; verlies je niet in één aspect.
Maak nu uit je hoofd een tekening van dit gezicht.
Zoek nu een gelegenheid om het gezicht van je vriend(in) te bestuderen. Maak aantekening van wat er aan jouw herinneringsbeeld 'ontbrak'. Elke keer dat je iets uit het hoofd tekent, zal je observatie naderhand rijker en gedetailleerder zijn.

### Uit het hoofd tekenen – oefening 3: Neuzenstudie

Leonardo raadde de volgende oefening in 'kunnen zien' aan: '... leer eerst de verschillende typen hoofden, ogen, neuzen, monden, kinnen, halzen en ook nekken en schouders uit je hoofd. Neem bijvoorbeeld neuzen: er zijn tien typen: recht, knobbelig, hol, uitstekend boven of onder het midden, gebogen, regelmatig, aapachtig, rond en spits. Deze indeling geldt voor het profiel. Van voren bezien zijn er twaalf typen neuzen: dik in het midden, smal in het midden, met een brede punt, en een smalle neusbrug, en smal bij de punt, en een brede neusbrug, met brede of smalle neusvleugels, hoog of laag, en de neusgaten zichtbaar of schuilgaand achter de punt. Op dezelfde wijze zul je verscheidenheid aantreffen in de andere gelaatstrekken; je zult er goed aan doen deze zaken naar de natuur te bestuderen en ze in je geheugen vast te leggen.'

*Wanneer je iets dat je hebt bestudeerd uit het hoofd wilt kennen, kun je deze methode volgen: Wanneer je hetzelfde ding zo vaak hebt getekend dat het lijkt of je het uit je hoofd kent, probeer je het te tekenen zonder het model; trek evenwel het model na op een dunne glasplaat en leg deze op de tekening die je zonder het model hebt gemaakt. Let op de plaatsen waar de overgetrokken figuur en je tekening niet met elkaar kloppen, en onthoud goed waar je een fout blijkt te hebben gemaakt, zodat je die niet nog eens maakt. Je kunt zelfs teruggaan naar je model om het gedeelte dat je niet goed had zovele malen over te maken dat het in je geest wordt verankerd.*

LEONARDO DA VINCI

*Leonardo's Profielstudies uit de Windsor-collectie*

*'De minnaar wordt aangetrokken door het beminde, zoals het zintuig door datgene wat het waarneemt...'*
LEONARDO DA VINCI

*Studie van het gezicht van Francesco Sforza*

Neem in navolging van de maestro gezichten als thema voor een dag. Neem vervolgens op een andere dag neuzen als thema. Teken de verschillende typen in profiel en in vooraanzicht. Doe dan hetzelfde met ogen, monden, enz.

## Uit het hoofd tekenen – oefening 4: Studie van een gezicht

}Nadat je een tijdlang gezichten en gelaatstrekken hebt bestudeerd, kun je een studie gaan maken van het gezicht van een vriend(in), bij voorkeur dezelfde vriend(in) van wie je het gezicht in de oefening hiervoor uit je hoofd hebt getekend. Probeer de volgende stappen:

Tracht je vriendin te bekijken alsof je haar voor het eerst ziet.
Bekijk haar gezicht in geometrische termen. Kijk uit naar driehoeken, cirkels en rechthoeken. Let op lijnen, krullen en stippen.
Ga, als je vriendin het goedvindt, voorzichtig met je vingertoppen over haar gezicht om de contour en de textuur te onderzoeken.
Neem dan afstand en maak een langzame aftastende tekening van haar gezicht.
Bestudeer nu de schaduwen en tinten. Maak een snelle schets waarin de waarden die je ziet tot uiting komen.
Maak nu met een zacht Conté-krijtje een snelle, abstracte 'boetserende' tekening van het gezicht van je vriendin. Teken vooral de diepte en massa van wat je ziet.
Maak dan met je 'verkeerde' hand een snelle schets van het gezicht van je vriendin.
Maak tenslotte een tekening waarin je alles toepast wat je bij deze oefening hebt ontdekt.

## Uit het hoofd tekenen – oefening 5: Zelfportret

Pas dezelfde stappen als in oefening 4 toe voor een studie van je eigen gezicht in de spiegel.


De Da Vinci-tekencursus voor beginners is ontworpen om je te inspireren tot een levenslange liefde voor de kunst van het 'kunnen zien'. Tekenen op de wijze van de maestro is de wereld beminnen via je ogen. Geniet van de verleidelijkheid van kleuren, de wulpsheid van massa, de romantiek van licht en donker. Oefen, experimenteer, geef je over, adem en heb plezier. Om het maximum te halen uit je relatie met je tekeningen kun je ze stuk voor stuk signeren, dateren en bewaren. Je tekeningen zullen een fascinerend beeld geven van de ontwikkeling van je visie op de wereld.

# Il Cavallo:

## *Wedergeboorte van een droom*

In 1977 publiceerde het tijdschrift *National Geographic* een artikel getiteld 'Het paard dat nooit heeft bestaan'. Het artikel beschreef hoe Da Vinci het ruiterstandbeeld voor Sforza ontwierp en deed verslag van de vernieling van zijn model in 1499. Een piloot en kunstverzamelaar, Charles Dent, las het artikel en kreeg een droom: het paard van Leonardo – *Il Cavallo* – na te bouwen en aan het Italiaanse volk aan te bieden als blijk van dank voor de schatten van de Renaissance.

Dent bracht een buitengewone groep mensen bijeen, bestaande uit Renaissance-kenners, beeldhouwers en metallurgen, en zocht personen en bedrijven om het project te sponsoren. Vervolgens ging hij aan de slag om zijn droom te realiseren. Hij tastte diep in zijn eigen buidel en verkocht zelfs een paar stukken uit zijn eigen kunstverzameling om aan geld te komen om, zoals hij zelf graag zei: 'hooi voor het paard te krijgen.' Naarmate het project vorderde, begon het wereldwijd de aandacht van de media te trekken, en in augustus 1992 lukte het de Tallix Kunstgieterij een model op ware grootte van *Il Cavallo* te maken. Ironisch genoeg overleed Charles Dent toen het paard op hetzelfde moment in het productieproces was – het model was klaar en werd geroemd, maar was nog niet gegoten – als het origineel toen het door de Gasconse boogschutters werd vernield. Maar kort voor zijn dood verzekerden een handvol vrienden en medestanders hem dat zij het project zouden voltooien.

De mensen die Dents visioen deelden, werkten via een nonprofit-organisatie die Dent in 1982 had opgericht, Leonardo da Vinci's Horse, Inc., ofwel LD-VHI. Het lukte hen het paard in leven te houden. Volgens plan zal *Il Cavallo* op 10 september 1999 in Milaan worden onthuld – vijfhonderd jaar na de dag dat het oorspronkelijke model werd vernield. De volgende verklaring van LD-VHI spreekt voor zichzelf:

> Dit project heeft tot doel het genie van Leonardo te eren en hem hommage te brengen door een kolossaal paard te bouwen op grond van zijn

tekeningen; en erkentelijkheid te betuigen aan alle Italianen voor de verrijking van alle aspecten van onze maatschappij door *Het Paard* aan het Italiaanse volk te presenteren als geschenk van het Amerikaanse volk. Dit geschenk zal onze dank uitdrukken voor de ontzaglijke culturele, artistieke en wetenschappelijke nalatenschap van de Italiaanse renaissance die heden ten dage in Amerika nog altijd een inspiratiebron is voor onze nieuwsgierigheid, verbeelding en creativiteit.

*Het Paard* is een getrouwe navolging van de oorspronkelijke tekeningen van Leonardo die bewaard worden in archieven in Engeland, Spanje, Italië en Frankrijk, en ademt de geest van Leonardo en de Renaissance.
In breder verband is de betekenis van *Het Paard*, net als die van het Vrijheidsbeeld, grensoverschrijdend. *Il Cavallo* zal duizend jaar standhouden als symbool van permanentie tegen de vernietigende werking van oorlogen en als symbool van vriendschap tussen landen.
Als je aan dit historische project zou willen deelnemen, kun je contact opnemen met Leonardo da Vinci's Horse, Inc., P.O. Box 396, Fogelsville, PA 18051–0396. Tot ziens in Milaan...

*Het paard van Sforza, nagebouwd op basis van tekeningen van Leonardo da Vinci*

# LEONARDO DA VINCI
## CHRONOLOGIE: LEVEN EN TIJDSGEWRICHT

| | | |
|---|---|---|
| 1452 | 15 april | Geboorte van Leonardo |
| 1453 | | Val van Byzantium |
| 1469 | | Geboorte van Machiavelli/Dood van Piero de' Medici; Lorenzo (Il Magnifico) en Giuliano komen aan de macht in Florence |
| 1473 | | Geboorte van Copernicus; Leonardo toegelaten tot het schildersgilde |
| 1475 | | Geboorte van Michelangelo |
| 1480 | | Geboorte van Magalhães |
| 1481 | | Leonardo werkt aan *De aanbidding der wijzen* |
| 1483 | | Geboorte van Rafaël |
| 1488 | | Geboorte van Titiaan |
| 1490 | | Leonardo vestigt zijn eigen atelier |
| 1492 | | Columbus ontdekt Nieuwe Wereld |
| 1497 | | Leonardo werkt aan *Het laatste Avondmaal* |
| 1498 | | |
| 1499 | | Model ruiterstandbeeld Sforza vernield |
| 1500 | | |
| 1504 | | Michelangelo voltooit *David*; Leonardo wordt geraadpleegd over de beste plaats om dit beeld neer te zetten |
| | 9 juli | Overlijden van Leonardo's vader, die tien zonen en twee dochters nalaat |
| 1506 | | *Mona Lisa* voltooid |
| 1507 | | |
| 1508 | | |
| 1512 | | Michelangelo voltooit plafond Sixtijnse Kapel |
| 1513 | | |
| 1516 | | Leonardo vertrekt uit Italië naar Amboise |
| 1519 | 23 april | Leonardo maakt zijn testament |
| | 2 mei | Leonardo sterft |

# AANBEVOLEN LITERATUUR

## CURIOSITÀ

Adams, Kathleen. *Journal to the Self.* New York: Warner Books, 1990. Bevat prachtige oefeningen om jezelf beter te leren kennen.

Fuller, Buckminster. *Critical Path.* New York: St. Martin's Press, 1981. Inzichten van een moderne uomo universale.

Goldberg, Merrilee. *The Art of the Question: A Guide to Short-Term Question-Centered Therapy.* New York: John Wiley & Sons, 1998. Curiosità, meesterlijk toegepast door een psychotherapeute.

Gross, Ron. *Peak Learning.* Los Angeles: Jeremy P. Tarcher, 1991. Een handboek voor permanent leren.

Progoff, Ira. *At a Journal Workshop.* New York: Dialogue House, 1975. Progoff is een moderne pionier in het toepassen van dagboekschrijven als hulpmiddel voor persoonlijke groei.

## DIMOSTRAZIONE

Alexander, F.M. *The Use of the Self.* New York: Dutton, 1932. Een inspirerend verhaal over het leren van ervaring.

McCormack, Mark. *What They Don't Teach You at Harvard Business School.* New York: Bantam, 1984. Dimostrazione in het bedrijfsleven.

Seligman, Martin. *Learned Optimism.* New York: Knopf, 1991. Het leren doorzetten bij tegenslag.

Shah, Idries. *The Wisdom of the Idiots.* New York: Dutton, 1971. Een boek over de Soefi's, 'leerlingen van de ervaring'.

## SENSAZIONE

Ackerman, Diane. *A Natural History of the Senses.* New York: Vintage Books, 1991. De Chicago Tribune noemde dit boek 'een afrodisiacum voor de zintuiglijke receptoren'.

Campbell, Don. *The Mozart Effect: Tapping the Power of Music to Heal the Body, Strengthen the Mind, and Unlock the Creative Spirit.* New York: Avon Books, 1997.

Collins, Terah Kathryn. *The Western Guide to Fêng Shui.* Carlsbad, Calif.: Hay House, Inc., 1996.

Cytowic, Richard. *The Man Who Tasted Shapes.* New York: Putnam, 1993. Het creatieve onderzoek naar synesthesie door een neuroloog.

Gregory, R.L. *Eye and Brain: the Psychology of Seeing* (vierde druk). New York: Oxford University Press, 1990.

Rossbach, Sarah. *Interior Design with Fêng Shui.* New York: Dutton, 1987. Een handleiding voor het scheppen van 'een omgeving die het brein voedt'.

# SFUMATO

Agor, Weston. *The Logic of Intuitive Decision Making.* Westport, Conn.: Greenwood Press, 1986. Een overtuigend pleidooi voor het gebruik van intuïtie bij de behandeling van complexe problemen.

Gelb, Michael J. *Thinking for a Change: Discovering the Power to Create, Communicate, and Lead.* New York: Harmony Books, 1996. Introduceert het begrip 'synvergent denken', een benadering van vruchtbaar omgaan met Sfumato.

Johnson, Barry. *Polarity Management: Identifying and Managing Unsolvable Problems.* Amherst, Mass.: Human Resource Development Press, 1992. Johnsons benadering van het omgaan met polariteiten is een prachtig voorbeeld van toegepast Sfumato.

May, Rollo. *The Courage to Create.* New York: Bantam, 1976. Een schitterende uiteenzetting over de centrale rol van creatieve spanning in een creatief leven.

# ARTE/SCIENZA

Buzan, Tony. *Use Both Sides of Your Brain* (derde druk). New York: Penguin, 1989. Met dit klassieke werk, oorspronkelijk gepubliceerd in 1971, werd Buzan de vader van het op beide hersenhelften gerichte onderwijs. Een onmisbare handleiding voor iedereen die het evenwicht wil zoeken tussen Arte en Scienza.

Buzan, Tony en Barry Buzan. *The Mind Map Book: Radiant Thinking.* Londen: BBC Books, 1993. De bijbel voor mind mapping.

Wonder, Jacqueline. *Whole Brain Thinking.* New York: Ballantine, 1985. Neig je meer naar Arte of Scienza? Wonder biedt je de mogelijkheid te testen welke hersenhelft bij jou dominant is.

## CORPORALITÀ

Anderson, Bob. *Stretching*. Bolinas, Calif.: Shelter Publications, 1980.

Conable, Barbara en William. *How to Learn the Alexander Technique*. Columbus, Ohio: Andover Road Press, 1991. De Conables introduceerden het begrip 'body mapping'.

Cooper, Kenneth. *New Aerobics*. New York: Bantam, 1970.

Fincher, Jack. *Lefties: The Origin and Consequences of Being Left-Handed*. New York: Putnam, 1977. Een amusant en goed gedocumenteerd overzicht van de relatie tussen hand en brein.

Gelb, Michael. *Body Learning: An Introduction to the Alexander Technique*. New York: Henry Holt & Company, 1987 (nieuwe druk, 1995). Een handleiding voor het ontwikkelen van de DaVinciaanse eigenschappen houding, présence en gratie.

Gelb, Michael en Tony Buzan. *Lessons from the Art of Juggling: How to Achieve Your Full Potential in Business, Learning, and Life*. New York: Harmony Books, 1994. Een unieke benadering van toegepaste tweehandigheid.

## CONNESSIONE

Kodish, Susan en Bruce. *Drive Yourself Sane: Using the Uncommon Sense of General Semantics*. Englewood, N.J.: Institute of General Semantics, 1993. Een toegankelijk boek over systeemdenken en algemene semantiek.

Lao-Tzu. *Tao Te Ching: A New English Version*, met inleiding en aantekeningen van Stephen Mitchell. New York: Harper & Row, 1988. In het taoïsme vinden we veel inzichten van de maestro terug.

Russell, Peter. *The Awakening Earth: Our Next Evolutionary Leap*. Een Connessionevisie op de aarde en de evolutie van de mens. Londen: Routledge & Kegan Paul, 1982.

Senge, Peter M. *The Fifth Discipline: The Art & Practice of the Learning Organization*. New York: Doubleday, 1990. Helpt de lezer patronen, relaties en systemen te zien en te begrijpen in het dagelijks leven en de zakenwereld.

Wheatley, Margaret. *Leadership and the New Science*. San Francisco: Berret-Koehler Publishers, 1992. De nieuwe fysica toegepast op het begrijpen van organisaties.

## DE DA VINCI-TEKENCURSUS VOOR BEGINNERS

Edwards, Betty. *Drawing on the Right Side of the Brain.* Los Angeles: Jeremy P. Tarcher, 1979. Het boek van Betty Edwards is een klassieker op het gebied van de ontwikkeling van beide hersenhelften.

Gill, Lorraine, binnenkort verschijnend manuscript over tekenen.

Nicolaides, Kimon. *The Natural Way to Draw.* Boston: Houghton Mifflin, 1941. Het beste boek over leren tekenen.

## DE RENAISSANCE, DE KUNSTGESCHIEDENIS EN IDEEËN

Burke, Peter. *The Italian Renaissance: Culture and Society in Italy.* Princeton, N.J.: Princeton University Press, 1987.

Burkhardt, Jacob. *The Civilization of the Renaissance in Italy.* New York: Boni, 1935.

Durant, Will. *The Story of Civilization.* New York: Simon & Schuster, 1935.

Gombrich, E.H. *The Story of Art* (zestiende druk). Londen: Phaidon Press, 1994. Als je van plan bent maar één boek over kunstgeschiedenis te lezen, is dit het aangewezen boek.

Hibbert, Christopher. *The House of Medici: Its Rise and Fall.* New York: William Morrow, 1974.

Janson, H.W. *History of Art.* Englewood Cliffs, N.J.: Prentice Hall, 1982.

Jardine, Lisa. *Worldly Goods: A New History of the Renaissance.* New York: Doubleday, 1996. De rol van de 'materiële cultuur' in de Renaissance.

Manchester, William. *A World Lit Only by Fire: The Medieval Mind and the Renaissance.* Boston: Little, Brown and Co., 1992. Een van de levendigste, meest meeslepende geschiedenisboeken die je ooit zult lezen.

Schwartz, Lillian (met Laurens Schwartz). *The Computer Artist's Handbook.* New York: Norton, 1992. Een kunstboek voor het informatietijdperk. Bevat onder meer de baanbrekende artikelen van de auteur over de Mona Lisa en Het laatste Avondmaal.

Tarnas, Richard. *The Passion of the Western Mind: Understanding the Ideas That Have Shaped Our World View.* New York: Ballantine Books, 1991. Tarnas concludeert dat de westerse ziel op de drempel staat van een omwenteling zonder weerga: 'een triomferende en helende... verzoening tussen de twee grote polariteiten, een vereniging van tegengestelden: een heilig huwelijk tussen het mannelijke, dat lang overheerste maar nu vervreemd is, en het vrouwelijke, dat lang onderdrukt was maar nu in opkomst is.'

Tuchman, Barbara. *A Distant Mirror: The Calamitous 14th Century.* New York: Ballantine Books, 1978.

Vasari, Giorgio (vertaald door Julia Conway Bonadella en Peter Bonadella). *The Lives of the Artists.* Oxford: Oxford University Press, 1991.

## LEONARDO DA VINCI

Beck, James. *Leonardo's Rules of Painting: An Unconventional Approach to Modern Art.* New York: The Viking Press, 1979.

Bramly, Serge. *Discovering the Life of Leonardo da Vinci.* New York: Harper Collins, 1991. De beste biografie.

Clark, Kenneth. *Leonardo da Vinci.* London: Penguin Books, 1993 (nieuwe, herziene uitgave met inleiding door Martin Kemp). Een indringend verslag van de ontwikkeling van de kunstenaar.

Costantino, Maria. *Leonardo.* Leicester, U.K.: Magna Books, 1994. De beste illustraties.

Freud, Sigmund. *Leonardo da Vinci: A Study in Psychosexuality.* New York: Vintage Books, 1961. In een beroemde passage uit de aantekenboeken onderbreekt Leonardo zijn observaties over de vlucht van de gier om een zeldzame persoonlijke herinnering op te halen: 'Het lijkt alsof het voorbestemd was dat ik me zo diepgaand met de gier zou bezighouden, want mij schiet als een zeer vroege herinnering te binnen dat toen ik nog in de wieg lag, een gier neerdaalde, mijn mond opende met zijn staart en vele malen met zijn staart tegen mijn lippen sloeg.' Uitgaande van deze herinnering en enkele andere betrouwbare feiten komt Freud met een analyse die onmisbare lectuur is voor wie Leonardo (en Freud) wil begrijpen. Freuds analyse van Da Vinci is, anders dan veelal wordt gedacht, geen poging zijn genie terug te brengen tot pathologie. Veeleer is het de respectvolle en gevoelige poging van het ene genie om ons begrip van een ander genie te verdiepen.

Merezhkovsky, Dmitry. *The Romance of Leonardo da Vinci.* New York: Garden City Publishing Co., 1928.

Philipson, Morris. *Leonardo da Vinci: Aspects of the Renaissance Genius.* New York: George Brazilier, Inc., 1966. Dertien geleerden over de maestro. Philipsons korte inleiding – 'The Fascination of Leonardo da Vinci' – is een elegante samenvatting van de nalatenschap van de maestro.

Reti, Ladislao, red. *The Unknown Leonardo.* New York: McGraw-Hill, 1974. Bevat o.a. artikelen getiteld 'Leonardo and Music' en 'Horology'; met vele fantastische illustraties.

Richter, Irma A., red. *The Notebooks of Leonardo da Vinci*. Oxford: Oxford University Press, 1952. 'World Classics Edition', 1980. De dochter van Jean Paul Richter heeft het werk van de maestro nog toegankelijker gemaakt.

Richter, Jean Paul, red. *The Notebooks of Leonardo da Vinci*. New York: Dover Publications, Inc., 1970. (Oorspronkelijk uitgegeven in 1883 in Londen onder de titel The Literary Works of Leonardo da Vinci.)

Stites, Raymond. *The Sublimations of Leonardo da Vinci*. Washington, D.C.: Smithsonian Institution Press, 1970.

Vallentin, Antonina. *Leonardo da Vinci: The Tragic Pursuit of Perfection*. New York: The Viking Press, 1938.

## OVER INTELLIGENTIE EN GENIALITEIT

Boorstin, Daniel. *The Creators: A History of Heroes of the Imagination*. New York: Random House, 1993.

Briggs, John. *Fire in the Crucible*. Los Angeles: Jeremy P. Tarcher, Inc., 1990. Een estheet onderzoekt de nuances van genialiteit.

Buzan, Tony, en Raymond Keene. *Buzan's Book of Genius (And How You Can Become One)*. London: Stanley Paul, 1994. Een systematisch onderzoek naar de aard van genialiteit, met praktische oefeningen voor het ontwikkelen van intelligenties.

Dilts, Robert. *Strategies of Genius* (dln 1-3). Capitola, Calif.: Meta Publications, 1995. Dilts, pionier op het gebied van neurolinguïstisch programmeren, geeft inzicht in de werking van de geesten van Aristoteles, Walt Disney, Sigmund Freud en anderen onder wie Leonardo da Vinci.

Gardener, Howard. *Creating Minds: An Anatomy of Creativity Seen Through the Lives of Freud, Einstein, Picasso, Stravinsky, Eliot, Graham, and Gandhi*. New York: Basic Books, 1993.

Gardener, Howard. *Frames of Mind: The Theory of Multiple Intelligences*. New York: Basic Books, 1983.

Pert, Candace. *Molecules of Emotion*. New York: Scribner, 1997. Meeslepend verslag van het pionierswerk dat deze vooraanstaande neurowetenschapper verrichtte om de onscheidbaarheid van lichaam, geest, emotie en ziel aan te tonen.

Restak, Richard M. *The Brain: The Last Frontier*. New York: Warner Books, 1979. Een grondige, leesbare bespreking van de neurowetenschappen.

Von Oech, Roger. *A Whack on the Side of the Head* (herziene uitgave). New York: Warner Books, 1990. Een klassiek werk over creatief denken.

# BRONNEN

## Wijnproeven

Om meer over wijnproeven te weten te komen kun je Michael Broadbents *Complete Guide to Wine Tasting and Wine Cellars* raadplegen, uitgegeven bij Simon & Schuster, New York, 1984, of Marian W. Baldy's *The University Wine Course*, uitgegeven bij The Wine Appreciation Guild, San Francisco, 1993.

Om de beste wijnen te vinden voor een proeverij kun je je abonneren op Robert Parkers 'The Wine Advocate', P.O. Box 311, Monkton, MD 21111. Tel: (410)329-6477. Fax: (410)357-4504.

## Geestelijk alfabetisme en straalsgewijs denken

Voor uitstekende cursussen en hulpmiddelen bij deze belangrijke disciplines kun je contact opnemen met:
The Buzan Centres USA Inc.
415 Federal Highway
Lake Park, FL 33403

## Leren tekenen

De bekende pedagoge Betty Edwards en haar medewerkers geven overal in de Verenigde Staten seminars over tekenen en waarneming. Neem contact op met:
DRSB
1158 26th Street, Suite 530,
Santa Monica, CA 90403

Neem voor instructies over tekenen en schilderen contact op met Lorraine Gill, c/o Tony Buzan, 54 Parkstone, Poole Dorset, UK, BH162PX.

## De Alexandertechniek

Om een gediplomeerd leraar in de Alexandertechniek te vinden kun je contact opnemen met: the North American Society of Teachers of the Alexander Technique – NASTAT
P.O. Box 517, Urbana,
IL 61801.
Tel: (800)473-0620.

Om deel te nemen aan een cursus of voor je organisatie een presentatie/workshop over denken zoals Leonardo da Vinci te organiseren kun je contact opnemen met:
Michael J. Gelb
The High Performance Learning ® Center
7903 Curtis Street
Chevy Chase, MD 20815
Tel: (301) 961-5805
Fax: (301) 961-5806
E-mail: DaVincian@aol.com
Web page:
http://www.monumental.com/hpl

## VISUELE SYNTHESE

Simultane, artistieke illustratie van de inhoud van vergaderingen, conferenties en beleidsplanningsessies. Neem contact op met:
Nusa Maal c/o I.M.I.
4611 Morgan Street
Bethesda, MD 20814
Tel: (301) 652-8464

## OVER HET HIGH PERFORMANCE LEARNING CENTER (HPL):

Het HPL, een in 1982 door Michael J. Gelb opgericht internationaal opleidingsinstituut, begeleidt personen en organisaties bij het bepalen en realiseren van hun hoogste aspiraties. HPL helpt leiders bij het ontwikkelen van samenwerkingsverbanden, creativiteit, communicatie en organisatiestructuur. HPL werkt als katalysator voor creatieve verandering en overbrugt de kloof tussen hoogwaardige visioenen en superieure dienstverlening, en persoonlijke vervulling en het dagelijks functioneren. De meest populaire cursussen van het HPL (altijd aangepast aan de specifieke doelen van de cliënt) zijn o.a.:

- Leren denken zoals Leonardo da Vinci
- Mind Mapping en creatief probleemoplossen
- High-Performance presentaties
- Jongleren, een kunst die ons meer kan leren
- Aikido in het dagelijks leven: Een nieuwe benadering van onderhandelen en interpersoonlijk probleemoplossen
- Samurai Chess: Geheimen van strategie (met grootmeester Raymond Keene O.B.E.)
- The Executive Renaissance seminar

Bij het HPL zijn onder andere de volgende hulpmiddelen te verkrijgen:
- *Putting Your Creative Genius to Work* (zes audiocassettes, geproduceerd door Nightingale-Conant)
- *Mind Mapping: How to Liberate Your Natural Genius* (vier audiocassettes, geproduceerd door Nightingale-Conant)
- *Mind Mapping and the Balanced Brain* (twee audiocassettes met oorspronkelijke 'muziek voor een breinvoedende omgeving')
- *The New Mind Map* (een wegenkaart naar je geest)

De volgende boeken:
- *Body Learning: An Introduction to the Alexander Technique* (nieuwe druk)
- *Present Yourself: Captivate Your Audience with Great Presentation Skills*
- *Lessons from the Art of Juggling: How to Achieve Your Full Potential in Business, Learning, and Life* (met Tony Buzan)
- *Thinking for a Change: Discovering the Power to Create, Communicate and Lead*
- *Samurai Chess: Mastering the Martial Art of the Mind* (met grootmeester Raymond Keene O.B.E.)

CONTACT:

Michael J. Gelb, directeur
The High Performance Learning ®
Center
9844 Beach Mill Road
Great Falls, Virginia 22066
Tel: (703)757-7007
Fax: (703)757-721
E-mail: DaVincian@aol.com
Web page:
http://www.monumental.com/hpl

# LIJST VAN ILLUSTRATIES

## DEEL EEN

*Inleiding*
School van Leonardo: *Zelfportret*. The Royal Collection © Hare Majesteit Koningin Elizabeth II

*De Renaissance, toen en nu*
Masaccio (1401-1428). *De uitdrijving uit het paradijs*. Na restauratie. Branacci-kapel, S. Maria del Carmine, Florence, Italië. Foto: Scala/Art Resource, New York.

*Het leven van Leonardo da Vinci*
Leonardo da Vinci. *Zelfportret*. Palazzo Reale, Turijn, Italië. Foto: Alinari/Art Resource, New York.
Andrea Verrocchio en Leonardo da Vinci. *De doop van Christus*. Uffizi, Florence, Italië. Foto: Alinari/Art Resource, New York
Andrea Verrocchio en Leonardo da Vinci. *De doop van Christus*. Detail van engel. Foto: Alinari/Art Resource, New York
Andrea Verrocchio. *Buste van Piero di Lorenzo de Medici*. Museo Nazionale del Bargello, Florence, Italië. Foto: Alinari/Art Resource, New York
Leonardo da Vinci. *Annunciatie*. Uffizi, Florence, Italië. Foto: Alinari/Art Resource, New York
Leonardo da Vinci. *De heilige Hiëronymus*. Foto: Scala/Art Resource, New York
Leonardo da Vinci. *Aanbidding der wijzen*. Uffizi, Florence, Italië. Foto: Alinari/Art Resource, New York
Leonardo da Vinci. *Het laatste Avondmaal*. S. Maria delle Grazie, Milaan, Italië. Foto: Alinari/Art Resource, New York
Leonardo da Vinci. *Studie voor ruiterstandbeeld Sforza*. Royal Library, Windsor, Engeland. Foto: Scala/Art Resource, New York
Boltraffio. *Portret van Ludovico il Moro*. Foto: Alinari/Art Resource, New York
Leonardo da Vinci. *Tekening van Anna te Drieën met Johannes de Doper als kind*. Foto: Alinari/Art Resource, New York
Anoniem. *Portret van Niccolò Macchiavelli*. Uffizi, Florence, Italië. Foto: Alinari/Art Resource, New York.
*Portret van Cesare Borgia*. Accademia Carrara, Bergamo, Italië. Foto: Alinari/Art Resource, New York.
*De weergave van Peter Paul Rubens van De Slag bij Anghiari* door Leonardo da Vinci. Louvre, Parijs, Frankrijk. Foto: Giraudon/Art Resource, New York
Jean Clouet. *Frans I van Frankrijk*. Louvre, Parijs, Frankrijk. Foto: Alinari/Art Resource, New York.
Leonardo da Vinci. Landschap geda-

teerd 5 augustus 1473, #8p.
Gabinetto dei Disegni e delle
Stampe, Florence, Italië. Foto:
Scala/Art Resource, New York

Rafaël. *Detail van Plato en Aristoteles.*
School van Athene. Stanze di
Raffaello, Vaticaan. Foto: Alinari/Art
Resource, New York

Leonardo da Vinci. *Tekeningen van mechanisch oorlogstuig* (vol. 73 1860 6 16 99) British Museum, Londen, Engeland. Foto: Alinari/Art Resource, New York

Leonardo da Vinci. *Bombardes die schroot en granaten afschieten.* Codex Atlanticus 9v-a. Foto: Art Resource, New York

DEEL TWEE

*Curiosità*
Leonardo da Vinci. *Studie van bloemen.* Accademia, Venetië, Italië. Foto: Alinari/Art Resource, New York

Leonardo da Vinci. *Vliegmachine* – tekening uit Codex Atlanticus. Biblioteca Ambrosiana, Milaan, Ilt. Foto: Art Resource, New York

Leonardo da Vinci. *Tekening van vogels:* E-fol 22-V 23-R. Bibliothèque de l'Institut de France, Parijs, Frankrijk. Foto: Giraudon/Art Resource, New York

*Pagina uit aantekeningenboeken van Leonardo da Vinci.* The Royal Collection © Hare Majesteit Koningin Elizabeth II.

*Sfumato*
Leonardo da Vinci. *De madonna in de grot.* Louvre, Parijs, Frankrijk. Foto: Alinari/Art Resource, New York

Leonardo da Vinci. *Twee koppen* (No. 423). Gabinetto dei Disegni e delle Stampe, Florence, Italië. Foto: Scala/Art Resource, New York

Leonardo da Vinci. *Johannes de Doper.* Louvre, Parijs, Frankrijk. Foto: Giraudon/Art Resource, New York

Leonardo da Vinci. *Mona Lisa* (La Gioconda). c. 1503-1006. Olieverf op paneel, 97 x 53 cm. Louvre, Parijs, Frankrijk. Foto: Giraudon/Art Resource, New York.

Lillian Schwartz. *Leonardo's zelfportret en de Mona Lisa tegen elkaar geplaatst.* Copyright © 1998 Computer Creations Corporation. All rights reserved. Met toestemming gepubliceerd.

*Arte/Scienza*
Leonardo da Vinci. *Kaart van Imola.* Foto: Scala/Art Resource, New York

*Mind Mapping.* Illustratie: Nusa Maal.
*Hemisferen.* Illustratie: Nusa Maal.
*Mind Map over de regels van mind mapping.* Illustratie: Nusa Maal.
*Toepassingen van mind mapping.* Illustratie: Nusa Maal.

*Corporalità*
Leonardo da Vinci. *Tekening van de ideale proporties van de menselijke figuur volgens de verhandeling van*

*Vitruvius 'De Architectura' uit de eerste eeuw n. C.* Foto: Alinari/Art Resource, New York

Leonardo da Vinci. *Rugaanzicht*. The Royal Collection © Hare Majesteit Koningin Elizabeth II

*Spiegelschrift*. Illustratie: Joan Gelb.

*Leonardo da Vinci-jongleur*. Illustratie: Nusa Maal.

### Connessione

*Een van Leonardo's draken*. The Royal Collection © Hare Majesteit Koningin Elizabeth II.

Leonardo da Vinci. *Bloemenstudie,* vermoedelijk een studie voor de Madonna in de grot. (Facsimile, origineel in de Windsor Collection, Engeland). Gabinetto dei Disegni e delle Stampe, Florence, Italië. Foto: Scala/Art Resource, New York.

Leonardo da Vinci. *Zondvloed* (facsimile). Gabinetto dei Disegni e delle Stampe, Florence, Italië. Foto: Scala/Art Resource, New York.

Leonardo da Vinci. *Draaikolk*. The Royal Collection © Hare Majesteit Koningin Elizabeth II.

Leonardo da Vinci. *Studie voor het hoofd van Leda*. (Facsimile; origineel in de Windsor Collection, Engeland). Gabinetto dei Disegni e delle Stampe, Florence, Italië. Foto: Scala/Art Resource, New York.

*Mind map over een etentje*. Illustratie: Nusa Maal.

*Het begin van een mind map van je leven.* Illustratie: Nusa Maal.

Besluit: *Leonardo's Nalatenschap*

Leonardo da Vinci. *De nimf Matelda uit Dante's Paradiso*. The Royal Collection © Hare Majesteit Koningin Elizabeth II.

### DEEL DRIE

*De Da Vinci tekencursus voor beginners*

Illustraties bij de Da Vinci tekencursus: Nusa Maal.

Leonardo da Vinci. *Studies en houdingen van katten* (no. 12363). Windsor Castle. Foto: Art Resource, New York

Leonardo da Vinci. Profielstudies. v. 12276. Royal Library, Windsor, Engeland. Foto: Alinari/Art Resource, New York

Leonardo da Vinci. *Portret van Francesco Sforza, zoon van Gian Galeazzo*. Gabinetto dei Disegni e delle Stampe, Florence, Italië. Foto: Scala/Art Resource, New York

*Il Cavallo*: *Wedergeboorte van een droom*

*Het paard van Sforza,* nagebouwd op basis van tekeningen van Leonardo da Vinci. Foto gepubliceerd met toestemming van Leonardo da Vinci's Horse, Inc.

# OVER DE AUTEUR

Michael J. Gelb is een moderne renaissancemens die zijn leven lang gefascineerd is geweest door het wezen van creativiteit en het evenwicht tussen geest en lichaam, en het streven het volledige potentieel van de mens te activeren. Hij behaalde graden in psychologie en filosofie aan Clark University en bracht vervolgens een jaar in Engeland door waar hij aan The International Academy for Continuous Education bij J.G. Bennett de esoterische tradities van de wereld bestudeerde.

Tijdens een driejarige opleiding tot leraar Alexandertechniek – een methode om de coördinatie tussen geest en lichaam te ontwikkelen – behaalde Gelb nog een graad in psycho-fysieke heropvoeding. Zijn eerste boek, Body Learning: An Introduction to the Alexander Technique, ontstond uit zijn doctoraalscriptie en werd in 1981 gepubliceerd. Het werd gevolgd door Present Yourself: Captivate Your Audience with Great Presentation Skills.

Door zijn onderzoek naar het evenwicht tussen geest en lichaam raakte Gelb gefascineerd door de kunst van het jongleren. Om zijn studie te bekostigen trad hij op als professioneel jongleur en stond samen met the Rolling Stones en met Bob Dylan op het podium. In 1994 schreef hij samen met Tony Buzan Lessons from the Art of Juggling: How to Achieve Your Full Potential in Business, Learning and Life. In 1996 introduceerde Gelb het begrip Synvergent denken in Thinking for a Change: Discovering Your Power to Create, Communicate and Lead. Zijn audiocassettes 'Mind Mapping' en 'Putting Your Creative Genius to Work', geproduceerd door Nightingale-Conant, zijn eveneens internationale bestsellers. Sinds 1978 werkt Michael met organisaties over de hele wereld om hen te helpen hun menselijk potentieel beter te benutten. Tot zijn vele cliënten behoorden: Amoco, AT&T, DuPont, IBM, Lucent Technologies, Merck, NPR en Xerox.

Als hartstochtelijk leerling en leraar in de vechtsport aikido, waarin hij een zwarte band bezit, en als liefhebber van het schaakspel heeft Gelb samen met grootmeester Raymond Keene het boek Samurai Chess: Mastering Strategy Through the Martial Art of the Mind het licht doen zien.

Verdere passies van Gelb betreffen de Italiaanse taal en cultuur, het verzamelen van kunst en wijn, koken en het Japanse spel Go.

In Denken als Leonardo da Vinci biedt Michael Gelb een inspirerende, praktische handleiding om je DaVinciaanse vermogens te ontwikkelen. Aan iedereen aan die een persoonlijke en professionele renaissance wil ervaren kan ik dit boek van harte aanbevelen.' –Delano E. Lewis, directeur en hoofd opleiding National Public Radio

Je kunt dit beschouwen als het zelfhulp-boek dat Leonardo da Vinci nooit schreef – een revolutionaire benadering van leren en creativiteit die aangeeft dat je niet hoeft te denken dat je een genie bent om als een genie te kunnen denken.

Ieder van ons gebruikt slechts een fractie van het vermogen van ons brein, verklaart Michael J. Gelb, die duizenden mannen en vrouwen heeft geholpen te leren hoe ze meer van hun geest kunnen benutten voor werk én spel dan ze ooit voor mogelijk hadden gehouden. De veelgeprezen auteur van Lessons from the Art of Juggling en Thinking for a Change laat zien hoe ieder van ons dat ongebruikte potentieel kan aanboren door een voorbeeld te nemen aan het grootste genie aller tijden, Leonardo da Vinci.

Gelb put uit Leonardo's aantekeningenboeken, uitvindingen en legendarische kunstwerken om de Zeven DaVinciaanse Principes te introduceren – zeven fundamentele elementen van genialiteit die ieder van ons zelf kan ontwikkelen. Ze hebben namen in het Italiaans, Da Vinci's moedertaal. Deze principes, van de onverzadigbaar nieuwsgierige levenshouding (curiosità) zoals die tot uiting komt in de aantekeningenboeken, tot de in de glimlach van Mona Lisa belichaamde bereidheid, onzekerheid en het paradoxale te omhelzen (sfumato), zullen onmiddellijk intuïtief vertrouwd en verrassend werkzaam aandoen. Gelb geeft een grote hoeveelheid interactieve, amusante oefeningen om je te helpen je elk principe eigen te maken, en laat ook zien hoe je ze op je werk, thuis, en overal elders kunt gebruiken.
Met Leonardo als voorbeeld zul je werkzame nieuwe strategieën leren zowel actuele als tijdloze uitdagingen het hoofd te bieden, bijvoorbeeld:
- problemen oplossen
- creatief denken
- zelfexpressie

- genieten van de wereld om je heen
- een doel in je leven bepalen en evenwicht vinden
- harmonie brengen tussen lichaam en geest

'Ik wil wonderen verrichten,' schreef de jonge Leonardo. Wanneer je deze principes toepast om je eigen, unieke intelligentie vrij te maken, zul je wellicht het wonder gewaarworden dat hij je over de eeuwen heen aanraakt, en met zijn aanraking je leven verrijkt, doordat je zijn tijdloos voorbeeld als leidraad neemt om te groeien in de richting van wie je werkelijk bent.

Michael J. Gelb is een wereldwijd befaamde vernieuwer op het gebied van creatief denken, versneld leren en leiderschapstraining. Tot zijn cliënten behoren bedrijven als Amoco, AT&T, DuPont, Merck en Xerox. Hij woont niet ver van Washington, D.C.

'Gelb weet de essentie van Da Vinci's leven en genie – de schijnbaar volmaakte samenwerking van verstand, lichaam, geest en ziel – te vangen en is onze gids bij het ontdekken en begrijpen van de grenzenloosheid van onze eigen volledige mogelijkheden als mens.'

– Deepak Chopra,
auteur van *The Path to Love en Ageless Body, Timeless Mind*

# LEES OOK VAN MICHAEL J. GELB:

*Leer van de tien meest revolutionaire denkers uit de geschiedenis: Plato, Brunelleschi, Columbus, Copernicus, Elizabeth I, Shakespeare, Jefferson, Darwin, Gandhi en Einstein.*

Stel je voor dat je je creativiteit kunt ontketenen door gebruik te maken van het geestelijk spel dat Einstein tot de relativiteitstheorie inspireerde. Of dat je het huidige bedrijfsklimaat doorgrondt met dezelfde combinatie van een scherp oog en een open blik die ooit de evolutieleer voortbracht. De mensen achter deze wetenschappelijke revoluties staan gegrift in ons collectieve geheugen als voorbeelden waarmee we toekomstige problemen tegemoet kunnen treden.
Het verschil tussen jouw intellectuele vermogen en dat van hen is kleiner dan je denkt, en wordt niet zozeer bepaald door genen als wel door gedrevenheid, doorzettingsvermogen en strategie – eigenschappen die je kunt ontwikkelen.

Iedereen heeft het in zich om een genie te worden. Aan de hand van de meest wereldschokkende ideeën en ontdekkingen haalde Michael J. Gelb tien revolutionaire denkers uit de geschiedenis bijeen, die samen een geniaal *dream team* vormen. Ieder van hen bezit een eigenschap die jij kunt incorporeren in je dagelijks leven. Door een toegankelijke biografie voel je je verbonden met ieder van de tien denkers, en leer je hoe je zijn of haar leidraad kunt gebruiken in je eigen leven. Na een analyse van de rol die deze leidraad al in je leven speelt, volgen oefeningen voor verdere ontwikkeling.

Michael J. Gelb is een internationaal erkend deskundige op het gebied van creatief denken en leerontwikkeling. Hij geeft wereldwijd managementtrainingen en zijn boeken zijn in 18 talen vertaald.

Gebonden editie, 400 pagina's, ISBN 90 325 0904 7